社区矫正系列教材

社区矫正
对象心理矫治

SHEQUJIAOZHENG

DUIXIANG XINLI JIAOZHI

主　编◎吴艳华

副主编◎张　淼　刘倍贝

撰稿人◎（以撰写内容先后为序）

吴艳华　张　淼　刘倍贝

李冬俊　沈　璐　侯映宇

中国政法大学出版社

2023·北京

图书在版编目（CIP）数据

社区矫正对象心理矫治/吴艳华主编. —北京：中国政法大学出版社，2023.8
ISBN 978-7-5764-1044-0

Ⅰ.①社…　Ⅱ.①吴…　Ⅲ.①监外执行—犯罪分子—心理健康—健康教育　Ⅳ.①D916.7

中国国家版本馆CIP数据核字(2023)第143121号

出　版　者	中国政法大学出版社
地　　　址	北京市海淀区西土城路 25 号
邮寄地址	北京 100088 信箱 8034 分箱　邮编 100088
网　　　址	http://www.cuplpress.com（网络实名：中国政法大学出版社）
电　　　话	010-58908435(第一编辑部) 58908334(邮购部)
承　　　印	保定市中画美凯印刷有限公司
开　　　本	720mm×960mm　1/16
印　　　张	22.25
字　　　数	341 千字
版　　　次	2023 年 8 月第 1 版
印　　　次	2023 年 8 月第 1 次印刷
印　　　数	1～4000 册
定　　　价	66.00 元

　　进入新时代以来，我国社区矫正工作取得了举世瞩目的成绩，到 2019 年底，全国累计接收社区矫正对象 478 万人，解除 411 万人，每年列管 120 多万人，每年新接收 50 余万人，在册 70 多万人，重新犯罪率一直保持在 0.2% 的较低水平。社区矫正工作不仅取得了良好的法律效果和社会效果——为维护社会和谐稳定，推进平安中国、法治中国建设，促进司法文明进步发挥了重要作用，而且走上了科学立法、严格执法、公正司法的轨道。2019 年 12 月 28 日第十三届全国人民代表大会常务委员会第十五次会议通过了《中华人民共和国社区矫正法》（以下简称《社区矫正法》），国家主席习近平签署第四十号主席令公布，《社区矫正法》正式出台，自 2020 年 7 月 1 日起施行。

　　《社区矫正法》是我国第一部全面规范社区矫正工作的法律，标志着社区矫正工作进入了新的发展阶段。在完善中国特色社会主义刑事执行制度，推进国家治理体系和治理能力现代化方面发挥着重要作用。

　　《社区矫正法》的出台，充分体现了罪犯矫正综合治理的方针，在中国乃至全人类刑事执行法治史上具有里程碑式，甚至是划时代的意义。《社区矫正法》开启了我国社区矫正工作法治化的新时代，进一步确立了社区矫正制度的法律地位和基本框架，对于推动社区矫正工作的法治化、制度化、规范化具有十分重要的意义。

　　然而，"徒法不足以自行"，必须把《社区矫正法》贯彻、落实到司法行政工作实践中，才能充分发挥其法律保障的作用，才能促进社会治理工作迈上新的台阶。

　　为更好地贯彻、落实《社区矫正法》的实施，使社区矫正工作尽快走向专业化、职业化的发展道路，必须培养具有专业知识的人才。为此，河北司法警官职业学院联合河北省司法厅社区矫正管理局、河北省法学会社区矫正研究会、中央司法警官学院、湖南司法警官职业学院、安徽警官职业学院、新疆政法学院、河北省邯郸市司法局、河北省邯郸市磁县司法局、河北省邯郸市复兴区司法局、河北省邯郸市复兴区人民检察院、河北省邯郸市邯山区司法局、河北省沧州市东光县司法局、河北省沧州市沧县司法局、河北省保定市涞源县司法局等单位的专家、学者和实务工作者，共同编写了社区矫正系列教材：《社区矫正基础理论》《社区矫正监管执法实务》《社区矫正对象教育矫正》《社区矫正对象心理矫治》《社区矫正文书制作》《社区矫正信息化技术应用与维护》。该系列教材也是社区矫正专业的核心课程教材。

该系列教材以习近平新时代中国特色社会主义思想和习近平法治思想为指导，贯彻落实二十大报告精神，始终以"立德树人"为根本任务，对接社区矫正专业教学标准和《社区矫正法》《中华人民共和国社区矫正法实施办法》，采取校行（企）双元合作开发的模式，在撰写之前进行了大量的调研、论证工作，注重教材的实用性、可操作性，并为我国社区矫正工作培养高素质复合型法律人才而服务。

该系列教材既可作为学历教育的教材使用，又可作为基层社区矫正工作人员培训的教材使用，还可作为自学辅导用书。

该系列教材在编写过程中得到了实务部门和中国政法大学出版社的大力支持和帮助，对于他们提出的宝贵的意见和建议，在此诚挚地表示感谢！

在教材编写过程中，由于时间仓促和编者水平有限，难免出现各种疏漏和不足，敬请各位同仁批评指正。

系列教材总主编：吴贵玉、李明宝

系列教材执行总主编：吴艳华

编审委员会成员：

吴贵玉（河北司法警官职业学院党委副书记、院长；河北省法学会社区矫正研究会会长）

王淑光（河北省司法厅社区矫正管理局局长）

李明宝（河北司法警官职业学院党委委员、教务处处长、教授）

次江华、李曼（河北省司法厅社区矫正管理局副局长）

吴艳华（河北司法警官职业学院科研处副处长、二级教授）

张凯（中央司法警官学院矫正教育系副主任、副教授、博士）

王敬（河北司法警官职业学院刑事执行系综合实训教研室主任、副教授）

焦晓强（河北司法警官职业学院教务处教务秘书、讲师）

刘倍贝（河北司法警官职业学院科研处学会管理科科长、讲师）

刘燕（河北司法警官职业学院刑事执行系刑事执行教研室主任、讲师）

董媛（河北司法警官职业学院刑事执行系办公室副主任、讲师）

编　者

2023 年 5 月 30 日

　　欧洲文艺复兴时期形成了"刑罚人道主义"精神，它提倡关怀人、尊重人、以人为中心的世界观，主张人格平等、相互尊重，强调人本身是最高的价值。文艺复兴后，人道主义精神影响着社会发展的方方面面，即使在最严厉的刑罚领域，人道主义也要求法律制度应当体现出对人的人文关怀，表现出对人的基本权利、人格尊严、自身发展的尊重。随着当今社会人权意识与民主意识的觉醒，刑罚人道主义已经成为一种主流的刑罚观。通常认为，刑罚人道主义精神，包括以下三重含义[1]：其一，尊重和保护犯罪人的人格，即犯罪人首先是人，然后才是犯罪的人，所以犯罪人作为一个公民，所享有的基本权利理应得到保护；其二，禁止把人当做实现刑罚目的的工具，即犯罪人在刑事司法中是作为伦理道德上独立自主的人格主体而存在的，并非作为手段，如作为惩戒社会公众的先例而受刑罚的；其三，禁止使用残酷而不人道的，即蔑视人权的刑罚手段，对犯罪人处以刑罚制裁并非将其作为刑罚的客体，而是以积极的态度对其予以教育或矫治，使其复归社会。

　　社区矫正这种非监禁刑罚执行方式正是"刑罚人道主义"精神的具体体现。我国从 2003 年的试点到 2009 年的试行、2014 年的全面推进，取得了良好的法律效果和社会效果。党的二十大报告指出：中国式现代化是物质文明和精神文明相协调的现代化。在社区矫正过程中，对社区矫正对象开展心理矫治工作，其目的就是消除社区矫正对象的犯罪心理和在矫正期间出现的各种心理问题和行为问题，有利于帮助矫正对象提高心理健康水平和社会适应

---

[1]　贾宇：《社区矫正导论》，知识产权出版社 2010 年版，第 76 页。

能力，提高精神文明水平，预防其重新走上违法犯罪的道路。我国自开展社区矫正工作以来，社区矫正对象的重新犯罪率始终保持在 0.2% 的较低水平。

2020 年 7 月 1 日《中华人民共和国社区矫正法》和《中华人民共和国社区矫正法实施办法》实施，把对社区矫正对象开展心理矫治工作上升到了法律的高度。《中华人民共和国社区矫正法》第 40 条第 1 款明确规定："社区矫正机构可以通过公开择优购买社区矫正社会工作服务或者其他服务，为社区矫正对象在教育、心理辅导、职业技能培训、社会关系改善等方面提供必要的帮扶。"《中华人民共和国社区矫正法实施办法》第 22 条第 1 款明确规定："执行地县级社区矫正机构、受委托的司法所要根据社区矫正对象的性别、年龄、心理特点、健康状况、犯罪原因、悔罪表现等具体情况，制定矫正方案，有针对性地消除社区矫正对象可能重新犯罪的因素，帮助其成为守法公民。"第 43 条第 3 款规定："……根据社区矫正对象的心理健康状况，对其开展心理健康教育、实施心理辅导"。上述规定为对社区矫正对象开展心理矫治工作提供了法律依据。为贯彻落实党的二十大精神和《中华人民共和国社区矫正法》《中华人民共和国社区矫正法实施办法》的规定，使社区矫正对象的心理矫治工作走上规范化、专业化和职业化的道路，我们组织编写了《社区矫正对象心理矫治》这本教材。

该教材是一本校行（企）合作开发教材，在编写之前我们进行了大量的调研，并组织专家、学者和实务工作者进行研讨论证，根据实际工作的需要，确定了该教材的体例和内容。

本教材主要有以下特点：

1. 本教材以党的二十大精神和习近平新时代中国特色社会主义思想和法治思想为指导，将思政元素贯穿始终，以培养学习者较高的政治素质、职业道德和敬业精神。

2. 本教材注重实用性和可操作性，有利于培养学习者的兴趣和职业能力。

3. 本教材是校行（企）双元合作开发的教材，是深化产教融合的产物。

4. 本教材的体例既采纳了工作过程系统化理论，又采纳了项目式、任务式的学习理论。在每个学习项目前都明确了学习目标，并将整个项目的知识点以知识树的方式提炼出来，让学习者能够在学习之前就对该项目的知识点一目了然，学习起来更加容易，也为自学者提供了便利条件。

5. 在每个学习项目之前都放了一个导入案例（或称引入案例），通过生动的案例引入本项目的学习。同时，通过案例也可以让学习者明确项目要学习的内容是什么。

6. 在每个学习项目的结尾部分都放入了课堂活动案例供学习者讨论。这样做的目的：一是培养学习者深入思考的能力；二是培养学习者发散性思维能力；三是培养学习者增强理论联系实际的能力；四是通过这样的练习培养学习者的核心职业能力。

7. 在每个学习项目之后都加入了拓展学习的内容，以拓宽学习者的知识面，培养其创新思维能力和既专又博的学习能力。

总之，本教材在编写过程中，无论是从体例上还是内容上，都充分体现了更贴近基层社区矫正职业岗位的需要和更有利于培养学生的职业能力的需要。

参与本教材编写的单位主要有：河北司法警官职业学院、新疆政法学院、安徽警官职业学院、湖南司法警官职业学院和河北省司法厅社区矫正管理局、河北省法学会社区矫正研究会、河北省邯郸市磁县司法局、河北省邯郸市邯山区司法局、河北省邯郸市复兴区司法局等。

参与编写的人员分工为（以编写内容先后为序）：

吴艳华（河北司法警官职业学院教授）：项目一、项目二

张淼（河北司法警官职业学院讲师）：项目三、项目四

刘倍贝（河北司法警官职业学院讲师）：项目五、项目九

李冬俊（新疆政法学院助理讲师）：项目六、项目七

沈璐（安徽警官职业学院助理讲师）：项目八

侯映宇（湖南司法警官职业学院讲师）：项目十

参与本书编写的实务专家有：

河北省法学会社区矫正研究会会长：吴贵玉

河北省司法厅社区矫正管理局副局长：次江华

河北省司法厅社区矫正管理局干部：黄冬冬

河北省邯郸市复兴区司法局副局长：李志刚

河北省邯郸市复兴区司法局复兴司法所所长：李喜军

河北省邯郸市邯山区司法局社区矫正科科长：户建雷

本教材在编写过程中得到了基层社区矫正机构实务专家的大力支持，他们结合实际提出了很多宝贵的意见和建议，在此表示感谢！由于水平有限，本书难免出现疏漏或不妥之处，敬请批评指正！

吴艳华

2022 年 10 月 18 日

目　录

社区矫正对象心理矫治概述

知识目标：掌握社区矫正对象心理矫治的相关知识，包括概念、原则、模式、方法、目的和开展心理矫治的条件。

能力目标：具备为社区矫正对象开展心理矫治的职业能力。

思政目标：具备忠诚敬业、履职尽责的职业道德；以人为本、耐心细致的职业精神。

知识树

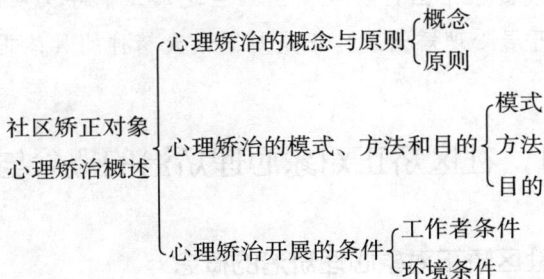

案例 1 - 1

社区矫正对象张某，男，汉族，30 岁，未婚，被捕前为某外企公司职员。

因挪用公款罪被判有期徒刑 1 年，缓刑 1 年。进入社区矫正后，张某难以接受地位、身份的巨大落差，觉得自己给家人丢了脸，让全家人在外人面前都抬不起头。所以一直情绪低落，自卑，不愿见任何人，对社区矫正工作人员也持抵触对立情绪。一个月前开始出现烦躁不安的症状，总感觉焦虑、紧张，睡觉翻来覆去不能入眠，即使睡着了，梦也很多，容易醒，但尚能入睡。早晨醒后感觉头痛、疲劳，全身酸痛。白天感觉心慌意乱，注意力不集中，虽然能控制自己的情绪，但总觉得心里不踏实。日常工作虽能够正常应付，但效率有所下降，内心感到烦恼、痛苦。曾到医院就诊，医生给开了口服安定类药物，情况未见明显改善。无论是在工作中还是在生活中，精神总是感到紧张不安，怕出问题。虽然如此，但工作、生活的其他方面暂未受到太多影响。

很显然，张某进入社区矫正后在情绪上、生理上、社会功能上都出现了一些问题，虽然还未造成严重后果，但毕竟影响了他的正常矫正生活，成为其顺利接受社区矫正的拦路虎。如何清除这些拦路虎，使其顺利度过矫正期呢？国内外的经验表明，清除这些拦路虎的有效办法就是运用专业的方法和手段，对其开展心理矫治工作，以消除其心理问题或心理障碍，提高其心理健康水平，促使其积极接受矫正，顺利回归社会，并在矫正解除后也能正确对待生活中出现的各种问题，正确处理各种问题，不再走上违法犯罪的道路。

党的二十大报告指出：要"推进健康中国建设"。"重视心理健康和精神卫生"，"深入开展健康中国行动和爱国卫生运动，倡导文明健康生活方式。"对社区矫正对象开展心理矫治工作正是对二十大精神的具体贯彻和落实。

任务 1　社区矫正对象心理矫治的概念与原则

任务 1.1　社区矫正对象心理矫治的概念

社区矫正对象的心理矫治是指将心理学的知识、方法和技术运用于社区矫正工作中，剖析社区矫正对象犯罪心理形成的过程、原因和规律，分析他们在矫正过程中所出现的各种心理问题，然后有针对性地采取心理学技术对其不良心理和不良行为进行矫正和治疗，帮助他们消除心理障碍、解决心理矛盾，促使其心理健康，重塑其健全人格和提高适应社会的能力，并最终成为一个合格社会公民的一种矫正措施。

心理矫治既是人类行刑理念的改革，更是促进罪犯教育矫正向科学化、文明化、人道化方向转变，促进罪犯再社会化目标实现的重要手段。社区矫正作为刑罚执行文明化、进步化、人道化的标志，自然不可缺少心理矫治这种以人为本的、体现人性化理念的、新型的、独特的矫正手段。

司法实践表明，社区矫正对象也是心理问题发生的高危人群。他们无论是在犯罪前还是在犯罪后，都或多或少地存在着各种各样的心理问题，有的甚至其犯罪的主要原因就是心理问题。例如，心胸狭隘、暴躁易怒、情绪不稳、自控自制能力差、自卑、嫉妒、焦虑、人际关系紧张、贪婪、懒惰、认知错误、偏激、片面、不遵守规章制度、喜欢挑战权威、无道德感或道德观念差等。这些人格上的缺陷很可能使他们在为人处事或面对困难、挫折时采取不适当的行为方式来解决，从而走上了违法犯罪的道路。也有一些社区矫正对象在矫正期间因为地位、身份的变化很可能会产生一些新的心理问题，影响他们的改造，阻碍他们顺利回归社会。

上海市徐汇区康健街道司法所就曾经为社区内的矫正对象进行了心理状况调查，结果发现：在社区矫正对象中患有严重心理障碍的人占比较高，他们之所以犯罪，与他们的人格缺陷、心理健康水平较低有着密切的关系。在进行人格调查时他们发现矫正对象中精神质偏高的占 46.1%，其中特别高的占 23.1%；情绪不稳定的占 30.7%。在进行心理健康调查时发现，人际关系差、有敌对倾向、过于敏感的占 25%；情绪忧郁的占 75%；情绪焦虑的占 25%。在进行家庭环境调查时发现，家庭成员之间情感沟通不佳的占 33%；法律知识缺乏的占 56%；道德观念差的占 56%。这些问题的存在会成为他们顺利接受社区矫正的拦路虎，所以社区矫正机构必须想办法解决这些问题。

随着社区矫正工作的深入开展，全国各地社区矫正机构都开展了内容、形式、水平不等的心理矫治工作，比如，为矫正对象建立心理档案，开展心理健康教育、心理咨询和心理治疗、心理危机干预等。心理矫治工作的开展，使社区矫正机构对矫正对象的矫正更加精准，效果更好。

《社区矫正法》[1]第 11 条规定："社区矫正机构根据需要，组织具有法律、教育、心理、社会工作等专业知识或者实践经验的社会工作者开展社区矫正相关工作。"第 40 条第 1 款规定："社区矫正机构可以通过公开择优购买社区矫正社会工作服务或者其他社会服务，为社区矫正对象在教育、心理辅导、职业技能培训、社会关系改善等方面提供必要的帮扶。"

《社区矫正法实施办法》第 43 条第 3 款也规定，根据社区矫正对象的心理健康状况，对其开展心理健康教育、实施心理辅导。

以上这些规定，为对社区矫正对象开展心理矫治工作提供了法律依据。

任务 1.2　社区矫正对象心理矫治的原则

社区矫正对象心理矫治是一项科学性、实践性很强的工作，做好这项工作应当遵循以下原则：

1. 以社区矫正对象的再社会化为最终目标，结合社区矫正的整体工作开展心理矫治工作。"坚持解放思想、实事求是、与时俱进、求真务实，一切从实际出发，着眼解决实际问题"。

2. 在全面了解社区矫正对象的基础上，根据他们的心理特征、发展规律、个性特征、发展需要，有针对性地实施心理矫治。

3. 心理健康教育与心理咨询、心理治疗有机结合，将心理矫治贯穿社区矫正的全过程，积极主动地开展心理教育与心理辅导，同时关注出现心理障碍的社区矫正对象，积极能动地实施心理咨询与心理治疗。

4. 心理矫治的主导作用与社区矫正对象的积极参与有机结合。内因是变化的根据，外因是变化的条件，社区矫正对象的认知、情绪和行为的改变，尽管离不开矫治工作者的专业工作，但是矫治工作者的作用只是"授之以渔"，而不是"授之以鱼"。所以，在矫正关系中，矫治工作者只起着"助动者"的角色，而社区矫正对象才是改变自己的真正主宰。因此，应充分调动和启发社区矫正对象的主动性和自觉性，提高他们自我矫正、自我发展的思想观念与能力。

---

〔1〕　即《中华人民共和国社区矫正法》，为表述方便，本书涉及我国法律省去"中华人民共和国"字样。

5. 心理矫治遵循以人为本、相互尊重、平等的原则。这是进行心理矫治的基础。矫治工作者要与社区矫正对象一起分析他们存在的心理问题，制定心理矫治目标，确定心理矫治方案等。

6. 保密原则。"加强个人信息的保护"。保密原则是心理矫治工作中最为重要的原则，它要求矫治工作者要尊重和尽可能地保护来访社区矫正对象的隐私，需要明确地甚至是反复地说明和解释，使其确信矫治工作者是会替其保密的。这既是建立和维持心理矫治信任关系的前提，也是矫治活动顺利开展的基础。当然，保密原则也并不是无限度、无条件的。有两种情况可以突破不公开当事人身份的原则：一是有明显的自杀意图者，应该与有关人员联系，尽可能加以预防和挽救；二是存在伤害性人格障碍或系精神病患者，为避免他人受到伤害，也应做好预防工作。

7. 助人自助原则。心理矫治帮助社区矫正对象的根本目标是促进社区矫正对象成长、自强自立，使之能够独立面对和处理个人生活中的各种问题。矫治工作者应该相信社区矫正对象不仅具有获得心理健康的愿望，而且本身也具有获得心理健康的能力。因此，矫治工作者应该在心理矫治过程中更多地启发、调动矫正对象自身的积极性、创造性。心理矫治应当是激发其主动投入心理自助的过程，而不是将社区矫正对象看做一个被动的服务对象。

8. 价值中立原则。该原则要求矫治工作者尽量不干预社区矫正对象的价值观。具体来说，是指在心理矫治过程中，心理矫治工作者要尊重社区矫正对象的价值观，不要轻易地以自己的价值准则对社区矫正对象的行为进行武断、任意的价值判断，并且迫使社区矫正对象接受自己的观点和态度。矫治工作者在作价值判断时，可以遵循具有相对普遍意义的价值：尊重人的生命，尊重真理，尊重自由和自主，信守诺言和义务，关心弱者、无助者，关心人的成长和发展，不让他人遭到损害，维护人的尊严和平等，懂得感恩和回报，等等。

🔑 **案例 1-2**

社区矫正对象王某，男，1975 年 10 月出生，户籍地、居住地均为 H 省 C 县。2021 年 4 月，王某因聚众扰乱社会秩序罪被 H 省 C 县人民法院判处有期徒刑 1 年，缓刑 1 年，缓刑考验期自 2021 年 4 月 23 日起至 2022 年 4 月 22 日止。2021 年 5 月 21 日，王某到 C 县司法局社区矫正机构报到，C 县 B 镇司法所受委托负责对其开展相关社区矫正工作。

王某入矫后，社区矫正机构为其开展了心理测试。发现其具有偏执型人格障碍，对判决不满，对社区矫正也带有一定的抵触对立情绪，不愿意配合矫正工作。

为改变王某偏执的认知和抵触对立情绪，尽快使之认罪服法，预防和避免其因人格障碍或心理问题的困扰而发生再犯罪情况，社区矫正机构会同某心理咨询中心，多次与王某沟通交流，与其一起分析其犯罪的原因及危害后果，指出其目前存在的心理问题。在得到王某的信任后，经协商，为王某制定了心理矫治方案。方案重点是为王某宣讲法律知识和心理健康知识，帮助王某认清犯罪事实和给社会、他人造成的危害，使其认罪服法；帮助王某学会正确认识自己、剖析自己，增强心理调适能力，提高心理健康水平，从而学会控制自己的情绪、改善性格、调整心态，积极面对生活、迎接未来；同时运用认知疗法帮助王某改变其偏执的认知。

通过一段时间的矫治，王某逐步地有了认罪服法、接受矫正的心态，情绪逐渐走向稳定，也能积极配合司法所的社区矫正工作了。

该案例中的矫治工作者充分遵循了心理矫治以人为本的原则，取得了良好的效果。

任务 2 社区矫正对象心理矫治的模式、方法和目的

任务 2.1 社区矫正对象心理矫治的模式

所谓模式，是指某种事物的标准形式或使人可以照着做的标准样式。模式是某种事物发展到一定阶段的成熟化产物，一旦形成，就对事物的发展起着规定、约束和规范的作用。[1]

---

〔1〕 章恩友、于海霞："论罪犯心理矫治的模式选择"，载《河南司法警官职业学院学报》2004年第2期。

从实践中来看，目前我国社区矫正对象心理矫治模式主要有三种：发展模式、医疗模式和矫正模式。

一、发展模式

发展模式是以健康心理为导向，帮助来访者——社区矫正对象挖掘心理潜力，注重提高社区矫正对象自我认识和生活质量的一种矫治模式。发展模式将社区矫正对象的很多心理问题看做正常发展状态的偏差或偏离，而不是疾病，将社区矫正对象的一些适应性问题，如与他人的人际矛盾、对矫正生活的不适应、因家庭矛盾而导致的烦恼或痛苦等，看做社区矫正对象因其法律身份地位的变化而产生的一种正常反应。所以，发展模式不将来访的社区矫正对象当做病人看待，而是信任他们，充分挖掘他们战胜自身心理问题的潜力、能量和资源，帮助他们战胜自己。

在发展模式的运作中，矫治工作人员因持发展的、健康的观点认识和对待社区矫正对象，因此更容易以平等的身份与社区矫正对象建立良好的矫治关系，非常注重尊重来访的社区矫正对象的人格，倾听其倾诉；矫治工作人员虽然也有诊断意识，但决不会随意给来访社区矫正对象贴上一个"某某疾病"的标签，从而给其造成人为的负担；矫治工作人员虽然也给社区矫正对象以适当的指导和解释，但注重将这种指导和解释建立在充分倾听、与社区矫正对象讨论以及社区矫正对象能够领悟的基础上，而决不会将自己装扮成一个专家、医生或教师、父母的身份，强行向社区矫正对象灌输自己的理论、看法和价值观念；在发展模式中，矫治工作人员注重发挥社区矫正对象的主体和主角作用，并为社区矫正对象发挥这种作用搭建舞台、创造环境、设置条件，使社区矫正对象有充分的时间和机会进行倾诉。

发展模式的矫治效果着眼于社区矫正对象偏离的回归、心理免疫力的增加和自我人格的成长，着眼于社区矫正对象以后能运用较高的自我尊重、客观的自我认识和较为良好的心态为人处世、生活和工作。

因此，发展模式的运作方式基本遵循：普及心理健康知识——增加社区矫正对象自我认识能力并产生寻求帮助的自觉性——使社区矫正对象提高自尊、自信，获得人格成长。这个运作方式体现了对社区矫正对象人格的充分尊重，如不会轻易说其有"病"，不会认为其"有病"而强迫其进行咨询，不会让其感觉到因心理上的问题而低人一等，等等。

专栏 1 - 1　发展模式的一个咨询片段

来访者是一个平时很少讲话，总是沉默寡言的男性矫正对象，因交通肇事被判处有期徒刑 1 年，缓刑 1 年。几年前，夫妻离异，与父母在一起生活。在矫正过程中，很少与他人交往，最近父母又相继去世，心情低落，情绪抑郁，干什么都提不起精神，也不愿意见到社区矫正工作人员。在社区矫正工作人员的多次建议下，来到心理咨询室：

来访者进来后坐在椅子上，佝偻着背，低着头，眼睛盯着地板，既不看咨询人员也不说话。

咨询员：请问李某，你有什么需要我帮助吗？

来访者：（没有抬头，也没有动）没什么事，不会有人在意我的。

咨询员：你是否感到很孤独，而且你觉得说出来也没有什么用，没有人能够，也没有人愿意关心这些事情。

来访者：（抬头看了一下，很快又低下头）我根本没想到这儿来，是他们动员我来的。

咨询员：你不想来这里，你想让大家都忘了你。

来访者：（又抬头看了一眼，短暂的目光接触后又低下了头）记得我有什么用，没有人关心我。

咨询员：你感到很孤单，没有人关心你，你相信只要是世界上有一个人关心你，你也会快活一些。

来访者：（抬头，时间稍长复又低头）我没有朋友，父母相继去世。

咨询员：你确实感到孤独和被抛弃，既然父母离你而去，你肯定更希望有一些朋友。

来访者：（没有抬头，眼中出现泪痕，长时间沉默）

咨询员：一个人孤独是不好受的，一个朋友也没有，你也希望有人理解你善待你。

来访者：（很快抬头又低下头）没有人能理解我，没有人能注意我。

咨询员：这使你为自己难过，但你心目中还是希望能有人关心你，理解你现在的状况。

来访者：（抬起头，短暂目光接触后又移开，但没再低头）父母去世后总觉得打不起精神，心里空荡荡的，也想找人聊聊说说，但每个人都在顾自己的事情，谁也不会听我的唠叨。

咨询员：看来，你只是想找人说说，但考虑到别人不会听就没说，说老实话，我很理解你的处境，我相信你的同伴中也会有人理解你。我们一起来看看有什么办法向你的同伴倾诉一下你自己。

在这个例子中，我们可以看到，咨询员如何对待一个不爱讲话的矫正对象，如何营造一个开放、真诚、关心、有利于成长的环境，如何设身处地、敏锐地体察矫正对象，并适时指出问题的实质：矫正对象虽然渴望友情，却并没有付出行动。本例中，咨询员既没有对来访者像医生一样贴标签"我怀疑你是否患了抑郁症"，也没有急切地给其做指导、开处方，如"我建议你多参加活动，多与人谈心，别老惦记着不愉快的事情"等（事实上，在还没有同情和理解的前提下，这种语言几乎没有作用）。

二、医疗模式

医疗模式是指以病理心理为导向，矫治工作人员作为医生和专家的角色，把来访矫正对象视为病人，注重对病人心理疾病的诊断和分析，在此基础上制定和实施治疗方案，指导病人病情有所转机或痊愈的过程。

医疗模式与发展模式的重大区别，突出地表现在矫治工作人员和来访社区矫正对象的关系上，在发展模式中矫治工作人员与来访社区矫正对象的关系是平等、友好、尊重的关系。在医疗模式中，医生（即矫治工作人员）与病患（即来访社区矫正对象）在权力拥有上是不平等的关系，医生是主动的、主导的，甚至是主宰的，诊断和各项医疗措施完全由医生做主，不需要与病患商量，而病患相对处于被动的无助的状态。在医疗模式中，医生也给病患提出建议，但这种建议是命令或嘱咐，病患要执行医生的嘱托，无条件地服从医生的决定。[1]

心理矫治医疗模式的运作方式与医治一般躯体疾病的运作方式是相似的，基本过程是：矫正对象主动求助或被劝导求助——矫治工作人员（咨询师或治疗师）进行症状分析与诊断——矫治工作人员拟定治疗方案——进行治疗。

专栏1-2　医疗模式咨询片段

来访者：（满面愁容，皱眉）我这些天得了一个怪病，怎么也找不着原因。

咨询员：都有哪些表现呢？

来访者：我觉得嗓子里长了点什么东西，老觉得堵得慌。

咨询员：你做过身体检查吗？

来访者：我去医院看过两次医生，但医生每次都说没什么。

咨询员：那你是怎么想的？

来访者：（有些委屈）我认为医生骗我。我明明觉得堵得慌，怎么能没有东西呢？

咨询员：医生为什么要骗你呢？是你自己疑心吧。

来访者：我感觉他们就是骗我。有一次还是主任给我做的检查，但我问他（我的病）怎么回事，他不吱声，还和另一个医生交换了一下眼神，说没什么事。我觉得这里面有鬼。（说着竟哭了起来）不瞒你，我这个病特别折磨我，有时晚上也睡不好觉，不

---

〔1〕 钟友彬：《现代心理咨询》，中国科学院心理研究所心理学函授大学（内部资料）1996年版，第114页。

信你瞧瞧，（张着嘴，指着自己的咽喉部）这里面的东西好像是个绦虫似的，我一咽唾沫，它就缩回去，我不咽东西的时候它又冒出来。

咨询员：依我看，你可能得了疑病症，疑病症是神经症的一种，简单地说，就是患者的身体并没有生病，但是患者自己因为偶然的不舒服总是注意到身体这个不舒服的部位，越是注意它越是觉得自己有病。

来访者：这个疑病症还有救吗？

咨询员：我想给你一些建议和方法，你只要遵照执行，肯定会有一些成效。

在本例中，咨询员致力于给求助的矫正对象一个诊断，随后就给矫正对象开了如何行动的处方，不管其结果究竟如何。（显然，咨询员的诊断且不说正确与否，但时机过早了些，不容易让来访的矫正对象信服），遵循的是医疗模式，关心的是对方得了什么病、有什么症状、如何治疗，而对来访矫正对象的情绪体验感觉不深，对其自身潜能挖掘不够。

在医疗模式中，也存在互相参与性的方式，矫治工作人员与矫正对象共同参与对心理疾病的治疗，矫治工作人员是参谋，与来访的矫正对象共同商量作出决定或提供咨询意见，让矫正对象自己帮助自己，双方权利平等，尤其适合在智力、学历、年龄和生活经验等方面都与矫治工作人员相似、希望自己了解病情并参与治疗的矫正对象。如果矫治工作人员受过心理治疗的良好训练，具备体察和共情的能力，即使采用医疗模式，也同样能够实现对矫正对象人格的尊重和积极的倾听。

三、矫正模式

矫正模式是将心理矫治、法治教育、思想教育融为一体，属于广义的心理矫治范畴，主要由具有咨询师资格的社区矫正工作者来完成。心理矫治的矫正模式以心理辅导和思想教育为主导，以咨询、谈话、教导为主要方式，与矫正对象谈话或进行心理咨询的目的主要在于摸清矫正对象的心理状况和思想脉搏，以便有针对性地对其进行矫治和改造，从而实现维护社区安全、提高社区矫正质量的最终目的。

矫正模式将心理矫治视为监督管理和教育帮扶的手段和工具。但是，心理矫治与思想教育在性质、理论基础、双方关系、操作方法以及具体目标等方面都截然不同。个性和情绪方面的障碍，与思想和意识形态方面的东西，属于不同的领域。将两种性质不同的事物掺杂在一起，很容易在一定程度上限制心理矫治的专业化发展。随着我国社区矫正工作专业化、职业化的发展，该矫正模式必然也将走向专业化的发展道路。

专栏 1－3　矫正模式的咨询片段

来访者：（吞吞吐吐，目光游移，没有讲话）

咨询员：你有什么事吗？不妨说说看。

来访者：（张了张嘴，但仍未讲话）

咨询员：有什么困难你尽管说，或许我能帮助你。

来访者：（脸红，低头）我怕说出来你笑话我，但我心里实在难受。

咨询员：你没说出来怎么知道我会笑话你。

来访者：（声音更小，低垂着头）我满脑子里都是王某的身影，转过来转过去都是他。

咨询员：你想他干啥？你俩可都是男性。

来访者：（沉默）

咨询员：你知道这意味着什么吗？

来访者：我也知道这样想不好，但心里总放不下。

咨询员：知道不好就好，我不提倡你这样做，当然也是为了你好，我想不用我多说，你也会知道怎么做更好。

本案例中，咨询员的语气、语调，虽然不是命令性、训诫性的，但也完全没有体现出一个专业咨询员所应该具有的素质，完全忽略了来访矫正对象的感受和体验，最起码没有做到耐心细致地倾听。咨询员的反应和回答实际上是关闭了来访矫正对象的心扉，而不是开启了这扇门。这种情况就是矫正模式在实际操作中常犯的错误。

任务2.2　社区矫正对象心理矫治的方法

在社区矫正对象心理矫治工作中，"必须坚持守正创新。守正才能不迷失方向，不犯颠覆性错误，创新才能把握时代、引领时代。我们要以科学的态度对待科学，以真理的精神追求真理。""不断拓展认识的广度和深度，以新的理论指导新的实践。""我们要善于通过现象看本质，把握好全局和局部、当前和长远、宏观和微观、主要矛盾和次要矛盾、特殊和一般的关系，不断提高战略思维、历史思维、辩证思维、系统思维、创新思维、法治思维、底线思维能力，为前瞻性思考、全局性谋划、整体性推进社区矫正对象心理矫治工作提供科学的思想方法。"

社区矫正对象心理矫治的常用方法主要包括心理健康教育、心理咨询、心理治疗和心理危机干预等。

一、社区矫正对象的心理健康教育

社区矫正对象的心理健康教育是面向全体矫正对象，根据他们的心理和生理特点，运用心理学的教育方法和手段，培养其良好的心理素质，促进其整体素质全面提高的教育。心理健康教育注重矫正对象健全的人格和健康的心理品质的培养，体现的是以人为本、对人的可持续发展负责的基本精神。

二、社区矫正对象的心理咨询

社区矫正对象的心理咨询是指心理咨询专业人员运用心理学的知识、方法和技术，协助求助的社区矫正对象解决心理问题，从而帮助其自强自立，增进心理健康水平，提高生活质量，使其顺利回归社会，不致再重新犯罪。

三、社区矫正对象的心理治疗

社区矫正对象的心理治疗是指由受过专业训练的心理咨询（或治疗）师以心理学理论为指导，运用心理治疗的有关理论和技术，对有各类心理与行为问题的社区矫正对象进行矫治，以消除或缓解其心理或行为问题，促进其人格向健康、协调的方向发展，促进社区矫正对象重新社会化的过程。

四、社区矫正对象心理危机干预

心理危机干预是指针对处于心理危机状态的个人及时给予适当的心理援助，使之尽快摆脱困难。社区矫正对象的心理危机干预是指针对由于突然遭受严重灾难、重大生活事件或精神压力而处于心理危机状态的社区矫正对象及时给予适当的心理援助，使其尽快摆脱困难，顺利参与社区矫正的一种有效的服务方法。

专栏 1-4　心理咨询和心理治疗的关系

心理咨询与心理治疗，在临床干预中，本是交替使用的措施，虽然操作方式有区别，但它们的目标是一致的。不去严格区分原本也无大碍，但是，目前学界有许多人喜欢对两者进行比较，并指出许多异同点。

从心理咨询和心理治疗的定义内涵来看，两者在本质上有一个共同点，即工作目的是一样的：都为消除求助者的心理或行为问题。两者有两个不同点：①心理咨询在操作

上是规范化、标准化的；心理治疗是不太规范、不太标准化的。②心理咨询是"协助解决"，即在协商和帮助过程中解决问题；心理治疗则是"矫治"，即带有强制性的矫正和按治疗方法进行调治[1]。

任务2.3　社区矫正对象心理矫治的目的

对社区矫正对象开展心理矫治工作，目的是消除社区矫正对象的犯罪心理以及在矫正期间出现的各种心理问题与行为问题，重塑健全人格，提高心理健康水平和社会适应能力，学会正确认识生活中遇到的各种挫折与困难并能正确对待与处理，预防重新走上违法犯罪的道路。具体如下：

一、加速社区矫正对象再社会化的进程

通过向社区矫正对象开展心理健康教育、心理辅导等活动，使他们对心理矫治和心理健康有一个正确的认识，激发和强化自我矫正的积极性，改善和提高自身心理素质，加速其再社会化的进程。

二、调节负面情绪，调动矫正积极性

社区矫正的第一步就是让社区矫正对象能够以自愿、积极的心态接受矫正，达到预期的矫正效果。但是，许多社区矫正对象在入矫时和矫正期间都会存在一些负面情绪，如焦虑、自卑、抑郁、悲观甚至抵触对立等，导致社区矫正的效果大打折扣。心理矫治能够帮助社区矫正对象疏通情绪问题，教会他们调解情绪的方法，从而使社区矫正对象以积极、稳定的心态接受矫正，调动其矫正的积极性，使矫正达到事半功倍的效果。

三、改变不良认知，树立守法意识

心理矫治作为一种科学的矫治方法，能从根本上改变社区矫正对象不正确的认知结构，帮助其树立正确的人生观、价值观，树立守法意识。一些矫正对象之所以犯罪，就是因为其道德、法律观念淡薄，认识不到自身的错误行为对他人、对社会产生的不良影响，从而采用一种错误的认知方式来对待

---

[1]　郭念锋主编：《心理咨询师（基础知识）》，民族出版社2005年版，第280～282页。

自己的不良行为。心理矫治能够让社区矫正对象学会换位思考，感受他人痛苦，加深社区矫正对象对于自身错误行为的认识，让社区矫正对象学会正确地处理自己与他人、自己与周围事物之间的关系，同时教会社区矫正对象用法律来调节自己的行为，最终改变过去错误的观念和认知方式，树立守法意识。

四、帮助社区矫正对象消除心理障碍，促进心理健康

通过对有心理问题和心理障碍的社区矫正对象实施心理辅导、教育、咨询和治疗，帮助他们消除心理障碍，缓解心理矛盾，摆脱心理困扰，改变问题行为，促进心理健康。

五、塑造健全人格，增强社会适应能力

有些社区矫正对象之所以会走上违法犯罪的道路，是由于社会适应不良，不能采取合法手段来达到自己的目标。而究其深层次的原因，是这部分社区矫正对象拥有不健全的人格。在社区矫正中，通过将团体心理辅导与个体心理辅导相结合，制定并实施一系列有步骤、有计划的心理评估、心理健康教育、心理咨询及心理治疗，能够深入了解社区矫正对象的心理状况，在此基础上引导他们以正确的态度面对自己的过去，学会调节心理状态，并鼓励他们与他人进行积极健康的交往，让他们学会主动接触、感知、适应社会环境，就算遇到逆境，也要积极调动自身的正面能量，这样有利于矫治对象的身心健康，使曾经犯过罪的人重新回到社会的怀抱，并慢慢融入社会环境。从这个角度而言，社区矫正的主要目标就是重塑矫治对象的健全人格，使其始终保持健康的心态，学会适应社会，融入社会，最后愿意为社会奉献，回报社会，成为守法公民。[1]

任务3 社区矫正对象心理矫治开展的条件

为保证社区矫正对象心理矫治工作的"高质量发展"，就必须有满足开展此项工作的条件。

---

[1] 顾伟："心理矫治在社区矫正工作中的应用"，载《前沿》2013年第2期。

任务 3.1 社区矫正对象心理矫治工作者条件

社区矫正对象心理矫治工作是一项综合性、专业性比较强的工作，所以从事这项工作的人员必须符合相应的条件要求才能开展工作。

一、年龄要求

社区矫正对象心理矫治工作者年龄需在 18 周岁以上，面对社区矫正对象这一特殊群体，可能年龄更大、心理学知识和社会阅历更为丰富的心理矫治工作者的矫治效果会更好。

二、学历要求

在许多西方国家，对社区矫正对象心理矫治工作者都要求拥有本科及以上学历、学士及以上学位。因此，在我国从事社区矫正对象心理矫治的工作人员，也应该是受过高等教育并具备本科及以上学历、学士及以上学位的人。

三、专业素质要求

心理矫治是一项专业性强且操作复杂的工作，因此心理矫治工作者应具备相应的专业水平。目前，国内从事社区矫正对象心理矫治的工作者都需要具备二级以上心理咨询师资格，并且要有一定时间的学习经历和实践经历（一般要求具有 500 小时以上的个案咨询经验或者 2 年以上的心理矫治相关工作经历）。要求心理矫治工作者懂得心理测量、心理健康教育、心理咨询、心理治疗及危机干预等心理学知识，能准确掌握社区矫正对象的心理特征，帮助其正确认识心理问题，会正确运用心理学技术为社区矫正对象解决心理问题。

同时，社区矫正对象心理矫治工作者还应该接受过社区矫正工作培训，对社区矫正工作的性质、流程有清晰的了解，能帮助社区矫正对象分析犯罪的原因，认识犯罪的危害；能帮助社区矫正对象端正心态、遵纪守法，积极矫正。

四、职业素质要求

在社区矫正对象心理矫治工作中，心理矫治工作者与社区矫正对象之间的关系应该是完全平等的，不存在等级之分。心理矫治工作者应当尊重、保护社区矫正对象的个人隐私，对咨询过程中的有关信息，以及其与自己的交谈过程与内容要进行保密，不得随意泄露。此外，在心理矫治过程中，工作人员还应当保护社区矫正对象在身心方面不受到任何伤害，用真诚的态度对待社区矫正对象，建立好心理矫治工作者与社区矫正对象之间相互信任的关系。

我国应借鉴国外经验，结合我国国情，以社区矫正机构为主导，心理学专家督导团队为指导，充分调动心理矫治社会志愿者和社会工作者的力量，建设一支专业性强、连续性好、操作规范的心理矫治工作队伍。

从司法实践中看，我国对社区矫正对象开展心理矫治的工作人员主要包括具有心理专业知识背景的社区矫正工作者，具备专业知识的心理志愿者和民间心理协会、专业心理咨询机构的人员等，工作成效还是不错的。

任务3.2　社区矫正对象心理矫治环境条件[1]

为社区矫正对象开展心理矫治工作，需要在专门的心理矫治室中进行，这是对社区矫正对象进行心理矫治的基本场所。因为社区矫正对象的特殊性，心理矫治室的建设与普通的心理咨询室有较大的差异。科学规范、富有特色地建设好心理矫治室，能够使社区矫正对象在心理矫治工作中更好地配合心理矫治工作人员，打开心扉，使矫正方案更具有针对性和科学性，从而实现心理矫治工作效果的最大化。

市、区（县）级心理矫治室建设的基本要求：

有条件的市、区（县）可以建立功能较全的心理矫治中心，包括办公室及预约等候室、心理测量及档案室、个体心理咨询室、团体心理活动室、放松治疗室、心理宣泄室等。不具备相关条件的市区（县）至少建设个案心理矫治室。

1. 心理矫治室（心理矫治中心），必须有专用场地，选址适当，保持相对安静，场所隐蔽，按照司法标识规范布置门牌、制度牌、标识。

2. 心理矫治室（心理矫治中心）内部设施应简洁大方，采光通风条件好，室内装饰风格温馨、宁静，避免使用容易引起来访者强烈情绪反应的刺激颜色；可在适当的位置摆放鲜花或盆景，悬挂书画；沙发及其他设施摆放

---

[1]　刘丹福、李芳主编：《社区矫正人员心理矫正》，中国政法大学出版社2015年版，第16页。

适宜，保持整洁、舒适。

3. 心理矫治室（心理矫治中心）必须配备心理健康阅读材料、多媒体电脑、投影设备，有条件的心理咨询室还可配备录音机、摄像机、沙盘等设备，以备需要时使用。

4. 心理测量室应配备必要的心理测量软件，可同时使用纸质心理测量量表进行测量。

测量软件需具备国家版权局颁发的软件著作权登记证书。心理测量室一般不宜与咨询室合在一起，条件不具备的市、区（县）可与办公室合并，测量仪器、量表的使用要符合规范，测量前应取得社区矫正对象同意，在自愿的前提下进行。

测量软件应包括再犯罪风险评估量表、社会危险度评估量表、监管风险动态评估量表、心理健康测试量表、人格特质测试量表等。

5. 放松治疗室地板使用地毯铺设，避免走路声响影响效果；建议使用隔音、环保墙纸，配合地板和窗帘颜色；灯光选用柔和色并可调节；音乐放松设备需能对减压放松过程中的生理指标进行实时监测、动态反馈评估，应具备 CE 安全认证。

6. 团体活动室可根据团体活动的规模或团体咨询的需要，配置地毯、桌椅和活动道具，有条件的市、区（县）配备录音录像等设备。团体活动室面积大小，可根据自身条件和社区矫正对象规模而定。

任务 4 （实训项目 1） 了解社区矫正机构心理矫治的现状

请同学们通过问卷调研的方式，调研了解你家乡所在地社区矫正对象的心理矫治情况，并形成调研报告交上来。

附：实训任务书和实训考核表

实训任务书

实训项目	1. 设计调研问卷 2. 调研了解你家乡所在地社区矫正对象的心理矫治情况 3. 撰写调研报告

续表

实训课时	4 课时
实训目的	学生通过调研，了解其家乡所在地社区矫正对象心理矫治情况，并将调研材料进行分析、整理，形成调研报告。从而具备制定调研问卷、开展实证研究和撰写调研报告的职业能力
实训任务	1. 设计调研问卷 2. 调研了解你家乡所在地社区矫正对象的心理矫治情况 3. 撰写调研报告
实训要求	1. 学生应提前掌握设计调研问卷的相关知识和方法 2. 学生应具备实证调研的能力 3. 指导教师应具备相应的能力并能带领学生完成实训任务 4. 学生要积极配合指导教师的指导完成实训
实训成果形式	1. 设计调研问卷 2. 撰写调研报告
实训方式	在线调研
实训进程	1. 教师讲解实训任务、注意事项 2. 设计调研问卷，并对调研问卷进行分组讨论，最终确定调研问卷的内容 3. 指导老师进行有效指导 4. 通过合适的方式进行调研（可采取线上回答调研问卷的方式） 5. 对调研收集的材料进行分析、整理、得出结论 6. 对调研结论撰写调研报告 7. 提交调研报告 8. 指导教师对调研报告进行阅评、打分

实训考核表

班级＿＿＿＿＿＿＿＿＿＿＿　　姓名＿＿＿＿＿＿＿＿＿＿＿　　学号＿＿＿＿＿＿＿＿＿＿＿

任务描述：通过实训，掌握设计调研问卷、开展在线调研和撰写调研报告的技能（职业能力） 项目总分：100 分 完成时间：240 分钟（4 课时）

考核内容	评分细则	等级评定
一、实训过程与要求 1. 学生明确实训所要完成的任务 2. 根据实训需要学生设计调研问卷 3. 对调研问卷进行分组讨论，并确定最终的调研问卷的内容 4. 指导老师进行指导 5. 根据调研问卷进行在线调研 6. 对调研收集的材料进行分析、整理，并得出结论 7. 撰写调研报告并提交 8. 指导教师对调研报告进行阅评、打分	分值：50分 1. 实训过程与小组成员合作良好（15分） 2. 实训演练认真、表现积极（15分） 3. 能成功完成所有实训任务（20分）	实训成绩评定为四等： 1. 优（100分~85分） 2. 良（84分~70分） 3. 及格（69分~60分） 4. 不及格（59分~0分） 注意事项： 1. 实训期间做与实训无关的操作，不能评定为"优" 2. 有旷课现象，不能评为"优、良" 3. 旷课××节及以上，评为"不及格" 4. 实训内容没有完成，评为"不及格" 5. 报告出现雷同，评为"不及格" 6. 具体评分标准由指导教师根据实训项目具体要求规定
二、实训表现与态度	分值：20分 1. 无迟到（1分） 2. 无早退（1分） 3. 无旷课（3分） 4. 实训预习、听讲认真（2分） 5. 实训态度认真（5分） 6. 实训中不大声喧哗（1分） 7. 能爱护实训场所、设备，保持环境整洁（2分） 8. 能完全遵守实训各项规定（1分） 9. 实训效果好，基本掌握了调研问卷的设计方法，能够开展在线调研，并撰写调研报告（4分）	

续表

考核内容	评分细则	等级评定
三、实训成果 1. 能完成调研问卷的设计 2. 能完成在线调研 3. 能完成调研报告的撰写	分值：30 分 1. 按规定时间完成调研问卷的设计（10 分） 2. 按规定时间完成在线调研并撰写调研报告，提交（10 分） 3. 格式规范、字迹清楚（3 分） 4. 无抄袭现象（2 分） 5. 能提出合理化建议或有创新见解（5 分）	
合计		

评分人：　　　　　　　　　　　　　　　　　日期：　　年　月　日

【课堂活动 1 – 1】

　　欧洲文艺复兴时期形成了"刑罚人道主义"精神，它提倡关怀人、尊重人、以人为中心的世界观，主张人格平等、相互尊重，强调人本身是最高的价值。文艺复兴后，人道主义精神影响着社会发展的方方面面，即使在最严厉的刑罚领域，人道主义也要求法律制度应当体现出对人的人文关怀，表现出对人基本权利、人格尊严、自身发展的尊重。随着当今社会人权意识与民主意识的觉醒，刑罚人道主义已经成为一种主流的刑罚观。通常认为，刑罚人道主义精神包括以下三重含义[1]：其一，尊重和保护犯罪人的人格，即犯罪人首先是人，然后才是犯罪的人，所以犯罪人作为一个公民，所享有的基本权利理应得到保护；其二，禁止把人当做实现刑罚目的的工具，即犯罪人在刑事司法中是作为伦理道德上独立自主的人格主体而存在的，并非作为手段，如作为惩戒社会公众的先例而受刑罚的；其三，禁止使用残酷而不人道的，即蔑视人权的刑罚手段，对犯罪人处以刑罚制裁并非将其作为刑罚的客体，而是以积极的态度对其予以教育或矫治，使其复归社会。

---

　　〔1〕　贾宇：《社区矫正导论》，知识产权出版社 2010 年版，第 76 页。

请问，刑罚人道主义精神与社区矫正对象心理矫治是一种什么关系？

【课堂活动1-2】

康某，男，2002年8月出生，户籍地、居住地均为河北省保定市某村。2021年某月因聚众斗殴罪被保定市某人民法院判处有期徒刑1年，缓刑1年，缓刑考验期限自2021年某月某日起至2022年某月某日止。2021年某月某日，康某到司法所报到，并由司法所负责在其社区矫正期间对其进行日常管理。

康某家庭条件不错，从小被父母娇生惯养。经常和朋友一起喝酒闹事，2021年2月聚众斗殴被查获。康某性格开朗，善于结交朋友，为人豪爽，出手大方，讲哥们义气，与邻居、朋友相处融洽。

康某被判处缓刑后，陷入了思想上无法认同自己，缺乏社会归属感的痛苦迷茫中。缓刑后，他脱离了原来的朋友圈，又难以获得他人信任、建立新的交往圈子。因此，他成天躲在家中，沉默寡言，萎靡不振，不愿与人交流。[1]

请根据案例所给资料，讨论确定该如何为康某开展心理矫治工作？

【思考题】

1. 社区矫正对象的心理矫治与思想教育有何区别？
2. 心理矫治对矫治工作人员有哪些职业要求？

拓展 学习

河北省社区矫正工作细则（节选）

第82条规定：执行地县级社区矫正机构、受委托的司法所可以根据需要组织社区矫正对象进行心理测试，针对其心理健康状况，开展心理健康教育，

---

〔1〕"河北省保定市唐县对缓刑社区矫正对象依法进行个别化矫正案例"，载中国法律服务网，http://alk.12348.gov.cn/Detail? dbID=81&sysID=3124，最后访问时间：2022年8月5日。

对存在心理疾病、再犯罪风险或者其他社会危险性的，及时由专业人员采取心理辅导、心理咨询、心理危机干预等措施。

第 83 条规定：社区矫正机构可以采取政府购买服务或者项目委托的方式，组织专业人员对社区矫正对象开展心理矫治。

江西省丰城市司法局积极探索社区矫正心理矫治"心"模式[1]

丰城市下辖 32 个乡镇（街道），人口近 150 万，社区矫正对象在册 800 多名。随着社区矫正工作的深入开展，对新时期的社区矫正工作提出了新的更高的要求，单纯的"人防""技防"管理方式已不能满足新的工作需求。近年来，丰城市司法局在省、市司法行政业务部门的大力支持和精心指导下，开拓创新，充分运用心理学知识、技能、方法，对全市 800 多名社区矫正对象开展心理测试、心理评估、心理健康教育、心理咨询和心理治疗等系列活动，帮助社区矫正对象打开"心"墙，调节情绪、消除不良心理及其他心理障碍，矫正其不正当的认知方式，完善其人格，从而形成了矫正中心、司法所、"五管一"矫正小组、心理老师、社区矫正对象"五互动"的独具特色的心理矫治服务机制，切实保证"你点我诊""药到病除"，最大限度提高了社区矫正工作质量。

智能化心理健康评估体系

丰城市从社区矫正对象基本情况出发，根据心理健康专业要求，立足危险程度、自陈量表和症状自评量表（SCL－90）三个方面，形成了心理健康评估测评体系。

丰城市社区矫正对象心理健康评估体系主要以犯罪与服刑表现记录、教育和工作背景、经济状况、家庭和婚姻状况、居住情况等为静态指标；以休闲和娱乐、交友情况、酗酒和使用毒品、心理、情绪和人格特征、生活态度及政治倾向等为动态指标，细化为 156 项，采取调查了解、测量打分、划分类别等方式与流程进行心理健康评估与测评，生成测评量表与数据。

---

〔1〕 王丹阳："江西省丰城市司法局积极探索社区矫正心理矫治'心'模式"，载社区矫正宣传网，www.chjzxc.com/index.php/Artcle./info/id19572.html，最后访问时间：2019 年 8 月 2 日。

丰城市心理健康评估体系，实现数字网络化、智能化。该市开发了社区矫正对象心理测评专用微信小程序，能自动评算出每个社区矫正对象心理健康评估综合评分，评估综合得分 65 分以下为低风险等级；65 分至 77 分为中风险等级；77 分以上为高风险等级。心理测评微信小程序，打破测评空间、时间、地点的限制，让社区矫正对象快捷、便利地进行心理健康评估与测评。

"三重奏"阶段式心理健康教育

根据社区矫正对象接受矫正过程中心理、行为特点和需求变化的规律，丰城市十分注重将心理健康教育全面纳入社区矫正对象入矫、常规和解矫三个阶段，并针对社区矫正对象在这三个阶段不同的心理、行为特征和需求，设定相应的教育矫正目标、主要内容和方式、方法，确保"对症下药、行之有效"。

入矫矫正教育阶段（即社区矫正对象接受矫正的前三个月），推行"一谈一测一档一课"工作机制，入矫一周内，对社区矫正对象进行一次谈心，一次心理分析测试，建立一本心理健康档案，一次新入矫社区矫正对象心理健康集中教育课，普及心理健康知识。

中间阶段（即常规教育阶段），在日常指纹（人脸识别）签到、教育学习、社区服务、个别走访过程中，随时与社区矫正对象沟通交流，将可疑人员列入重点人员名册，提高与其交流频率。结合每月专题教育，对社区矫正对象从传统文化、道德伦理方面，通过诗词音乐鉴赏、励志电影赏析、团体心理辅导等活动方式，全面提升社区矫正对象素养和自信心，实现道德重建和心理重建；开通并完善在线教育平台，利用社区矫正 APP "线上 + 线下"双重教育模式并行，侧重关注社区矫正对象心理健康，帮助其由内而外深入教育改造。

解矫前教育阶段（即解除矫正的前三个月），每季度组织即将解矫的社区矫正对象进行《展望美好明天》解矫前教育，帮助社区矫正对象再社会化。

"量身定做"的心理咨询套餐

丰城市司法局聘请了 3 名心理咨询师，在丰城市社区矫正中心设立每周三心理咨询日。

心理咨询师依据社区矫正对象呈现的症状倾向或个体的心理偏差、管理级别和日常表现，依据审前调查过程、社区矫正对象风险自评结果、人格特质与心理健康程度的分析、日常社区矫正工作的配合程度等四个方面的数据；依据市司法局干部、"五管一"矫正小组成员结对监管获取的社区矫正对象思想、生活、工作信息，进一步识别其个体心理需要，在个体自愿接受的前提下制定出"量身定做"的心理矫治套餐，套餐包括心理测评、心理疏导、心理教育、心理访谈和心理行为训练等项目，每个套餐都配合相应心理矫治方案，方案包括基本情况分析、存在问题、工作措施和工作目标等。因人施策的多样化心理咨询套餐，供社区矫正对象灵活自主选择，让心灵存在创伤的社区矫正对象如沐春风。

社区矫正对象小美（化名），在矫正中心报到时泪流不止，工作人员和心理老师耐心倾听她的哭诉，原来是她被判缓刑后因害怕被婆家人知道而退婚，可是她的小孩才5个月大，她一时不知道怎么办。心理老师在了解情况后，制定心理干预方案，根据她是孤儿的情况，从抚养她长大的奶奶和她幼小的孩子入手，对她进行亲情感化疗愈，让她好好孝敬亲人抚养孩子，安心改造以顺利度过缓刑期。在最近的一次心理教育和干预后，小美感慨道："这样的心理培训我要是早点参加就好了，这样就不会犯不可挽回的错误了。我会跟我的婆家人好好解释，努力工作，好好过日子，以实际行动证明自己。"

"菜单式"心理矫治

丰城市制定社区矫正心理矫治"菜单"，把社区服务、技能培训、就业安置、教育学习、心理咨询等，以"点菜"自选的方式提供给社区矫正对象，与丰城市义工联、团市委等社会团体组织联合，供社区矫正对象选择适合自己时间和地点的义工等活动项目。每个"菜品"对应相对的分值，比如完成1小时社区服务季度考核累计分数1分，用社区矫正手机APP客户端学习一篇教育学习资料累计2分。通过灵活化的社区矫正方式，提高存在心理问题的社区矫正对象的教育改造动力和融入社会适应能力。

社区矫正对象小华（化名），因感情问题判刑，假释后，对自己未来的生活很茫然，然而又具有强烈自尊心。以前事情对家庭和自己都造成极大的影响，心理老师循序渐进循循善诱，耐心细致听他倾诉，发现小华小时候因父母长期不在身边，导致认知存在偏差、行为存在偏激。心理老师根据他的情况制定家庭、学校、矫正中心"三方联治"矫治方案，家庭方面多给予关心关爱，建议父母每天至少一次电话或者视频通话，学校方面要给予理解与宽容，并做好疏导和就业指导工作，加强与同学之间的交流沟通，矫正中心方面要密切关注小华的情况，每周对其进行深入沟通交谈，掌握其心理及思想行为动态。个性化的矫治方案，使小华慢慢恢复自信心，消除自卑，对未来的生活重新充满了憧憬……一个个鲜明的实例进一步凸显心理矫治防范重新违法犯罪的重要性，进一步推动社区矫正工作矫正质量。

截至目前，丰城市共成立了 1 个社区矫正社会帮教基地，33 个社区矫正教育基地，34 个社区矫正社区服务基地。

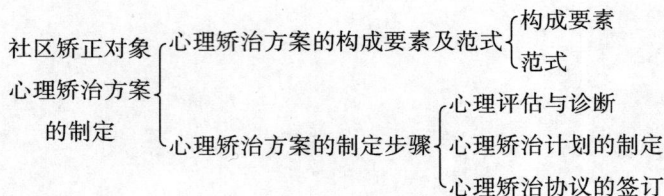

项目二

社区矫正对象心理矫治方案的制定

学习目标

知识目标：掌握心理矫治方案的构成要素和制定步骤等知识。

能力目标：具备制定心理矫治计划的能力；具备签订心理矫治协议的能力。

思政目标：具备爱岗敬业，认真负责的职业道德和勇于奉献的职业精神。

知识树

社区矫正对象心理矫治方案的制定
- 心理矫治方案的构成要素及范式
  - 构成要素
  - 范式
- 心理矫治方案的制定步骤
  - 心理评估与诊断
  - 心理矫治计划的制定
  - 心理矫治协议的签订

案例 2-1

于某，女，19 岁，系单亲家庭，父亲在她很小的时候就离开了家。于某曾被母亲先后寄养在许多亲戚家，最后被寄养在外婆家，从小受人非议，经常被母亲打骂，生活环境较差，家庭支持也严重不足。因其在读书时与舍友发生口角，一时冲动下用刀划向对方，造成对方轻伤，因故意伤害罪被判有期徒刑 2 年，缓刑 2 年。入矫后不久，其母亲萎靡不振并生病卧床，加上因故意伤害罪需赔付的 11 万元让于某不堪重负，于某心理压力非常之大，不知道如何处理，目前出现失眠、食欲不振、精神紧张、情绪抑郁的状态，已有半年的时间，迫切需要寻求咨询师的帮助。

于某主动向咨询师解释，此次事件是因为对方对自己进行言语上的人格侮辱，并打过自己两次，所以在对方第三次骂自己时，情绪一时冲动，手上刚好拿着刀，就伤害了对方。对于这次犯罪于某觉得自己有过错，心理也有问题。于某自述小时候自卑没什么朋友，在学校与同学、室友关系不好，经常被孤立，同学间没有太多交流。母亲常年情绪状态不好，外婆年迈，家中的经济状况一直不稳定。现有一男友，尚在念书，在精神上还可以给自己一些安慰，但在经济上无法帮助自己。现在母亲病倒，自己被判刑，不知以后要怎么生活下去。

咨询师观察到于某面容清秀，表达自如，对咨询师开放度较好，但表情忧伤，较显紧张，手不断地来回搓纸，诉说到伤心处暗自哭泣。

通过心理测试，发现于某人际关系敏感，抑郁，焦虑，敌对心理较明显，心理健康状况差，有较明显的心理问题。

咨询师对于某所在的司法所社区矫正工作人员以及于某的家人进行了走访，工作人员反映，自于某入矫以来，总体表现良好，能够积极主动参加教育和学习，其他时间都待在家里，家人反映于某经常干活心不在焉，像是在想什么事情似的，经常发呆。

咨询师首先对于某通过收集到的临床资料对于某的心理状态进行了评估与诊断，鉴别诊断于某为严重心理问题。通过与于某的会谈，咨询师分析于某现在的心理状态，与童年时被寄养的经历有关。于某在幼小的时候，父亲就离开家不再管她，其被母亲先后寄养在许多亲戚家，最后跟外婆生活。从小受人非议，还经常被母亲打骂，身边其他亲人也无法做到情感支持，有原始心理创伤。加上从小不被关注、不被爱而造成自卑、暴躁的性格，在同学的刺激下，做出犯罪行为。

咨询师认为于某好在其自知力尚好，对自我有一定的认识，非常想让自己往积极正向的人生道路，求助动机强烈。根据评估与诊断的结果，经过与于某的协商，咨询师制定了心理矫治方案。

在心理矫治方案中，咨询师与于某协商矫治目标，将具体目标和近期目标设置为：①改变不良情绪，改善睡眠情况；②改变错误认知，纠正错误评价。将最终目标与长期目标设置为在达到上述目标的基础上，最终改变其错误认知，重建正确的认知模式，树立自信，促进于某心理健康发展，完善人格。同时还与于某商定好了心理咨询所使用的方法，决定采取合理情绪疗法。要以理性替代非理性，帮助于某以合理的思维方式代替不合理的思维方式，以合理的信念代替不合理的信念；通过理性分析和逻辑思辨改变造成于某情绪困扰的不合理观念，并建立起合理的理性观念，帮助于某克服自身的情绪问题，改变错误认知，减少或消除已有的情绪障碍，以合理的人生观来创造生活，并以此来维护心理健康，促进人格的全面发展。

按照商定的心理矫治方案，咨询师对于某展开了心理矫治。通过一段时间的心理矫治工作，于某的心理问题得到了缓解，其不合理的信念也得到了改变。消除了情绪困扰，恢复了正常的矫正生活，促进了其自我的成长和人格完善，通过回访和跟踪，心理矫治的预期目的已基本达到。

该案例中，于某之所以能快速地解除了心理困扰，走上了正常的矫正生活，主要原因是心理矫治方案制定得科学合理，矫治措施得当。那如何制定心理矫治方案呢？心理矫治方案应当如何恰当地呈现？这就是本项目要解决的问题。

任务1 社区矫正对象心理矫治方案的构成要素及范式

党的二十大报告指出："全面依法治国是国家治理的一场深刻革命，关系党执政兴国，关系人民幸福安康，关系党和国家长治久安。必须更好发挥法治固根本、稳预期、利长远的保障作用，在法治轨道上全面建设社会主义现代化国家。"同时还指出："高质量发展是全面建设社会主义现代化国家的首要任务。"社区矫正工作作为非监禁刑事执行方式，是贯彻全面依法治国，推进国家法治建设的重要举措，必须在法治轨道上走规范化、专业化的道路，走高质量发展的道路。社区矫正对象的心理矫治工作是实现社区矫正工作高质量发展的一个重要方面，所以，对社区矫正对象进行心理矫治必须在法治轨道上走规范化、专业化的道路，有计划、有步骤地按照一定的程序展开。只有方法恰当，安排合理，步骤紧凑，并制定出科学合理的心理矫治方案，才能使心理矫治取得预期效果。

一、心理矫治方案的构成要素

心理矫治方案一般由以下要素构成：①方案编号；②心理矫治工作人员的基本情况：姓名、性别、职务、工作单位、心理矫治的资质等；③社区矫正对象的基本情况：姓名、性别、年龄、文化程度、住址、罪名、矫正种类、刑期及矫正期限、捕前职业、人际关系、是否有前科等；④主要问题；⑤心理评估与诊断的情况；⑥心理矫治计划；⑦矫治措施；⑧双方签订的矫治协议；⑨矫治效果评估等。

二、心理矫治方案的范式

专栏 2-1　心理矫治方案

方案编号：

×× 市 ×× 区 _____ 社区矫正机构

一、心理矫治工作人员的基本情况：

姓名		性别		职务		工作单位	
从事心理矫治工作的资质							

二、社区矫正对象的基本情况：

姓名		性别		出生年月		文化程度	
住址				罪名		刑期	
矫正类别		矫正期限	自　年　月　日起 至　年　月　日止	捕前职业			
				是否有前科		有	无

主要问题	
心理评估 与诊断	
矫治计划	
矫治措施	 责任人：　　　　　　　年　月　日 社区矫正机构负责人：　　　年　月　日
矫治协议	 责任人：　　　　　　　年　月　日 矫正对象：　　　　　　　年　月　日
矫治效果 评估	 责任人：　　　　　　　年　月　日 社区矫正机构负责人：　　　年　月　日

注：此心理矫治方案完成后存入社区矫正对象心理档案

任务2 社区矫正对象心理矫治方案的制定步骤

社区矫正对象心理矫治方案要本着"发现问题、修正错误、纠正偏差"的理念制定，并做到"学思用贯通、知信行统一"，以实现心理矫治的最终目的。

如何制定心理矫治方案呢？概括起来主要有以下几个步骤：心理评估与诊断、心理矫治计划的制定、心理矫治协议的签订。

一、心理评估与诊断

（一）心理评估

心理评估是对社区矫正对象的过去和现在的智能状况、个性特征、心理健康状况等进行评价和鉴定。评估的方法主要有心理测验、行为观察、访谈、调查、心理问题的诊断标准等。包括初期、中期、后期心理评估。通过评估了解社区矫正对象的基本信息和存在的心理问题，为下一步的工作提供依据，也为以后的教育、辅导、咨询、治疗提供依据。

（二）心理诊断

心理诊断是根据评估所获取的信息，进行分析、评价，诊断出社区矫正对象的心理特征、心理类型及所存在的心理问题。再根据诊断的结果，考虑矫正的方案，为临床治疗提供科学依据。

案例2-2

社区矫正对象周某，男，29岁，文化程度中专，未婚。因敲诈勒索罪被判处有期徒刑5年，后因在监狱中表现良好，被予以假释。

周某出生于一个农民家庭，家庭经济条件一般，家族有遗传性精神病史。因其本人性格较为内向、拘谨，父母对其较为宠爱和放心，故与其沟通和交流较少，在其成长过程中忽视了对其思想、道德方面的教育和引导，导致其没有形成正确的金钱物质观和法制观念。踏入社会工作后，周某被社会上一些金钱物质迷惑，于是产生了不劳而获的想法，心理发展逐渐偏离正常轨道。

物质欲望的逐渐膨胀，使得本来法制观念就淡薄的他开始爱慕虚荣，贪图享乐，渐渐失去自我控制的能力，逐步滑向犯罪。自2017年10月被假释以来，一直无心工作，情绪低迷。目前无业在家。

如何为周某制定有针对性的心理矫治方案呢？矫治工作人员首先对其进行了心理问题的评估和诊断。

矫治工作人员运用行为观察法、访谈法、调查法和心理测试法，了解矫正对象周某的情况。

首先在与周某的日常交流中，发现周某日常行为有明显偏执或缺乏自控现象，并存在着严重的忧郁倾向，情绪极易波动。其次在与周某家属的沟通中，得知周某家族有精神病遗传史，其父母对周某的现状十分担心，忧虑其过度的情绪波动会诱使其病情发作。最后，通过一个阶段的交流和沟通，对周某现状大致有了比较客观的了解，并作出了恰当的评估和诊断结论。具体如下：

1. 极端情绪引起周某日常行为有明显偏执或缺乏自控的情况，自我评价偏低，对前途缺乏信心，有重新违法犯罪的倾向。

矫治工作人员发现周某在平时的生活中，情绪变化易受外界的影响和刺激，自我克制能力较差，容易被激怒。其家族遗传史中精神性病因所引起的思路紊乱也给他极端的情绪带来了一定的副作用。由于以往的罪错经历，他在就业、人际关系等方面普遍遭受挫折和失败，加之经济方面的不独立以及对家庭的负罪感，他在生活中也比常人感受到更大的压力。这些压力，导致了周某比常人更容易有极端困扰感和心理自卑感。他对自己的前途缺乏信心，自我评价低，经常心情郁闷，缺乏对自我调控的能力，容易产生偏执、急躁和悲观的情绪，不能客观地去思考问题。一旦无法妥善完成某事，将会较执着地陷入自我的极端悲观情绪之中而无法自拔，容易失控进而引发过激行为。在其情绪激动的时候，多次有动手、砸东西的行为出现。周某与其祖父感情极为深厚，在他的意识中，祖父是他最亲近的人。在得知其被判刑后，其祖父郁郁寡欢，后因病去世。周某将其祖父的去世归因于法院当时未能将刑事判决书及时送达家中，致使其祖父误认为他已不在人世而导致过早去世，故周某对其祖父的去世极为内疚，经常沉浸于痛苦之中，并以此为借口，拒绝外出工作，表示无心工作，偏执于要与法院打官司，并一直努力寻求作出判决的相关人员，执意要为祖父讨回一个"公道"，甚至扬言不惜为此付出"血的代价"。从其上述表现来看，周某有重新违法犯罪的倾向。

2. 对社会适应不良，导致心境恶劣。人的孤独感是在不同时间和空间中普遍存在的。对周某而言，长时间的监狱生活使他与社会隔离，出狱后对社会的正常生活感到无所适从，因此一直无业在家。对周围生活环境的不适应，与父母的交流缺乏，在生活、社会交往等方面的障碍所产生的心理负担，使其内心的孤独感更为强烈，导致其陷入异常悲观的情绪之中。他经常沉迷于网络游戏中，用隐蔽思想、封闭自我感情的方式来抵制、对抗社会上的歧视与偏见，从而进一步导致其孤僻性格的形成。而缺乏社会群体意识和社会交往、合作的能力、遇事缺乏解决能力，对日常生活中的一些社会活动也明显缺乏热情和兴趣，无心工作、对找到的工作机会嫌苦怕累，习惯于依赖父母而无法自食其力等一系列对社会生活的适应不良愈加导致了他的心境恶劣。

3. 对物质的高追求和经济状况引发了父子关系的不和，情绪激动。在平日生活中，周某对目前的时尚潮流有一定的追逐倾向，喜欢购买添置各种时尚物品，如苹果手机、电脑，并流连于网络等。出狱后，其父亲一改往日宽松的做法，对周某严加约束，再加上家中经济状况差，周父对他的消费需求多有不满，这让他很不适应，父子关系较为紧张。对物质的高追求和家庭实际经济状况之间相矛盾的现实，使得周某产生了巨大的心理落差。周某无业在家，好逸恶劳，其父多次劝说未果，后又因周某向其母亲借钱炒股亏损导致父子间的矛盾进一步恶化。周某的情绪极易波动，父子俩经常因生活琐事一言不合而发生争执，进而动手、摔东西等。

4. 对周某的明尼苏达多项人格测试分析。在了解周某的情况后，为进一步对周某的现状作出科学的评估和分析，工作人员为周某做了明尼苏达多项人格测试，通过有关心理专家对 MMPI 评估报告中综合图形的分析说明：周某可能存在长期的心理问题，是由广泛性的不适感和内疚感而产生的抑郁症状，症状为焦虑、紧张、犹豫不决，可能会产生反复多思，自我怀疑、易冲动，发怒，容易无视社会规范和习俗，对权威形象有不满和敌意等情况，表现为反社会行为或者与家人对抗。矫正期间出现的抑郁情绪可能是外部因素所致。他对自己处理这些问题的能力缺乏信心，希望寻求别人的帮助和关心，但又过度防备。

通过心理评估与诊断，基本上明确了周某所存在的问题。在此基础上，应为其制定心理矫治计划。

二、制定心理矫治计划

心理矫治计划是对社区矫正对象实施心理矫治的重要环节，是具体实施心理矫治的行动纲领。计划的内容应包括：心理矫治的目标、种类；矫治所用的设施；矫正对象；矫治工作人员的安排；矫治的时间、地点、次数的安排以及心理矫治所采用的方法、技术等。

如根据案例2-2的评估与诊断结果，为社区矫正对象周某制定心理矫治计划如下：

专栏2-2　社区矫正对象周某的心理矫治计划	
心理矫治的对象	周某
心理矫治的目标	短期目标：消除其不良情绪，学会对不良情绪的调节，提高自控自制能力 中期目标：改变不良认知，正确对待法院的判决。避免再次走上违法犯罪的道路 长期目标：形成正确的自我意识，正确评价自己。在此基础上，改变自卑心理，提高自信心；提高社会适应能力
心理矫治的种类	心理健康教育和心理咨询
心理矫治所用的设施	明尼苏达多项人格测试表、焦虑量表、抑郁量表、需求量表等
心理矫治工作人员的安排	具有二级以上心理咨询师资格的社区矫正工作人员1人或社工1人
心理矫治的时间	利用1周~3周的时间完成短期目标；利用1个月~2个月的时间完成中期目标；利用6个月左右的时间完成长期目标
心理矫治的地点、次数	在社区矫治中心的心理咨询室完成，可1次/周，50分钟/次
心理矫治的方法与技术	认知疗法；行为疗法；自信心训练法等综合的方法和技术

心理矫治计划的制定，需要矫治工作人员与社区矫正对象双方协商并签订心理矫治协议，以保证计划的贯彻执行。

三、签订心理矫治协议

对社区矫正对象进行心理矫治，根据其具体的心理问题所使用的方法或技术，以及参与这项工作的心理矫治人员等情况，必须经由双方协商决定签订心理矫治协议，并明确约定双方权利和义务，否则这项工作很难取得应有的效果。

专栏 2 – 3　心理矫治协议

心理咨询师××（以下简称甲方）与求助者_____（以下简称乙方）本着平等真诚互信互利的原则，就甲方为乙方提供心理矫治服务进行协商，达成如下协议：

甲方：　　　　　　　　　　　　　　乙方：（求助者）

一、甲方根据国家有关职业标准和相关原理、技术及法律法规的规定，向乙方提供心理矫治服务。

二、甲方所制定的心理矫治方案、心理矫治计划和所使用的心理矫治方法和技术须与乙方协商完成（或须征得乙方同意）。

三、乙方有责任向甲方提供与个人心理、行为、情绪，及其他相关事件的真实资料。由于乙方隐瞒或扭曲相关资料或事件的真实性，而引起的不良后果由乙方负责。

四、甲方有责任为乙方提供的资料保密。如甲方将乙方提供的资料用于对乙方进行心理矫治之外的其他用途，须征得乙方的同意，未征得乙方同意而造成的不良后果由甲方负责。

但下列情况除外：1. 经过乙方的书面同意；2. 法律规定的例外情况；3. 对个人隐私作严格技术处理后，不涉及具体人物的心理教学、研讨及文章书籍等的撰写；4. 可能对乙方自身和他人的人身安全构成严重危害的情况；5. 咨询师为了更好地帮助乙方，有时会提议对咨询过程进行录音、录像，乙方有权予以拒绝。若乙方同意录音、录像，咨询师将与乙方另外签订保密协议。

五、心理矫治服务开始后，甲方须为乙方提供专业、有效的咨询，乙方在咨询中需积极配合。

甲乙双方须相互支持、相互尊重。双方须遵守在心理矫治前和矫治过程中达成的口头或者书面约定。如乙方有无故缺席、迟到、早退、不认真完成心理矫治所要求完成的家庭作业、训练项目或者故意刁难心理矫治人员等破坏矫治关系的言行，其造成的后果由乙方负责；如由于甲方的心理矫治操作有误或言行不良，其造成的后果由甲方负责。

六、双方协商确定的心理矫治服务时间从____年__月__日到____年__月__日。乙方应按提前预约时间按时接受心理矫治。

七、乙方因故改变或取消预约咨询时间时，请至少提前 2 ~ 3 小时通知，否则由乙方承担责任。

八、在治疗过程中，甲乙双方除遇不可抗力事件外，均应按矫治计划完成矫治项目。

九、乙方认真完成家庭作业、训练项目，并如实反映完成家庭作业和训练项目的心理过程和感受。

十、如果乙方觉得心理矫治人员不合适，有权提出更换心理矫治人员。

本协议一式两份，签定之日起生效，请双方妥善保管。

甲方：   乙方：

电话：   电话：

年　月　日   年　月　日

任务3　（实训项目2）社区矫正对象心理矫治方案制定技能训练

案例2-3

一、基本情况

社区矫正对象钱某，女，汉族，35岁，已婚，大专文化。捕前为某中学教师，经济状况良好。因犯故意伤害罪被判处有期徒刑2年，缓刑3年。

二、求助者自述

钱某进入社区矫正后，虽然并未离婚，但她一直处于情绪低落状态，经常感到委屈，有时独自落泪，认为现实是冷酷无情的，觉得对许多事情都提不起精神来，工作生活没有意思，对未来的婚姻生活悲观失望，认为夫妻感情已经走到了尽头，终日生活在悔恨和痛苦中。她吃不下饭，睡眠质量差，白天注意力不集中，记忆功能下降，容易急躁，遇到一点小事就爱发脾气，此种情况已持续3个多月了，多次想来咨询但又担心解决不了问题，在家人和朋友的再三鼓励下，前来就诊。

三、咨询师了解到的情况

求助者自幼身体健康，未患过严重疾病。从小性格较内向，听话，在大人眼中是个乖孩子，没有什么过错让父母担心。但父母要求较严格，从小到大学习和生活一帆风顺。24 岁时与现在的丈夫自由恋爱结婚，婚后夫妻感情一直很融洽，自己感觉很幸福。半年前，她突然发现丈夫与一年轻女子有不正当关系，感觉天要塌下来了，非常气愤，悔恨交加，与丈夫大吵了一架。虽然丈夫一直表示悔改，但自己就是不能原谅他。一次与丈夫的争吵扭打中，她在愤怒状态下将丈夫砍成重伤。判刑后，曾想到离婚，但顾虑重重，如果离婚，自己今后的日子怎么过，别人会怎么看自己，孩子怎么办？如果不离婚，自己又不愿意再这样生活下去。在这种矛盾冲突下，钱某日渐憔悴，情绪低落，脾气变得暴躁。遇到别人谈论婚姻问题时，特别敏感、脆弱，后来甚至看到年轻人谈恋爱都感到受不了。虽然还能坚持完成日常的活动，但积极主动性较前降低，生活的兴趣也大不如以前了。自己也想通过一些途径改变现状，如向朋友倾诉，寻求帮助，却难以解脱，故前来心理咨询。

请根据以上资料，运用前面学习的内容完成以下实训任务：

1. 分析钱某存在的主要问题，并作出评估与诊断。
2. 为钱某制定心理矫治方案。

附：实训任务书和实训考核表

实训任务书

实训项目	1. 对社区矫正对象钱某进行心理评估与诊断的工作技能 2. 对社区矫正对象钱某制定心理矫治计划的工作技能 3. 为社区矫正对象钱某制定心理矫治方案的工作技能
实训课时	2 课时
实训目的	学生通过模拟实训，学会运用心理评估与诊断的方法对该案例中的社区矫正对象钱某进行心理评估与诊断；学会制定心理矫治计划和心理矫治方案。从而具备对社区矫正对象进行心理矫治的职业能力

续表

实训任务	1. 根据案例中所给的资料进行心理问题评估与诊断，并说明诊断的依据 2. 根据该矫正对象存在的心理问题制定心理矫治计划和心理矫治方案
实训要求	1. 学生应提前掌握心理评估与诊断的相关知识 2. 指导教师应具备心理咨询师的资格并能带领学生完成实训任务 3. 学生要积极配合指导教师的指导完成实训 4. 根据实训需要将学生分成若干小组，采用小组成员合作的方式完成实训任务 5. 指导教师进行点评总结，每组学生根据指导教师的点评总结找出不足
实训成果形式	1. 实训总结 2. 制定该矫正对象的心理矫治方案
实训地点	理实一体化教室
实训进程	1. 教师讲解（利用多媒体教室介绍实训步骤、注意事项、进行角色分配） 2. 阅读准备好的实训案例 3. 根据实训需要将学生分成若干小组 4. 小组进行讨论确定该案例中矫正对象存在的主要问题，对其进行心理评估与诊断并得出结论 5. 制定心理矫治计划和矫治措施并形成一个完整的心理矫治方案 6. 指导教师进行点评总结，每组学生根据指导教师的点评总结找出不足

实训考核表

班级_____　　　姓名_____　　　学号_____

任务描述：通过模拟实训，掌握心理评估与诊断和制定心理矫治方案的技能。从而具备对社区矫正对象开展心理矫治的能力。 项目总分：100 分 完成时间：100 分钟（2 课时）

考核内容	评分细则	等级评定
一、实训过程与要求 1. 根据实训需要学生迅速分成若干小组 2. 小组成员自行分配好所要完成的任务 3. 小组进行讨论确定该案例中矫正对象存在的主要问题，写出心理评估与诊断的结论及依据 4. 根据任务书中的要求，制定心理矫治计划和矫正措施，并最终形成完整的心理矫治方案 5. 指导教师进行点评总结，每组学生根据指导教师的点评总结找出不足	分值：50分 1. 实训过程与小组成员合作良好（15分） 2. 实训演练认真、表现积极（15分） 3. 能成功完成所有实训任务（20分）	实训成绩评定为四等： 1. 优（100分~85分） 2. 良（84分~70分） 3. 及格（69分~60分） 4. 不及格（59分~0分） 注意事项： 1. 实训期间做与实训无关的操作，不能评定为"优" 2. 有旷课现象，不能评为"优、良" 3. 旷课××节及以上，评为"不及格" 4. 实训内容没有完成，评为"不及格" 5. 两份报告雷同，评为"不及格" 6. 具体评分标准由指导教师根据实训项目具体要求规定
二、实训表现与态度	分值：20分 1. 无迟到（1分） 2. 无早退（1分） 3. 无旷课（3分） 4. 实训预习、听讲认真（2分） 5. 实训态度认真（5分） 6. 实训中不大声喧哗（1分） 7. 能爱护实训场所、设备，保持环境整洁（2分） 8. 能完全遵守实训各项规定（1分） 9. 实训效果好，基本掌握了制定心理矫治方案的方法和所要完成的工作任务、具备了制定心理矫治方案的工作技能（4分）	

续表

三、实训总结 1. 实训中出现的问题及解决办法（对遇到的问题、问题产生的原因进行分析判断，把解决过程写出来）2. 实训效果（本次实训有哪些收获，掌握了哪些知识、技能，存在哪些疑问等）	分值：30 分 1. 按规定时间上交（5分）2. 格式规范（5 分）3. 字迹清楚（5 分）4. 内容详尽、完整，实训分析总结正确（5 分）5. 无抄袭现象（5 分）6. 能提出合理化建议或有创新见解（5 分）	
合计		

评分人：　　　　　　　　　　　　　　　　　　日期：　　年　月　日

【课堂活动】

邓某，女，家庭经济较困难，为赚钱容留、介绍他人卖淫，被公安机关抓获并因容留他人卖淫罪被判处有期徒刑 3 年，缓刑 3 年。在社区矫正期间，邓某不敢"重操旧业"，但她有一个弱点：怕脏怕累。50 岁的丈夫做水暖工，虽然一天能挣 100 元左右，但并非每天都有业务；大儿子已经 21 岁，待业在家；小儿子 7 岁，还在上学。这些都让邓某感到巨大的生活压力，每月光交房租费都很困难，更别说其他的了。想到这些，邓某对生活失去了信心。

一天，她给社区矫正工作人员打电话说"不想活了"，说完就挂断了电话。社区矫正工作人员立即把电话回拨过去，开导她想开些。随后，社区矫正工作人员又与有关部门协调，希望能给邓某找个工作。但是，每当工作人员给邓某打电话介绍工作时，她都以孩子需要照顾为由推脱。

请根据案例所给信息，为邓某制定一个切实可行的心理矫治方案。

【思考题】

1. 矫正方案如何制定得科学、合理？

2. 你认为心理矫治工作的现实意义是什么？

拓展 学习

愤怒情绪自控训练[1]

操作步骤：

1. 用快速控制呼吸技巧，控制愤怒的躯体反应，对受训练的社区矫正对象提出要求：①觉得自己开始生气时，注意你的呼吸，它是否变得更急促、更迅速，你能否深呼吸 5 次把速度降下来。②尽你所能将空气完全呼出，然后吸气保持 1 秒钟，慢慢地从口腔中呼出气体。接着仍是吸气，保持 1 秒钟，慢慢地从口腔中呼出气体，并默默地从 5 倒数到 1。③请记住要彻底地把空气呼出，就像深深的叹息，然后再吸气，屏气，慢慢呼气，倒数 5、4、3、2、1。④再进行 3 次呼吸，到最后 1 次时轻轻地对自己说"平静下来控制自己"。⑤当你这么练习时，你应该发现你的愤怒情绪略有降低。这将帮助你更加清楚地进行思考，从而能够选择如何做出反应。请经常练习这一技巧。

2. 应付愤怒的"中场休息"技巧。"中场休息"是最为成功的技巧，也是使用最广泛的一种自我控制的方法。它使得个体能够掌握自己的愤怒，并在丧失控制之前及时进行"中场休息"。"中场休息"意思就是离开当时的情景，避免愤怒进一步升级。使用呼吸技巧或其他技巧帮助自己平静下来，不以失控的方式来处理问题，而等到平静时再应对。

自信心训练[2]

操作步骤：

1. 收集、分析和归纳社区矫正对象在日常生活中最容易遇到的、难以表达自己感情和坚持自己观点的情境。例如受到不良朋友引诱甚至胁迫的情境，想做好事但又顾虑重重的场合等。

2. 每次选择和设定一种情境，讨论在这种情境中的权利义务和责任。

3. 分析社区矫正对象在这种情境中采取不同的行为，可能产生的短期和

---

〔1〕 刘丹福、李芳主编：《社区矫正人员心理矫正》，中国政法大学出版社 2015 年版，第 56 页。
〔2〕 刘丹福、李芳主编：《社区矫正人员心理矫正》，中国政法大学出版社 2015 年版，第 56 页。

长期后果。

4. 鼓励社区矫正对象进行他们认为正确的行为，这种行为既包括实际的行动，即在模拟的情境中，进行角色扮演行为，如拒绝接受别人的意见，或者劝说别人放弃违法犯罪的行为或打算；也包括言语表达，即让社区矫正对象在别人面前大声讲出自己想说的话，如大声向别人道歉、大声称赞别人的良好举动、大声说自己不喜欢什么事情等。

5. 在社区矫正对象进行了上述活动之后，引导他们讨论在以后的实际生活中，是否能够像在这里一样采取行动，巩固和强化其已经学会的人际互动方式，促使他们在以后的生活中能够应用这些人际互动方式，避免发生人际冲突行为和违法犯罪行为。

项目三

社区矫正对象的心理评估

学习目标

知识目标：掌握社区矫正对象心理评估的概念、分类、方法和原则；掌握社区矫正对象心理健康评估的标准与程序；掌握社区矫正对象危险性评估的内容与程序；掌握心理评估量表的使用；了解心理不健康状态及心理异常状态的特点。

能力目标：培养学生具备心理评估的技能；培养学生具备深入思考，勤于实践的能力。

思政目标：具备以人为本、因人施矫、人性化执法的意识；具备履职尽责、遵规守纪、规范化执法、科学化管理的意识。

知识树

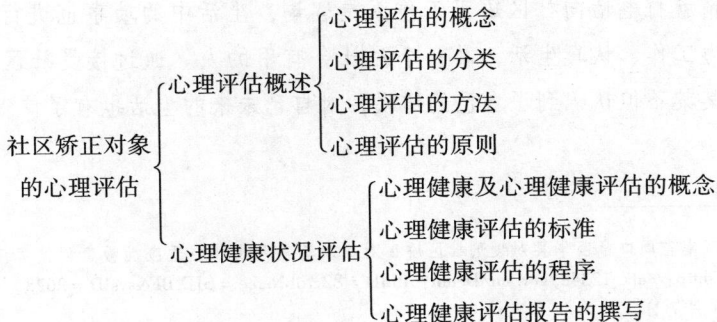

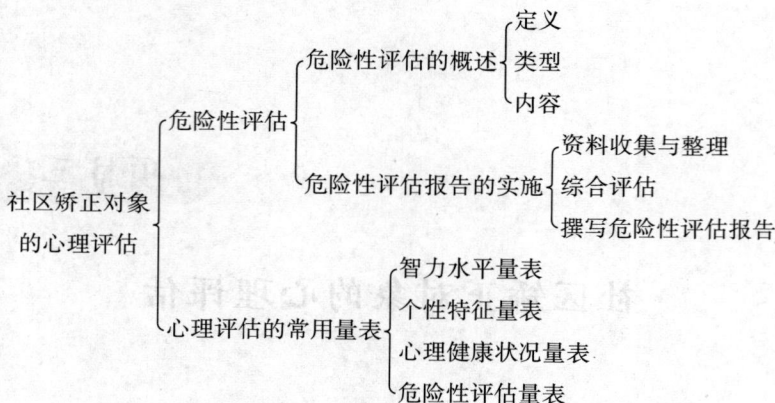

```
                                                    ┌定义
                                    ┌危险性评估的概述┤类型
                                    │                └内容
                    ┌危险性评估──────┤
                    │               │                 ┌资料收集与整理
                    │               └危险性评估报告的实施┤综合评估
社区矫正对象         │                                 └撰写危险性评估报告
的心理评估───────────┤
                    │                                 ┌智力水平量表
                    │                                 │个性特征量表
                    └心理评估的常用量表────────────────┤心理健康状况量表
                                                      └危险性评估量表
```

案例 3 - 1

　　社区矫正对象朱某某，男，39 岁，因放火罪被法院判处有期徒刑 3 年，缓刑 5 年。执行地司法所负责对其进行社区矫正期间的日常管理。在接收社区矫正对象朱某某后，社区矫正中心心理测量师对其进行了心理评估，认为：朱某某，抵御不良影响的能力差，不能客观理智地对待事物和现象，对自己的行为不能做出正确的评估和判断，易冲动，情绪化严重，难以有效控制自己的心理冲动。根据评估情况，社区矫正工作人员对症下药，随时关注朱某某的心理动态和生活难题，对其进行思想上的辅导和教育，让其感受到被关心，感受到家人和政府并没有因为他的过错而区别对待，并帮助朱某某树立正确的人生观和价值观，增强其法律意识，消除思想包袱，克服不良情绪。

　　进入社区矫正一段时间后，朱某某的精神以及心理情况得到改善，有什么不懂的事情就打电话向社区矫正工作人员咨询，生活中的琐事也进行分享，并表示要努力工作、认真生活，做一个对社会有用的人。通过接受社区矫正教育帮扶，朱某某不但认识到了自己的错误，对自己未来的生活也有了信心。[1]

---

　　〔1〕 "河南省周口市西华县对缓刑社区矫正对象朱某某开展社会适应性教育帮扶案例"，载中国法律服务网，http://alk. 12348. gov. cn/Detail？dbID = 82&dbName = SJJXBF&sysID = 2628，最后访问时间：2022 年 8 月 7 日。

任务1　社区矫正对象心理评估概述

党的二十大报告指出："我们要以科学的态度对待科学、以真理的精神追求真理"。为了准确了解社区矫正对象的心理状况，就有必要在开展心理矫治之前做一个科学的心理评估。

对社区矫正对象进行心理评估，是心理矫治的前提与基础。在案例3－1中，社区矫正中心在对社区矫正对象朱某某进行了心理评估后，社区矫正工作人员对朱某某的性格特征与心理健康状况有了更加清楚的了解，有利于在之后的工作中对症下药，因人施矫，这也是以人为本核心价值观的体现。

一般来说，心理评估工作是心理矫治工作的开始环节，也是基础环节。掌握心理评估技能是做好社区矫正对象心理矫治工作的基础。

一、社区矫正对象心理评估的概念

社区矫正对象心理评估，是指社区矫正工作人员或心理矫治工作者对社区矫正对象的过去、现在和未来的个性特征、智能状况、心理健康、行为表现和潜在危险性等进行评估和鉴定。

对社区矫正对象进行心理评估，不仅能够更加准确地了解、掌握社区矫正对象的心理特性、个体差异，还有助于预先发现社区矫正对象的人格缺陷、精神疾患和潜在危险性，有助于社区矫正工作人员实现对社区矫正对象采取分类管理、个别化矫正，有针对性地消除社区矫正对象可能重新犯罪的因素，帮助其成为守法公民。对于社区矫正对象的心理矫治工作，评估工作尤为重要，社区矫正工作人员要"用好调查研究这一重要法宝"。只有用科学的评估方法对社区矫正对象深入了解，才能真正掌握社区矫正对象的心理特征与心理动态，使心理矫治工作起到真正的效果。那种仅仅凭着一贯的主观经验，走马观花、蜻蜓点水，一得自矜、以偏概全的认识方式是无法使社区矫正对象的心理矫治工作顺利开展的。

专栏 3 – 1　心理评估与心理诊断的关系[1]

　　在有关社区矫正对象心理评估的相关论述中，"心理评估""心理诊断"两个概念常同时出现。心理评估就是运用心理评估技术对人的心理特征和行为表现进行评估，将所获信息加以整合，对评估对象形成一个评价、建议或分类诊断，其实质是一个决断过程。心理诊断有狭义和广义之分，狭义上的心理诊断就是用心理学的方法评定来访者的心理障碍，确定它的性质和程度，从而有助于疾病的判断。广义上把心理诊断看做收集信息的过程，是对问题的分析，用于理解个体问题的性质、可能的原因、治疗方案的选择和预后。

　　在实际工作中，心理评估与心理诊断的区别往往不是那么明显，很难鉴别。一方面，二者都是主要采用心理学的方法搜集来访者的信息。另一方面，二者都力图准确把握来访者的内心世界，都要对有心理问题或心理障碍的人作出心理方面的判断和鉴别。

　　心理评估与心理诊断的区分主要在狭义的概念上。心理评估更强调动态过程，心理诊断更强调结果和确定性；心理评估的对象更多指向正常人，而心理诊断（狭义）的对象是处于心理障碍边缘或心理障碍中的群体；心理评估判断心理状态、水平，心理诊断确定心理问题的性质、程度和类别；心理评估一词更常见于医疗系统以外的工作领域，而心理诊断一般在临床部门使用。

　　因此，心理评估的概念外延是大于心理诊断的，在本项目中，没有刻意区分二者，使用范畴更广的心理评估一词指代在社区矫正领域的这一项工作。

二、社区矫正对象心理评估的分类[2]

（一）按照评估目的的分类

1. 基础性评估。基础性评估是指对社区矫正对象个体心理过程、心理状态、个性心理的鉴定和评价。主要是对那些影响矫正对象教育改造的不良心理因素进行评估，具体包括：①与犯罪相关的人格特征，包括气质和性格等方面；②动力系统中的不良心理因素，包括不良需要、不良动机和扭曲的价值观等。③自我调控系统中的不良心理因素，包括自我意识、道德意识和法律意识等；④不良的行为习惯。

2. 矫治性评估。矫治性评估是在基础性评估的基础上，对特定矫正对象是否患有心理疾病以及患有何种心理疾病进行的诊断活动。矫治性评估的内

---

〔1〕　刘世宏、高湘萍、徐欣颖：《心理评估与诊断》，上海教育出版社 2017 年版，第 2 页。

〔2〕　章恩友主编：《罪犯心理矫治技术》，中国物价出版社 2002 年版，第 8 页。

容主要有临床性诊断、动力性诊断、病源性诊断、矫治可能性评估以及矫治方案的确定。

3. 预测性评估。预测性评估是指在对矫正对象心理调查的基础上，对其人身危险性和未来发展作出鉴定和评价，包括危险性评估和发展性评估。

（二）按照评估阶段的分类

1. 入矫初期心理评估。入矫初期心理评估是指为了方便社区矫正工作人员了解社区矫正对象的心理状况，掌握其个性特征，建立社区矫正对象的心理健康档案，在社区矫正对象入矫初期进行的心理评估。入矫初期的心理评估可以为社区矫正对象的分类管理和个别化教育提供原始资料和心理学依据。

案例 3 - 2

为了全面了解、掌握辖区社区矫正对象心理健康状况，近日，某县司法局充分发挥社矫中心心理咨询师的作用，积极组织社区矫正对象开展心理健康教育及测试工作。该局对今年 2 月以来入矫报到的 25 名社区矫正对象开展了心理测试，并由社矫中心两名持证心理咨询师综合分析评判，对社区矫正对象进行心理健康测试和分析。

通过此次测试，对社区矫正对象心理等方面是否存在问题和缺陷进行了分析，科学了解矫正人员的近期情绪动态和心理健康水平，并开展典型个案的心理咨询和心理治疗，由专业人员进行心理健康辅导，进一步预防和减少社区矫正对象因心理健康问题引发的再犯罪，全面提升社区矫正效果和质量。[1]

目前并没有明确的首次心理评估设置时间相关规定。有研究者提出首次心理评估应当设置在矫正对象至相应的司法机关报到登记之时。之所以这样设置，一方面是为了保证每一位社区矫正对象都能进入到社区心理矫治计划；另一方面是保证心理矫治计划与矫正期的同步性，使得心理矫治工作能全面覆盖矫正对象的整个矫正期。[2]

---

〔1〕 "瓮安县司法局对社区矫正对象开展心理健康测试"，载云黔南网，www. qnmeitiyun. com/fazhi/p/67687. html，最后访问时间：2022 年 8 月 8 日。

〔2〕 吴蓉萍、陆宇光："社区服刑人员首次心理评估的设置"，载《法制与社会》2014 年第 2 期。

专栏 3 - 2　新入矫社区矫正对象心理情况报告（参考）

年　　月　　日

姓名			执行地 （司法所）		入矫时间		
心理 信息 来源	心理 测试	测试时间					
		使用量表			测试：	有效	无效
		测试分析：					
	观察 谈话等 方法						
	其他						
心理健康状态		健康　　不健康（一般　　严重　　神经症性）　　异常					
矫正建议							

注：此表在社区矫正对象入矫后由心理室建立并存入社区矫正对象心理档案。

2. 矫正中期的心理评估。社区矫正对象心理健康状况评估与危险性评估应当贯穿每个社区矫正对象的矫正全时间，因此，矫正中期依然需要进行二者的评估。此外，矫正中期还会根据社区矫正对象的矫正表现和个人需要，进行针对个人的心理危机干预中的评估、心理咨询与矫治中的评估。

3. 解矫前的心理评估。在解矫前应当对社区矫正对象再次全面地进行心理评估。对解矫前的心理评估结果与入矫初期、矫正中期的心理测验结果进行对比，既是检验社区矫正工作效果的重要方法，也是提升社区矫正心理帮扶工作的有效途径，对此后制定其他社区矫正对象的心理矫治方案、改进矫正措施有重要参考价值。因此，这个阶段的心理评估工作，不仅需要记录性的描述，还应当根据评估结果进行深刻的分析总结。

专栏 3 - 3　社区矫正对象解矫前心理情况报告（参考）

年　　月　　日

姓名		执行地 （司法所）			
心理 信息 来源	心理 测试	测试时间			
		使用量表		测试	有效　无效
		测试分析：			
	观察 谈话等 方法				
	其他 方式				
心理健康状态		健康　　不健康（一般　　严重　　神经症性）　　异常			
解矫前提示					

注：此表由心理室建立并存入社区矫正对象心理档案。

（三）按照评估内容的分类

按照评估内容，社区矫正对象的评估包括智力水平评估、人格特征评估、社会适应能力评估、心理健康状况评估（包括一般心理健康状况评估、心理问题的评估与诊断、心理障碍评估与诊断）、危险性评估等。其中，由于社区矫正对象的心理健康状况评估与危险性评估是在矫正工作中经常涉及的内容，因此在本项目任务 2、任务 3 专门进行介绍。

三、社区矫正对象心理评估的方法

（一）观察法

观察法是指有目的、有计划的系统观察和记录，然后对所作记录进行分析，发现心理活动和发展规律的方法。

根据心理学理论，个体的基本心理特征是相对稳定的，在不同情况下也会有大致相同的反应。因此，在观察下得到的行为表现和印象可以推测被观察者的人格特征及存在问题。

观察法可以分为自然观察法与控制观察法两种形式。前者指在自然情境中（如家庭、学校、工作环境）被观察者的行为不受观察者干扰，按照其本来的方式和目的进行活动所得到的观察。后者指让被观察者在经过预先设置的情境中活动所进行的观察。

对社区矫正对象使用观察法通常是在自然情景中，这样能够使得到的材料比较真实和客观。尤其是对未成年人、某些精神障碍者以及一些表达能力低下或者性格木讷、内向而不愿意沟通的社区矫正对象的评估，观察法显得尤为重要。

运用观察法进行评估的基本流程是：

1. 确定观察的项目和指标。要具体化并具有量化指标，如什么样的行为表现体现被观察者的情绪异常。

一般来说，在工作情景下，我们对社区矫正对象的观察项目包括：外表和行为（衣着整洁度、与身份匹配度、有无目光接触等）、言语和思维（言语流畅度、言语量、是否自言自语等）、情绪（情绪是否稳定，是否存在激动、焦急、忧愁、易怒、淡漠等情绪）、动作行为（是否存在奇异姿势或动作等）。

2. 设计好观察表格及记录方法，为了便于观察记录和观察材料的整理。记录要注意以下几点：①记录要准确。要尊重客观事实，有什么记什么，不能凭主观想象，更不能凭空捏造。②记录要全面。要根据观察内容将全部情况都记录下来，不能随便丢掉一些现象的记录，否则，就可能导致整个观察的失败。③记录要有序。要按事情发展的固有顺序记录，不能随意颠倒。记录的有序性不仅能为下一步研究工作打下基础，而且很可能从中揭示出观察对象内部的联系和规律。

观察法的缺点主要有以下四点：其一，观察法得到的只是外显行为；其二，观察结果的有效性受到观察者的洞察能力、主观意识、综合分析能力等方面的影响；其三，观察法受到观察方法和手段的限制；其四，观察法不适于大面积的使用。

（二）会谈法

会谈法是指评估者与被评估者有目的地进行面对面谈话，来评估与分析被评估者的心理与行为的方法。

会谈法具有不同的形式。例如，根据参与会谈的被评估者人数，可以分为个别会谈与团体会谈；根据评估者在会谈过程中掌握主导性的程度，可以分为指导性会谈与非指导性会谈；根据会谈过程的标准化程度，会谈可分为非结构式会谈、结构式会谈和半结构式会谈。

非结构式会谈对会谈对象的选取、所要询问的问题等只有一个粗略的基本要求，会谈过程中，会谈者可以根据会谈时的实际情况，灵活调整会谈内容和进程。在非结构式会谈中，被评估者较少受到约束，使他们有更多的机会表述自己的想法。非结构式会谈具有方便、灵活、深入的特点，但也有评定内容和结果不一致、评估结果缺乏可比性、用时相对较多、评估效率低的缺点。此外，在会谈中评估者的主观印象甚至偏见有时也是不可避免的。这些主观印象及偏见有时也会影响到会谈的结果评价，需要加以注意。

结构式会谈事先依据事实制定详细的调查提纲或调查表，目的明确。结构式会谈往往在选择会谈对象的标准和方法、会谈中提出的问题内容及提问顺序、会谈对象的回答方式、回答内容的记录方式上都有统一的标准，有的结构式会谈甚至对会谈进行的地点、外部环境、时间等因素进行统一要求，以尽量避免其他因素的干扰。结构式会谈可以量化评估结果，具有标准化、结果数量化和可比性强等特点，但也有不灵活、费时等缺点。

半结构式会谈是非结构式会谈和结构式会谈的结合，既有一定灵活性，也有标准化和可比性的特点。

在社区矫正对象的心理评估中使用会谈法，对评估者的综合能力要求较高，尤其是个人交往能力与语言表达能力。

（三）测验法

测验法是指采用标准化的心理测验量表，对被测验的心理现象或心理品质定量分析，推测人的心理特点。

从测验内容上看，常用的心理测验包括智力测验、能力测验、人格测验、心理健康水平测验等；从测验形式上看，包括文字测验、非文字测验；从测验规模上看，包括个别测验、团体测验。

在社区矫正对象心理评估实际工作中，我们常常使用测验法。在心理测验量表的使用和选取中，一方面，要注意选取信度、效度较高的量表。所谓信度，是指一个测验的可靠程度；所谓效度，是指一个测验有效地测量了所需要测验的心理品质。另一方面，要以社区矫正对象的心理问题为根据，依据量表的功能与条件选择相应的量表：①为了评估社区矫正对象的负面情绪严重程度，可选用一些相应的情绪类量表。例如，当社区矫正对象焦虑情绪非常明显时，可选用焦虑量表（SAS 量表）来评估其当前焦虑情绪等级。②为了了解社区矫正对象的心理健康状况、探索病因或全面了解症状，可选用症状自评量表（SCL - 90 量表）。③为了探索社区矫正对象心理问题的根源，评估社区矫正对象的个性特征或行为特点，可以选用相应人格量表、生活应对方式量表等，例如 EPQ 量表、行为方式量表、攻击量表、自我控制力量表等。④当社区矫正对象的心理和行为表现存在异常，为了排查疾病，可以选用一些包含精神症状诊断条目的量表。例如，当社区矫正对象具有类似精神疾病症状时，可以使用明尼苏达多项人格测验（MMPI 量表）；当社区矫正对象具有类似智力低下症状时，可使用智力量表。

要强调的是，在测验法的使用中不得以"地毯式轰炸"的方式来实施心理测验，即将各种测验工具一起实施，这会导致接受测验的社区矫正对象出现疲惫与抵触情绪。测验应当是在结合调查法、观察法、会谈法的基础上，有目的、有选择地使用。

（四）问卷调查法

问卷调查法是根据需要，以问题的方式对所要调查的内容进行表述，让社区矫正对象进行回答，以收集资料的一种方法。

（五）阅卷法

阅卷法是评估社区矫正对象的一种常用方法，通过审阅其案卷，了解社区矫正对象的基本情况、犯罪事实、主观恶性程度、罪名、刑种、刑期、入矫前表现等资料，以此来初步判断社区矫正对象的人格特点、人身危险性。这种方法一般用于社区矫正对象入矫前（或刚入矫时）的人身危险性评估。[1]

---

〔1〕 张建明、吴艳华主编：《社区矫正实务》，中国政法大学出版社 2021 年版，第 148 页。

（六）犯罪事实判断法

犯罪事实主要是通过对社区矫正对象的主观恶性程度、犯罪情节、犯罪手段、社会危害后果等方面的犯罪事实来判断其人身危险性的一种方法。大多数情况下，犯罪事实是在特殊或危急情况下的行为，更容易反映人格的本来面目。例如，暴力犯罪者更有可能做事冲动、情绪自控力差；用残忍手段虐待动物的犯罪者往往具有残忍、冷漠的特点。犯罪后主动自首、悔不当初、积极补救者，其矫正积极性往往高于那些拒不认罪者。

"凡益之道，与时偕行"，随着社区矫正对象心理矫治工作的不断发展，心理评估的方法也在不断更新、精进，社区矫正工作者要以开放的心态，积极学习和更新工作方式方法，学习和创新社区矫正对象心理评估工作的方法。正如党的二十大报告中强调："坚持创新在我国现代化建设全局中的核心地位。"其实，社区矫正对象的心理评估工作也要贯彻创新的思想理念。无论用何种心理评估方法，其评估结果都难以做到绝对精确，但我们可以通过不断发展评估的方法与手段来提高心理评估的有效性与可信性。目前，各地社区矫正机关都不断更新评估方法，开发新的评估工具、评估系统。学好心理评估，一方面要求我们学好基本的评估方法，一方面要求我们在实践工作中进行综合运用，不断吸收新的理念，总结经验，创新工作方法与手段。

四、社区矫正对象心理评估的原则

（一）平等尊重原则

评估者与被评估者是平等的关系，评估者应当对被评估者充分尊重，在被评估者知情同意的前提下开展评估工作。否则，心理评估的工作难以取得客观、真实、有效的信息。

（二）客观公正原则

在评估过程中，由于评估的对象是社区矫正对象复杂的心理现象，即使评估者受过专业的训练并采用不同的专业评估方法，尽量减少了评估者主观意愿的影响，但是评估者的主观意愿对评估工作的影响还是无法完全避免的。因此，评估者必须要秉持客观公正的态度，不能妄加揣测、以偏概全，对被评估者的心理和行为作不客观、不公正的片面化解读。

（三）定性分析与定量分析相结合原则

在心理评估所使用方法中，有的是定性分析，即一种直观型和经验型的分析方法，评估者使用各种评估方法收集到被评估者的信息资料后，利用自己的经验与知识，对信息资料进行全面的分析、比较、概括和综合，从中分析问题的本质并得出结论。有的是定量分析，即评估者制定具体的、量化的标准，建立相应的数理模型，对信息资料进行量化的、科学的统计、归纳和整理，从而依据最后的分值得出结论。具体而言，定量分析相比定性分析，更不容易受到评估者的主观意识的影响，应用效果更好，且目前发展迅速。但是定量分析在操作上也存在某些因子难以量化，在数据资料不充分、数理模型建立不完善时难以使用等问题。因此，应当将定性分析与定量分析结合使用，以得出更准确、更客观、更科学的结论。

（四）评估工作与矫正工作相结合原则

评估工作开展的效果如何，最终是要由实际的矫正工作来检验的。社区矫正对象的心理评估，要服务于社区矫正对象的教育、管理、心理矫治等工作，不能为评估而评估，而应当有机纳入对社区矫正对象的管理、教育与心理矫治工作中。

任务2　社区矫正对象心理健康评估

任务2.1　心理健康及社区矫正对象心理健康评估的概念

一、心理健康的定义及程度区分

党的二十大报告中，围绕"推进健康中国建设，把保障人民健康放在优先发展的战略位置"作出重要部署，并提出要"重视心理健康和精神卫生"。近年来，人们越来越认识到心理健康在实现全球发展目标中发挥的重要作用，将心理健康纳入可持续发展目标就是例证。保障心理健康的前提，就是要认识心理健康。那么，什么是心理健康呢？

1946年，第三届国际心理卫生大会将心理健康定义为在身体、智能以及情感上与他人的心理不相矛盾的范围内，将个人心境发展到最佳的状态。心理健康具体包括两层含义：①与绝大多数人相比，其心理功能是正常的，无心理疾病，即心理健康的状态；②能积极调节自己的心理状态，顺应环境，有效地、富有建设性地完善个人生活，即能够有效维护心理健康状态。

这两层定义，分别从静态和动态的角度阐明了心理健康的内涵。如果把个体在环境中的生活过程，看做主体与环境的相互作用的过程，那么就可以把心理健康状态理解为动态平衡状态，把心理不健康状态理解为动态平衡被打破的状态。从这个角度上来说，心理的健康和不健康只是一个相对的概念，它们之间并没有严格的界限。事实上，心理不健康到心理健康是一个连续体，大多数人都属于这个连续体的中间位置。当个体出现不健康的心理和行为表现时，并不能认为个体心理不健康，而是需要综合考虑症状持续时间、社会功能受损程度、泛化等因素，且达到一定诊断标准才能判定是否健康。随着心理健康的动态平衡的状态被打破，心理功能受到破坏，心理不健康的个体将出现各种心理问题，未得到及时干预者甚至可能出现精神疾病、影响身体健康。心理健康状态的区分可以参见图3-1。

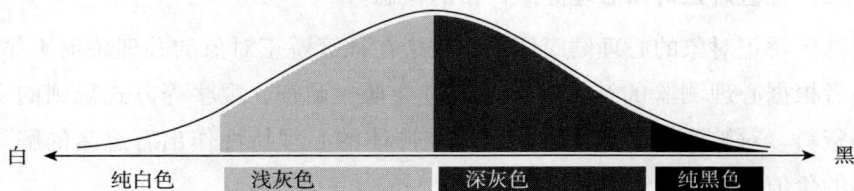

图3-1　心理健康状态维度图

纯白色：健康人格，自信心高，适应力强。

浅灰色：由生活、人际关系压力产生了各种心理冲突。

深灰色：存在心理异常或障碍。

纯黑色：患有精神疾患。

临床心理学将人的心理划分为正常心理和异常心理两大类。正常心理按照健康水平又划分为心理健康与心理不健康两类。心理不健康则按照轻重程度区分为三种类型：一般心理问题、严重心理问题和神经症性心理问题。

通常情况下，心理咨询工作是指对心理正常情况下的心理不健康问题的咨询。所谓心理异常或异常心理，是指精神（心理）出现了病态变化，需要进行心理治疗或药物治疗，常被称为精神（心理）障碍或精神（心理）疾病。如果个体出现心理异常或者障碍，就需要寻求精神科医生的帮助，进行精神疾病的专业诊断与治疗。

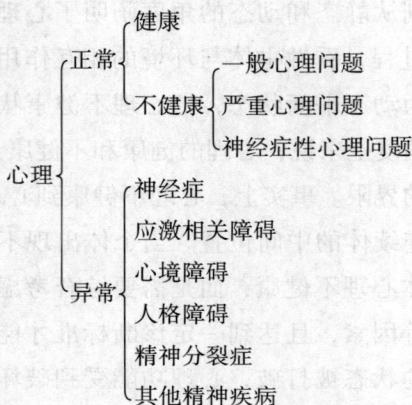

```
                  ┌ 健康
            ┌ 正常 ┤           ┌ 一般心理问题
            │      └ 不健康 ─── ┤ 严重心理问题
            │                  └ 神经症性心理问题
       心理 ┤      ┌ 神经症
            │      │ 应激相关障碍
            │      │ 心境障碍
            └ 异常 ┤ 人格障碍
                   │ 精神分裂症
                   └ 其他精神疾病
```

图 3-2　临床心理学对人的心理健康状况的划分

二、社区矫正对象心理健康评估的概念

社区矫正对象的心理健康评估，是指在社区矫正对象的心理矫治工作中，评估者根据心理测验的结果，结合通过会谈、调查、观察等方式得到的多方面的资料，对被评估的社区矫正个体或群体的心理特性作出有意义的解释和科学的价值判断的过程。[1]

社区矫正对象心理健康评估是社区矫正对象心理评估最主要的任务。通过心理健康评估，可以了解社区矫正对象的心理健康水平，从而有针对性地对其进行分类管理和个别化教育。

任务2.2　心理健康评估的标准

一、心理健康状态的评估标准

一个心理处于健康水平的人具有什么样的心理和行为特征？对此，国内外有许多专家学者提出过心理健康的评估标准。这里介绍常见的三类心理健

---

〔1〕 刘丹福、李芳主编：《社区矫正人员心理矫正》，中国政法大学出版社 2015 年版，第 26 页。

康评估标准。

（一）世界卫生组织提出的心理健康七标准

1992年，世界卫生组织提出关于心理健康的七个标准：①智力正常；②情绪协调，心境良好；③具备一定的意志品质；④人际关系和谐；⑤能动地适应环境；⑥保持人格完整；⑦行为符合年龄特征。

（二）许又新提出的评估心理健康的三标准

我国心理学家许又新提出了评估心理健康的三个标准，具体如下：

1. 体验标准，是指个人的主观体验和内心世界的状况，主要包括是否有良好的心情和恰当的自我评价等。

2. 操作标准，是指通过观察实验和测验等方法考察心理活动的过程和效应，其核心是效率，主要包括个人心理活动的效率和个人的社会效率或社会功能，例如工作及学习效率高低、人际关系和谐与否等。

3. 发展标准，着重对人的个体心理发展状况进行纵向考察与分析。发展标准指向较高水平发展的可能性，并且有使可能性变成现实的行动措施。

（三）郭念峰提出的三原则与十标准

我国心理学家郭念峰提出了判断心理正常和异常的三项原则：①主观世界与客观世界相统一原则；②心理活动的内在协调一致性原则；③人格的相对稳定性原则。

郭念峰认为，单靠上述三项原则从外显行为表现是否异常来评估个体的心理健康与异常是不够的，人与人之间的心理健康还有水平上的差异，因此，他根据区分心理健康水平的实际需要，提出了心理健康的十个标准：

1. 周期节律性。人的心理活动在形式和效率上都有着自己内在的节律性，比如白天思维清晰，注意力高，适于工作；晚上能进入睡眠，以便养精蓄锐，第二天工作。如果一个人每到晚上就睡不着觉，那表明他的心理活动的固有节律处在紊乱状态。

2. 意识水平。意识水平的高低，往往以注意力水平为客观指标。如果一个人不能专注于某种工作，不能专注于思考问题，思想经常开小差或者因注意力分散而出现工作上的差错，就有可能存在心理健康方面的问题了。

3. 暗示性。易受暗示性的人，往往容易被周围环境引起情绪的波动和思维的动摇，有时表现为意志力薄弱。他们的情绪和思维很容易随环境变化，导致精神活动不太稳定。

4. 心理活动强度。这是指对精神刺激的抵抗能力。一种强烈的精神打击出现在面前，抵抗力低的人往往容易留下后患，而抵抗力强的人虽有反应但不致病。

5. 心理活动耐受力。这是指人对现实生活中长期反复出现的精神刺激的抵抗能力。这种慢性刺激虽不是一次性的强大刺激，却久久不消失，几乎每日每时都要缠绕着人的心灵。

6. 心理康复能力。由于人们各自的认识能力不同、经验不同，所以每个人从一次打击中恢复过来所需要的时间也会有所不同，恢复的程度也会有所差别。这种从创伤刺激中恢复到往常水平的能力，称为心理康复能力。

7. 心理自控力。情绪的强度、情感的表达、思维的方向和过程都是在人的自觉控制下实现的。当一个人身心十分健康时，他的心理活动会十分自如，情感的表达恰如其分、辞令通畅、仪态大方，既不拘谨也不放肆。

8. 自信心。一个人是否有恰当的自信心是精神健康的一种标准。自信心实质上是一种自我认知和思维的综合能力，这种能力可以在生活实践中逐步提高。

9. 社会交往。一个人与社会中其他人的交往，也往往标志着一个人的精神健康水平。

10. 环境适应能力。环境就是人的生存环境，包括工作环境、生活环境、学习环境等。人不仅能适应环境，而且可以通过实践和认识去改造环境。

二、心理不健康状态的评估与诊断[1]

进入心理不健康状态的个体，如缺乏及时干预，根据个体的年龄、性别、人格特征、环境条件、所受刺激的性质等条件的不同，会出现三种不同的结果：①3个月内部分人可自行缓解；②由于主客观条件较差，短期内未得到缓解，不良情绪和行为迁延过久，通过人的"联想机制"，泛化到其他类似对象；③情况长期得不到改善，心理抗压能力和耐受力下降，情绪自控能力下降，

---

〔1〕 郭念锋主编《心理咨询师（基础知识）》，民族出版社2005年版，第335～345页。

心理冲突发生变形，生活和功能受到一定影响，成为神经症的易感者。这三种结果，可以按照严重程度，把它们界定为一般心理问题、严重心理问题、神经症性心理问题。并施加以不同的干预。

（一）一般心理问题

一般心理问题是由现实因素激发、持续时间较短、情绪反应能在理智控制之下，不严重破坏社会功能、情绪反应尚未泛化的心理不健康状况。此类心理问题建议自我调节、加强心理健康教育或寻求咨询帮助。

一般心理问题的评估与诊断标准如下：

第一，由于现实生活、工作压力、处事失误等因素而产生内心冲突，冲突是常形的，并因此而体验到不良情绪（如厌烦、后悔、悔丧、自责等）。

第二，不良情绪不间断地持续1个月，或不良情绪间断地持续2个月仍不能自行化解。

第三，不良情绪反应仍在相当程度的理智控制下，始终能保持行为不失常态，基本维持正常生活、学习、社会交往，但效率有所下降。

第四，自始至终，不良情绪的激发因素仅仅局限于最初事件；即使是与最初事件有联系的其他事件，也不会再次引起此类不良情绪。

（二）严重心理问题

严重心理问题是由相对强烈的现实因素激发，初始情绪反应强烈、持续时间较长、内容充分泛化的心理不健康状态。此类心理问题建议及时进行心理咨询。

严重心理问题的评估与诊断标准如下：

第一，引起严重心理问题的原因，是较为强烈的、对个体威胁较大的现实刺激。内心冲突是常形的。在不同的刺激作用下，个体会体验到不同的痛苦情绪（如悔恨、冤屈、失落、恼怒、悲哀等）。

第二，从产生痛苦情绪开始，痛苦情绪间断或不间断地持续时间在2个月以上半年以下。

第三，遭受的刺激强度越大，反应越强烈。大多数情况下，会短暂地失去理智；在后来的持续时间里，痛苦可逐渐减弱，但是，单纯地依靠"自然发展"或"非专业性的干预"难以解脱，对生活、工作和社会交往有一定程度的影响。

第四，痛苦情绪不但能被最初的刺激引起，而且与最初刺激相类似、相关联的刺激，也可以引起此类痛苦，即反应对象被泛化。

第五，严重心理问题的个体有时伴有某一方面的人格缺陷。

（三）神经症性心理问题

神经症性心理问题已经接近神经症，或者说本身就是神经衰弱或神经症的早期阶段，只是从情绪反应的程度、时间以及对当事人的社会功能的影响等方面尚未达到神经症的标准。此类心理问题建议及时进行心理咨询或治疗。

神经症性心理问题的评估与诊断标准如下：

第一，心理冲突的性质为变形心理冲突。心理冲突的性质分为常形心理冲突、变形心理冲突。常形心理冲突的特点包括：①与现实处境直接相联系，涉及公认的生活事件；②具有明显的道德性质。变形心理冲突的特点包括：①与现实处境没有关系，或者涉及的是生活中鸡毛蒜皮的小事，一般人认为简直不值得为此操心；②不带明显的道德色彩。

一般心理问题与严重心理问题的心理冲突均是常形的，持续时间、社会功能受到破坏的程度也可以作为参考因素予以考虑。如果在出现严重心理问题后的 1 年之内，求助者在社会功能方面出现严重缺损，那么，我们必须提高警惕，应将其作为神经症或其他精神障碍对待。

神经症性心理问题的内心冲突是变形的，但是如果根据许又新教授的神经症简易评定法还不能确诊为神经症的话，那么，至少可以说，它已接近神经症，或者它本身是神经症的早期阶段。

第二，使用许又新教授的神经症简易评定法，从病程、精神痛苦程度、社会功能三个方面进行记分评定。

表 3 – 1　许又新的神经症简易评定法——评分标准与解释

		1 分	2 分	3 分
评分标准	病程	不到 3 个月为短程	3 个月到 1 年为中程	1 年以上为长程
	精神痛苦程度	轻度病人自己可以主动摆脱	中度病人自己摆脱不了，须靠别人的帮助或处境的改变才能摆脱	重度病人几乎完全无法摆脱

续表

评分标准	社会功能	能照常工作学习或者工作学习以及人际交往只有轻微妨碍	中度社会功能受损者，工作学习或人际交往效率显著下降，不得不减轻工作或改变工作或只能完成部分工作，或某些社交场合不得不尽量回避	重度社会功能受损害者，完全不能工作学习，不得不休病假或推掉工作，或某些必要的社会交往完全回避
分数解释	1. 如果总分为3，可以认为不够诊断为神经症 2. 如果总分为4~5分则可认定为可疑病例，需进一步观察确诊 3. 如果总分不小于6分，神经症的诊断是可以成立的 4. 需要说明的是，对精神痛苦程度和社会功能的评定，至少要考虑近3个月的情况，评定涉及的时间太短是不可靠的		症状学标准	强迫症状、焦虑症状、恐怖症状
			病程标准	3个月（惊恐障碍标准为1个月）
			严重程度标准	1. 主观方面：痛苦情绪，内心痛苦 2. 客观方面：社会功能受损，无法工作、学习、生活
			排除标准	1. 排除器质性精神障碍 2. 排除严重精神障碍 3. 排除精神活性物质所致的精神障碍

三、异常心理的评估与诊断

异常心理又称心理异常，是指人的心理过程和个性心理特征发生异常，包括认知、情感、意志以及人格等方面表现异常。常见的异常心理主要包括神经症、心境障碍、精神分裂症等。对于异常心理的分类与诊断，心理学、精神病专业工作者常常使用一些分类与诊断标准，比如中华医学会精神科分会出版的《中国精神疾病诊断标准》（CCMD），美国心理学家协会（APA）组织出版的《精神障碍和统计手册》（DSM），世界卫生组织（WHO）组织全球专家制定的《国际疾病及相关问题的统计分类标准》（ICD）。这些诊断分类系统为明确对异常心理现象如何分类及诊断提供了良好的依据，能够帮助心理学和精神病学专业工作者正确诊断患者的异常心理属于哪一类型的心理障碍或精神疾病。下面介绍几类在社区矫正对象群体中常见的异常心理现象，若发现社区矫正对象存在类似的异常心理与行为特征，则需要转介其到专业机构进行进一步的精神评估。

（一）神经症[1]

1. 定义：神经症是一组精神障碍的总称，常见的有强迫性神经症、抑郁性神经症、焦虑性神经症、恐怖性神经症、疑病症等。主要表现为持久的心理冲突，患者觉察到或体验到这种冲突并因之深感痛苦，并且妨碍心理功能和社会功能，但没有任何可证实的器质性病理基础。

2. 神经症的共同特点是：①意识到心理冲突；②心理痛苦感觉强烈；③持久性；④无器质性病变基础；⑤良好的自知力；⑥社会功能有一定程度的损害；⑦有主动求治的行为。

3. 诊断可按照如下步骤：首先，考虑心理冲突的性质，神经症病人的心理冲突是变形的；其次，参考 CCMD－3 等精神诊断手册，采用典型的神经症症状进行对照诊断；再次，参考许又新的神经症简易评定法进行评定；最后，依据上述步骤收集的信息进行综合诊断。

（二）常见的应激相关障碍

1. 急性应激障碍。急性应激反应即急性应激障碍（ASD），是指在遭受到急剧、严重的精神创伤性事件后数分钟或数小时内所产生的一过性的精神障碍，一般在数天或 1 周内缓解，最长不超过 1 个月。临床上主要表现为具有强烈恐惧体验的精神运动性兴奋或者精神运动性抑制甚至木僵，如果应激源被消除，症状往往历时短暂，预后良好，缓解完全。

2. 创伤后应激障碍。创伤后应激障碍（PTSD），是指由异乎寻常的威胁性或灾难性心理创伤导致出现并长期持续的精神障碍。主要表现为：反复发生闯入性的创伤性体验重现（病理性重现）、梦境，或因面临与刺激相似或有关的境遇，而感到痛苦和不由自主地反复回想；持续的警觉性增高；持续的回避；对创伤性经历的选择性遗忘；对未来失去信心。此类精神障碍延迟发生，在遭受创伤后数日甚至数月后才出现，病程可长达数年。

---

[1] 张仲明主编：《心理诊断学》，西南师范大学出版社 2013 年版，第 196 页。

（三）常见的心境障碍[1]

1. 躁狂发作。躁狂发作以心境高涨为主，与其处境不相称，可以从高兴愉快到欣喜若狂，某些病例仅以易激惹为主。病情轻者社会功能无损害或仅有轻度损害；严重者可出现幻觉、妄想等精神病性症状。

2. 抑郁发作。抑郁发作以心境低落为主，同时表现为思维迟缓、意志减退，且与现实处境不相称，可以从闷闷不乐到悲痛欲绝，甚至发生木僵。严重者可出现幻觉、妄想等精神性症状。

（四）常见的人格障碍[2]

人格障碍是指人格特征明显偏离正常，使病人形成了一贯的反映个人生活风格和人际关系的异常行为模式。这种模式显著偏离特定的文化背景和一般认知方式（尤其在待人接物方面），明显影响其社会功能与职业功能，造成对社会环境的适应不良。病人为此感到痛苦并已具有临床意义。病人虽然无智能障碍但适应不良的行为模式难以矫正。仅少数病人在成年后程度上可有改善。

人格障碍的类型很多，如偏执型人格障碍、分裂型人格障碍、反社会型人格障碍、冲动型人格障碍、表演型人格障碍、强迫型人格障碍、焦虑型人格障碍、依赖型人格障碍等。这里就社区矫正对象较常见的几种，即反社会型、冲动型、偏执型人格障碍作简要介绍。

1. 反社会型人格障碍。反社会型人格以行为不符合社会规范，经常违法乱纪，对人冷酷无情为特点。反社会型人格障碍患者不认为遵守社会道德法律准则和一般公认的行为规范是必要的，自私自利，只考虑自己；情绪易激惹，对社会、对他人冷酷、仇视，缺乏同情心、缺乏责任感，缺乏羞愧和悔改之心；为了自己个人得到好处，而毫不顾虑地侵犯他人权利。反社会型人格障碍的诊断要点可以归纳为 6 个方面：①情绪的爆发性，行为的冲动性；②对社会、对他人冷酷、仇视、缺乏好感和同情心；③缺乏责任感，缺乏羞愧悔改之心；④不顾社会道德、法律准则和一般公认的行为规范，经常发生

---

〔1〕 钱铭怡主编：《变态心理学》，北京大学出版社 2006 年版，第 355～359 页。
〔2〕 张仲明主编：《心理诊断学》，西南师范大学出版社 2013 年版，第 277～289 页。

反社会言行；⑤不能从挫折与惩罚中吸取教训，缺乏焦虑感和罪恶感；⑥患者缺乏自知力或部分自知力。

2. 冲动型人格障碍。冲动型人格障碍又称暴发型或攻击型人格障碍，是一类具有进行某种行为的强烈欲望并付诸实施的精神障碍。由于发作过程有突发性，类似癫痫，故又叫癫痫型人格障碍。这种人往往在童年时就有所表现，往往因微小的事和精神刺激，就会突然爆发强烈的暴力行为，控制不住自己，从而造成破坏和伤害他人。这类障碍有多种形式，包括间歇性爆发障碍、纵火癖、偷窃癖、拔毛癖和病理性赌博等。冲动型人格障碍的症状具有间歇发作的特点，多数患者在中年时症状逐渐缓解。冲动型人格障碍者，具体表现为下述项目中的任意 3 项以上：①有肯定的不可预测和不考虑后果的行为倾向；②行为爆发不能控制；③不能控制或不适当地发怒，易与他人发生争吵或冲突，特别是行为受阻或受批评时；④情绪变化反复无常，不可预测，尤其易暴发愤怒和暴力行为；⑤生活无目的，尤其不能事先计划或不能预见将会发生的事件或情况，或做事缺乏坚持性；⑥强烈而不稳定的人际关系，要么与人关系极好，要么极坏，几乎没有持久的；⑦有自伤行为。

3. 偏执型人格障碍。偏执型人格又叫妄想型人格，指极其顽固、固执己见为典型特征的一类变态人格。表现为对自己过分关心，自我评价过高，常把挫折的原因归咎于他人或推诿客观。临床上主要表现为猜疑与敏感，极度的感觉过敏。持这种人格的人在家不能和睦，在外不能与朋友、同事相处融洽，别人只好对他敬而远之。诊断偏执型人格障碍，至少需符合下述项目中的任意 3 项：①普遍性的猜疑，常将他人无意的或友好的行为误解为敌意或轻蔑，或无根据怀疑会被别人利用或伤害，过分警惕与防卫；②有一种将周围发生的事件解释为"阴谋"的不符合现实的先占观念；③容易产生病理的嫉妒；④过分自负，总认为自己正确而将挫折或失败的原因归咎于他人；⑤记恨，对拒绝、侮辱和伤害不能宽容，久久耿耿于怀；⑥脱离实际的好争辩与敌对，固执地追求个人的权利或利益；⑦忽视或不相信反面证据，因而很难用说理或事实改变患者的想法或观念。

（五）精神分裂症[1]

本症是一组病因未明的精神病，患者具有思维、情感、行为等多方面障碍及精神活动不协调。主要表现为幻觉（如幻听、幻视、幻嗅）、妄想（如关系妄想、被害妄想、钟情妄想）、思维障碍（如思维松弛、思维破裂、语词新作或思维贫乏）、情感障碍（如情感倒错、情感淡漠）及行为障碍（如意志增强、减退或缺乏）等。精神分裂症患者具有自知力障碍，社会功能严重受损或无法进行有效交谈的特点。

《中华人民共和国国民经济和社会发展第十四个五年规划和2035年远景目标纲要》明确要求，"完善心理健康和精神卫生服务体系""健全社会心理服务体系和危机干预机制"。创建和谐社会、健康中国，离不开人们对精神卫生的重视。掌握心理问题与心理异常相关知识，不仅是社区矫正对象心理矫治工作者的专业技能要求。社区矫正工作者具备相关知识，才能有助于尽早识别社区矫正对象存在的心理健康问题，从而进一步提高社区矫正对象教育帮扶工作的针对性和有效性。

任务2.3 社区矫正对象心理健康评估的程序

为保障心理健康评估工作的顺利开展，必须按照"规范化、专业化"的程序进行。

一、心理健康评估与诊断的步骤

心理健康评估与诊断主要以——排除的方式进行。遵循由重到轻、由粗到细原则，先进行大类诊断，再进行小类诊断。排除顺序为：排除生理疾病→排除精神疾病（心理异常）→排除神经症或人格障碍→排除严重心理问题。具体如下：

第一，排除生理疾病。确认来访者是否是躯体疾病引发的心理问题。一些心理问题若是由于躯体疾病引起的，则应当首先进行躯体疾病的治疗。躯体疾病得到治疗与控制，心理问题也会相应缓解。

---

[1] 中华医学会精神科分会编：《中国精神障碍分类与诊断标准》，山东科学技术出版社2001年版，第41页。

第二，排除精神疾病（心理异常）。利用郭念锋教授的正常心理与异常心理三原则，能够便捷地确定来访者的心理状态有没有存在精神疾病的可能。如果有精神疾病的可能，则需要及时地进行精神疾病专科的诊断评估与治疗处理，以免延误病情。

第三，如果已排除精神疾病的可能，则需要考虑是否是神经症或神经症性心理问题。此类情况可以优先评估来访者的心理冲突性质，即心理冲突是常形还是变形。还可以与典型的神经症的症状进行对照，再参考许又新教授的神经症评定方式来进行综合评估与诊断。

第四，排除神经症或神经症性心理问题后，则需要评估心理障碍和人格障碍的可能性。

第五，若以上均排除，则要考虑来访者是否有严重心理问题。严重心理问题与一般心理问题均强调刺激的现实性，它们的区别关键在于"泛化"。所谓泛化，是指来访者的反应已经超越了刺激事件本身，扩散到了与之相似的刺激，这是心理问题严重的表现。同时，结合一般心理问题与严重心理问题的特点进行综合评估与诊断。

第六，若排除了严重心理问题，则要考虑是否有一般心理问题。

二、心理健康评估的实施流程

（一）资料收集

通过对社区矫正对象的档案材料进行全面审查，从中了解其个人相关情况。

专栏3-5 一般资料收集卡（参考）					
姓名		性别	民族	婚姻状况	文化程度	出生年月
籍贯				矫正单位		
矫正类别				捕前职业		
矫正期限				人际关系		
健康状况				婚姻状况		

	专栏3–6 个人成长史收集卡（参考）	
个人 成长史	婴幼儿期	
	童年生活事件	
	少年期生活事件	
	青年期生活事件	
	重大生活事件	

	专栏3–7 精神、社会功能状态资料收集卡（参考）	
精神 状态	认知	
	情绪情感	
	意向行为	
	自知力	
身体状态		
社会功能状态		

（二）摄入性会谈

评估者与社区矫正对象进行面对面的谈话，在口头沟通过程中了解矫正对象的心理状态。摄入性会谈主要是为了了解社区矫正对象的客观背景资料、健康状况、工作状况等方面的信息。

（三）心理测评

利用一系列心理学测评量表，对社区矫正对象进行专业的心理学量表测评。

（四）综合评估

根据心理测试和调查的结果，对社区矫正对象的心理状况进行综合评定，并对社区矫正对象的个性特征、行为方式、心理问题等做出恰当的评价。

（五）形成报告

根据所收集的信息，完成一份心理评估报告，供社区矫正工作人员或心理矫治工作者参考使用。

任务2.4　社区矫正对象心理健康评估报告的撰写

一、一般信息

注明评估者的基本情况，以及被评估社区矫正对象的姓名、年龄、捕前职业、婚姻状况、住址、刑期、矫正期限、违法犯罪类型等，同时注明实施评估的日期。

二、要解决的问题

心理健康评估所要解决的问题通常包括如下内容：

①确定被评估者在认知或情绪上的具体问题是什么。②对被评估者有无器质性损伤以及对由此引起的心理障碍进行评估。对被评估者的心理障碍是机能性障碍还是器质性障碍进行区分。③对被评估者存在的心理冲突的范围、程度进行评估。例如，失眠的程度如何，对社会功能的影响如何，等等。④被评估者对自身心理问题的反应和认识。⑤找出心理问题的成因。⑥鉴别诊断。⑦为心理矫治方案的选择提供依据。

三、实施心理测验并解释结果

心理测验不能仅仅报告测验分数，而应该用通俗的语言写清对测验分数的解释，以帮助被评估者理解。

四、背景信息

在心理健康评估报告中，不应只报告测验结果和解释而忽略了某些个人生活历史等背景信息。这些背景信息包括被评估者目前的生活境况和具体的困扰因素，当前的主观感受和存在的客观问题、困扰的持续时间、初次出现困扰时的情境，以及这些问题对其生活情境的影响。另外，还包括个人生活的历史信息，如家庭情况、经济状况、受教育历史、职业历史、社会经验和躯体健康状况等。

五、访谈与行为观察

实施会谈法，收集信息。在实施会谈或测验的过程中，应注意被评估者的行为表现，对观察到的行为要有详细的记录，并要有例证。对于那些大多数人都可能出现的行为，如进行测验时的好奇、疑虑等可不做记录，重要的是记下那些出乎意料的、不寻常的反应等。

六、评估与诊断

综合评估过程中收集的信息，做出诊断，并分析心理问题形成的因素有哪些。

七、建议

对被评估者提出具体的指导性建议，包括改善性的或补救性的措施，以及接受某种形式的矫正等。对存在心理危机的社区矫正对象，应当结合有关法律和矫正要求提出相应的保护、防范建议，及时给与关注与干预。

🔍 案例 3-3 社区矫正对象的心理健康评估报告

关于社区矫正对象徐某的心理健康评估报告

一、一般信息

评估者：×××

被评估者：社区矫正对象徐某，女，46 岁，已婚，因非法吸收存款罪被判处刑期缓刑 2 年。

评估时间：20××年×月×日

二、要解决的问题

1. 徐某在认识和情绪上的具体问题是什么？

2. 徐某的心理问题属于什么范围，程度如何？

3. 徐某对自身的心理问题的认识程度如何？

4. 徐某心理问题产生的原因有哪些？

5. 对徐某应当选择什么样的心理矫治方法最有效？

三、测验结果与解释

对徐某进行 SCL－90 测验，结果显示其在强迫、人际关系、焦虑、抑郁、躯体化等因子上呈阳性，表明其具有这些方面的问题，SAS 与 SDS 两个自测量表的测验结果显示其具有轻度抑郁、中度焦虑。EPQ 人格测试结果显示其 P 分很高，反映其同情心低，好偏见，孤僻，自卑，有伤人冲动；N 分很高，显示其情绪不稳定，容易冲动走极端。

四、背景信息

徐某丈夫一年前因突发疾病离世。徐某与亲人关系一般，跟自己的父母联系较少，女儿现在外地读书。平时有高血压，长期服药。经常性腰痛、胃痛。一年来在情绪方面常较低落、焦虑，因为家庭财务、女儿外省上学、自身工作、犯罪经历以及自己身体状况等诸多事项的缠身而感到担忧不已，烦躁不安。

求助者从小父母很少管教，性格偏内向，爱好不多。在四姐妹中排行老二，无兄弟，身体健康，无重大躯体疾病史，家族无精神疾病史。

五、深入访谈

求助者自述因去年丈夫突然离世，自己和女儿相依为命。自从丈夫发生意外后，丈夫的家人及朋友对母女二人态度异常冷漠，甚至不闻不问，说风凉话。如今自己犯罪了，生活上受到巨大打击，女儿在外上学，与自己联系不如以前，感到自己无依无靠。丈夫生前在外边有债权，但是证据不足，无人归还。现在自己总处于恐惧之中，害怕别人欺负女儿，也害怕自己和女儿的财产就此打水漂。晚上睡不着觉，总是担心意外发生。一年来常常失眠，头疼背痛，常犯胃病，感觉自己身体大不如前，更加担心自己也出现丈夫的情况。既担心自己发生意外，又担心女儿出现意外，觉得自己孤独、害怕。

六、行为观察

咨询师观察：徐某，身材偏瘦，皮肤暗黄，看上去疲惫，情绪低落，伴有焦虑。穿着简洁，很干净。对人礼貌，说话有些回避。坦言只要对女儿好，自己做什么都行。只想和女儿好好生活，女儿是其全部，提及女儿时情绪稍有激动。感知觉、记忆及思维未见异常，情绪不稳定，一年来在情绪方面常较低落、焦虑。轻度睡眠障碍，食欲不振，医学检查躯体正常。

他人观察：矫正小组成员反映徐某平时待人温和客气，能够按时参加社区矫正相关活动。但是学习、工作效率低，精神不济，常垂头丧气、轻声哀叹，想法悲观，容易走极端。

七、评估与诊断

（一）诊断结果：以焦虑情绪为主的神经症性的心理问题。

（二）原因分析：

1. 生物因素：女性，46岁，处在更年期时期；

2. 社会因素：①负性生活事件的影响，丈夫的意外死亡；②自己犯罪；③工作压力；④家人和朋友的客观态度。

3. 心理因素：①存在绝对化、扩大化等不良认知方式；②求助者个性较为敏感、孤僻、要强。

八、心理矫治建议：

咨询师首先运用放松技术，使徐某学会如何缓解焦虑，调整睡眠。再帮助徐某分析焦虑的具体原因，探索应对的合理办法，正确面对困难与挑战。最后帮助徐某学会面对现实，平和心态。

任务3　社区矫正对象的人身危险性评估

任务3.1　社区矫正对象人身危险性评估的概述

一、社区矫正对象人身危险性评估的定义

社区矫正对象的人身危险性是指社区矫正对象人格上存在的实施犯罪行为以及其他严重违法和社会越轨行为的危险倾向，或是指社区矫正对象客观上存在潜在的继续危害社会、本人或他人的现实可能性。

值得注意的是，社区矫正对象的危险性评估是一项针对社区矫正对象的特殊评估。首先，从人身危险性评估适用对象上来看，适用对象为拟判处非监禁刑的被告人、拟适用假释、暂予监外执行的罪犯以及已纳入社区矫正的社区矫正对象。其次，从人身危险性评估的时间来看，社区矫正对象的人身

危险性评估贯穿社区矫正工作的始终，从社区矫正适用前开始，到社区矫正解除时终止。最后，从评估启动与实施主体上看，社区矫正适用前进行的人身危险性评估的启动主体是人民法院、人民检察院、公安机关和监狱，社区矫正对象入矫后的人身危险性评估的实施主体为司法行政机关社区矫正机构，而社区矫正社会工作者、社会志愿者是作为辅助力量协助社区矫正机构完成这项工作。在实施社区矫正对象的危险性评估之前，应当组建危险性评估小组，小组成员由社区矫正专职工作人员和具有相应专业知识的社会工作者、社区志愿者构成。[1]

二、社区矫正对象人身危险性评估的类型

（一）入矫前的人身危险性评估

社区矫正对象进入社区矫正前（或进入社区矫正时）进行的人身危险性评估，能够为人民法院、人民检察院、监狱、公安机关等作出社区矫正决定提供依据，并且为进入社区矫正后的分类管理、个性化教育和心理矫治打下基础。

（二）矫正中期的人身危险性评估

社区矫正对象进入社区矫正后，可进行半年一次或一季度一次的中期评估，对社区矫正对象接受管理、教育，改造、矫正等动态情况进行测评，再次评估重犯风险，以调整矫正方案，提高矫正效果。

（三）解矫前的人身危险性评估

社区矫正期限即将结束阶段，对社区矫正对象的人身危险性再次进行评估，并且和之前的矫正结果进行对比，可以确定社区矫正教育效果以及为社区矫正对象是否需采取其他手段进一步帮教或监管提供依据。

党的二十大报告共 16 次提及风险。提高"防风险""化解风险"的能力是党的二十大对广大党员干部的一项重要要求。社区矫正工作也必须重视社区矫正对象的人身危险性评估。社区矫正工作人员、心理矫治工作者在进行社区矫正对象的工作中，必须要树立风险意识，精准识别主要风险，不断提高化解风险的本领，辩证看待风险，力争变危为机。这意味着，对社区矫正

---

[1] 张建明、吴艳华主编：《社区矫正实务》，中国政法大学出版社 2021 年版，第 137 页。

对象的人身危险性进行全过程、全面的评估，及时发现高人身危险性的社区矫正对象，并且了解他们的具体问题，给予针对性的帮教或监管措施，使之成为一个消减社区矫正对象人身危险性的契机。

三、社区矫正对象人身危险性评估的内容[1]

影响社区矫正对象人身危险性的因素主要有两类：不变因素和可变因素。

（一）不变因素

不变因素又称静态因素，是指不因矫正对象改造情况的变化而变化的因素，如犯罪记录、犯罪类型、犯罪事实、犯罪后果、矫正对象基本情况中的个人经历、个人某些生物学因素（如性别、神经类型等）和心理因素（如气质、性格类型等）等。

（二）可变因素

可变因素又称动态因素，是指能及时反映社区矫正对象矫正情况变化的因素，如矫正对象基本情况中的法律意识、社会认知、谋生情况、家庭经济状况、习惯、生活环境、社会政策、形势的变化、家庭关系（婚姻状况）和思想状况、情绪状态、人际关系、对判决和矫正的态度等。

任务3.2 社区矫正对象人身危险性评估的实施[2]

一、资料收集与整理

综合使用阅卷法、犯罪事实判断法、观察法、会谈法、心理测验法、问卷法等方法收集资料并分类整理。需要收集的信息资料有：

（一）一般资料

包括社区矫正对象姓名、性别、年龄、文化程度、民族、宗教信仰、生理特点、健康情况、个人经历、人格特点、法律意识、人际关系、经济状况、一贯表现、行为习惯等。

（二）家庭情况

包括社区矫正对象的家庭模式、婚姻状况、家庭关系、家庭经济状态、

---

〔1〕 张建明、吴艳华主编：《社区矫正实务》，中国政法大学出版社2021年版，第138页。
〔2〕 张建明、吴艳华主编：《社区矫正实务》，中国政法大学出版社2021年版，第177页。

家庭居住情况、家庭成员、家庭结构等。

（三）犯罪情况

包括犯罪类型、犯罪事实、犯罪危害后果、犯罪的动机或目的、犯罪原因、犯罪手段、主观恶性程度、有无犯罪前科（如有要详细了解其犯罪史）、罪名、刑种、刑期、社区矫正的起止期限、犯罪过程中的表现、犯罪后的表现等。

（四）环境状态

包括受教育史、多元文化影响情况、社会交往情况、生活环境等。

（五）职业情况

包括捕前职业、入矫后的就业情况（谋生情况），侧重了解其职业类别、工作表现、业绩表现、职业中的人际关系等。

（六）对判决和矫正的态度

包括对判决的态度、对矫正的态度、矫正后的表现（包括情绪状态、思想状况等）等。

二、综合评估

1. 收集资料，并按照要求进行筛选与整理。事先确定要评估的内容（指标）和可使用的方法，将不同方法收集到的资料按照信息资料类别进行筛选、整理、分类。

2. 对收集到的资料，进行可靠性、可信性和有效性的评估。所收集的资料中，有的资料更多地来源于会谈法，如个人经历、人际关系、一贯表现、工作表现、矫正态度等，依赖于被评估者口诉。将其口诉资料与案卷资料，心理测验资料，评估者对被评估者的观察，从社区矫正对象的矫正小组成员、同事、邻居这些关系人处收集来的反映资料等资料综合进行对比，一致性较高的，视为收集的资料可靠、可信、有效。

3. 分析资料并作危险性等级的划分。分析应由危险性评估小组成员共同完成。可采用面对面的讨论方式，也可采用背靠背的方式，个人先进行分析，并预先作出危险等级划分，最后进行汇总和讨论决定。

三、撰写人身危险性评估报告[1]

人身危险性评估报告内容包括：

1. 危险性评估的类型：入矫前评估、入矫后评估、解矫前评估。

2. 社区矫正对象的基本情况：①姓名、性别、年龄、民族、宗教信仰；②个人经历；③生理特点、健康情况；④文化程度；⑤人格特点；⑥法律意识；⑦人际关系；⑧经济状况（生活状况）；⑨一贯表现（行为习惯）；⑩捕前职业、入矫后的就业情况。

3. 社区矫正对象的家庭情况：①家庭模式；②婚姻状况；③家庭关系；④家庭经济状态；⑤家庭居住情况；⑥家庭结构；等等。

4. 社区矫正对象的犯罪情况：①犯罪原因；②犯罪类型；③主观恶性；④犯罪事实及危害后果；⑤有无前科记录；⑥犯罪过程中的表现；⑦犯罪后的表现；⑧罪名、刑种、刑期（社区矫正的起止期限）；等等。

5. 对判决和矫正的态度：①对判决的态度；②对矫正的态度；③矫正后的表现。

6. 综合状态的评估：危险等级的划分。

7. 提出分类矫正的建议：制定具体的矫正方案。

8. 危险评估报告小组签名。

9. 注明年、月、日。

专栏 3-7　社区矫正对象的人身危险性评估

——以甘肃庆城县社区矫正对象危险评估量表的使用为例

一、危险性评估指标

（一）静态指标：

静态指标，即历史形成的难以被影响而减少风险程度的指标。包括 5 个大类：①犯罪与服刑表现记录；②教育和工作背景；③经济状况；④家庭和婚姻状况；⑤居住指标。

（二）动态指标：

动态指标，即主观表现的容易被影响而减少风险程度的指标，包括 5 个大类：①休

闲和娱乐活动情况；②交友情况；③酗酒和使用毒品情况；④心理、情绪和人格特征；⑤生活态度及政治倾向。

二、风险等级

为了与分类管理相衔接，将风险程度分为高、中、低三个等级。每个等级划定相应的分数区间，综合测评最后得分 65 分以下为低风险等级；65 分至 77 分为中风险等级；77 分以上为高风险等级。另，在症状自评量表（SCL-90）测评中，若总分超过 160 分，或阳性项目数超过 43 项，或任一因子分超过 2.0 分，需转介到社区矫正对象心理矫治中心进行进一步检查、评估。

三、工作流程

人身危险性评估工作流程共分 5 个步骤：

（一）调查情况

工作人员要全面了解测评对象个人、家庭、生活、就业、社会关系、违法犯罪史、认罪悔罪态度及服刑表现、生活态度和政治倾向等情况，并做好记录。

（二）测量打分

根据调查情况客观地填写他评量表《危险程度可能性评估量表》，并安排社区矫正对象填写自陈量表和症状自评量表（SCL-90）。之后，对测量结果进行评分，并填写《矫正对象风险评估记录表》。要注意的是，社区矫正对象测试前，工作人员要教育和引导他们积极配合，使其真实地表达自己内心的想法和反映实际情况，减少测试的偏误。

（三）确定类别

工作人员按照危险程度测评量表测评分数 ×50% + 自陈量表测评分数 ×40% + 症状自评量表测评分数 ×10% 的公式求得该对象测评结果的最后得分，然后根据高、中、低三个类别所规定的分数区间，归入相应的类别。在此基础上，由司法所社区矫正工作人员集体研究审定类别，分析测评中反映出的情况，作出评估报告，提出针对性的矫正意见。对于高风险类别人员应转介到社区矫正对象心理矫治中心进行进一步检查、评估。

（四）调整类别

由于矫正对象的情况在不断变化之中，若矫正对象的情况变化比较明显时，须重新测评一次，根据测评结果经集体研究调整类别。

（五）评估与分类管理的衔接

对高、中、低三类矫正对象实施不同强度的监管。其中，对高风险类对象纳入分类管理的严管；对中风险类对象纳入分类管理的普管；对低风险类对象纳入分类管理的宽管。根据不同类别，落实相应的管理措施。

附件：使用量表（见本项目拓展阅读部分）

任务4 社区矫正对象心理评估的常用量表

一、评估智力水平的常用量表

（一）韦氏智力量表

1. 量表的介绍。韦氏智力量表被誉为是当今世界上最有权威、应用最广的量表之一。由美国心理学家韦克斯勒所编制，可以测试言语和操作。韦克斯勒将智力定义为个人行为有目的，思维合理，应付环境有效的聚集的或综合的才能。韦克斯勒从1934年开始编制智力量表。截至1981年，他先后编制并发表了：韦氏幼儿智力量表（WPPSI），适合于4~6.5岁的幼儿；韦氏儿童智力量表修订本（WISC－R），适合于6~16岁的儿童；韦氏成人智力量表修订本（WAIS－R），适合于16~74岁的人。

我国心理学家龚耀先主持修订并出版了该量表的中文版。中文修订韦氏成人智力量表（WAIS－RC）以WAIS为蓝本，保持原测验的结构，只对某些不适合中国文化背景的项目作了修改，并通过全国取样，制定了城、乡两套常模。

2. 量表的内容。WAIS－RC分为言语、操作两个部分，每个部分有不同项题目。

表3－2 韦氏成人智力量表各维度项目数

言语	操作
常　识　29项	数字符号　90项
领悟力　14项	填　图　21项
算　术　14项	木块图　10项
相似性　13项	图片排列　8项
背　数　19项	图形拼凑　4项
词　汇　40项	

3. 量表的记分与解释。

（1）各分量表按照回答正确与否、时间记分。分量表各题目得分之和即为原始分。

（2）原始分转换量表分：各分量表原始分要转换为平均数为 10、标准差为 3 的量表分。可以根据量表附带的粗分换算表直接进行换算，注意城市和农村的区别。

（3）总量表分的计算：6 个言语分测验的量表分相加得言语量表分，5 个操作分测验的量表分相加得操作量表分。将言语量表分和操作量表分相加得总量表分。

（4）标准分转换智商（IQ）：根据年龄，查各年龄组的量表分等值智商转换表，可得转换得到 VIQ（言语性 IQ）、PIQ（操作性 IQ）和 FIQ（总 IQ），计算公式为 $IQ = 100 + 15Z$，$Z = (X - x)/S$，其中 100 为平均数，15 为标准差，Z 代表个体的标准分，X 表示个体测验得分（原始分数），x 代表相应年龄群体平均分，S 为群体得分的标准差。

根据智商分级等级标准，可确认受试者的智商范围。

表 3 - 3　韦氏智商分级等级标准分布表

智力等级	智商范围	理论百分数
极超常	≥130	2.2%
超常	120 ~ 129	6.7%
高于平常	110 ~ 119	16.1%
平常	90 ~ 109	50.0%
低于平常	80 ~ 89	16.1%
边界	70 ~ 79	6.7%
智力缺陷	≤69	2.2%

（二）瑞文标准智力测验

1. 测验的介绍。瑞文标准智力测验（SPM），是由英国心理学家瑞文 1938 年编制的非言语智力测验，是著名的、被广泛使用的、既可以用于个体施测也可以用于团体施测的智力量表之一。现在我国国内常用版本为张厚粲教授于 1985 年修订后的中国版。一般来说，正常三年级以上儿童与 65 岁以下成人均适用 SPM，可个别施测也可团体施测。

瑞文标准智力测验的主要任务是要求被试者根据一个大图形中的符号或图案的规律，将某个适当的图案填入大图形的空缺中。该测验适用的年龄范围广，测验对象不受文化、种族和语言的限制，还可以用于一些生理缺陷者，因此具有文化公平性。

2. 测验的内容。SPM 包括 60 道题，分为 A、B、C、D、E 共 5 组，每组 12 题。A、B、C、D、E 这 5 组题目难度逐步增加，每组内部题目也由易到难排列，所用解题思路一致，而各组之间有差异，具体如下。

A：反映知觉辨别能力（共 12 题）；B：反映类同比较能力（共 12 题）；C：反映比较推理能力（共 12 题）；D：反映系列关系能力（共 12 题）；E：反映抽象推理能力（共 12 题）。

通过以上五组得分的结构，一定程度上有助于了解被试的智力结构。SPM 施测无严格时限，一般用 40 分钟左右即可完成。

3. 测验的记分与解释。瑞文标准智力测验采用二级评分，答对得 1 分，答错 0 分。被试的总得分就是其通过的题数，即测验的原始分数。本测验的量表分数是先将被试的原始分数转换为相应的百分等级，再将百分等级转化为 IQ 分数。

表 3 – 4　瑞文标准智力测验分数与百分等级换算表

年龄（岁）	标准分（%）							年龄（岁）
	95	90	75	50	25	10	5	
5.5	34	29	25	16	13	12	9	5.5
6	36	31	25	17	13	12	9	6
6.5	37	31	25	18	13	12	10	6.5
7	43	36	25	19	13	12	10	7
7.5	44	38	31	21	13	12	10	7.5
8	44	39	31	23	15	13	10	8
8.5	45	40	33	29	14	14	12	8.5
9	47	43	37	33	25	14	12	9
9.5	50	47	39	35	27	17	13	9.5

年龄（岁）	标准分（%）							年龄（岁）
	95	90	75	50	25	10	5	
10	50	48	42	35	27	17	13	10
10.5	50	49	42	39	32	25	18	10.5
11	52	50	43	39	33	25	19	11
11.5	53	50	45	42	35	25	19	11.5
12	53	50	46	42	37	27	21	12
12.5	53	52	50	45	40	33	28	12.5
13	53	52	50	45	40	35	30	13
13.5	54	52	50	46	42	35	32	13.5
14	55	52	50	48	43	36	34	14
14.5	55	53	51	48	43	36	34	14.5
15	57	54	51	48	43	36	34	15
15.5	57	55	52	49	43	41	34	15.5
16	57	56	53	49	44	41	36	16
16.5	57	56	53	49	45	41	37	16.5
17	58	57	55	52	47	40	37	17
20	57	56	54	50	44	38	33	20
30	57	55	52	48	34	37	28	30
40	57	54	50	47	41	31	28	40
50	54	52	48	42	34	24	21	50
60	54	52	46	37	30	22	19	60
70	52	49	44	33	26	18	17	70
年龄（岁）	95	90	75	50	25	10	5	年龄（岁）

表 3 － 5　瑞文智商分级等级标准分布表

智力等级	智商范围	理论百分数
天才	≥145	1%
超级智商	131 ~ 144	10%
中上	110 ~ 130	16%
中等	90 ~ 109	46%
中下	80 ~ 89	16%
偏低	70 ~ 79	8%
智力不完整	<70	3%

二、评估个性特征的常用量表

（一）艾森克人格问卷

1. 问卷的介绍。艾森克人格问卷（EPQ）是英国心理学家艾森克领导编制的有关人格研究的测验。该测验由艾森克早先的若干人格量表发展而来。首先是 1952 年编制的莫兹利医学问卷，有 40 个项目，主要调查神经质（Neuroticism）；然后是人格调查表（MPI），由 E 量表（外向 Extroversion 和内向 Introversion）和 N 量表所组成；1964 年在上述 N 和 E 量表外加上 L 量表（Lie，掩饰）成为艾森克人格调查目录（EPI）。1975 年再加入 P 量表（Psychoticism，精神质），成为现在的艾森克人格问卷（EPQ）。

2. 问卷的内容。现在通用的 EPQ 问卷是在 1975 年制定的，有成人版本（90 项题目）与儿童版本（81 项题目）之分。我国心理学家陈仲庚与龚耀先分别主持修订了这一量表。本书介绍的是龚耀先主持修订的 88 题成人版艾森克人格问卷。该问卷可以用于个别施测，也可以用于团体施测。问卷由 P、E、N 和 L 四个量表组成，共 88 道题目。主要调查内外向（E）、神经质或情绪的稳定性（N）、精神质（P）这三个人格维度。L 量表则是效度量表，既代表测试结果的可信程度，也代表假托的人格特质或社会性朴实、幼稚的水平。艾森克提出，L 量表虽与其他量表有某些相关，但是它本身就代表一种稳定的人格功能。L 量表没有划分有无掩饰的确切标准，要看所测样本的一般水平以及受试者的年龄。一般说来成人的 L 分因年龄增长而升高，儿童则因年龄增长而减低。

3. 问卷的记分与解释。

（1）每一题目只要求受试者回答一个"是"或"不是"（或"否"）。P、E、N、L四个量表所属的各题项相加得到各分量表原始分。各分量表对应题项与记分规则如下。[1]

E量表：外向—内向。第1、5、9、13、16、22、29、32、35、40、43、46、49、53、56、61、72、76、85题答"是"和第26、37题答"否"的，每题各得1分。

N量表：神经质。第3、6、11、14、18、20、24、28、30、34、36、42、47、51、54、59、63、66、67、70、74、78、82、84题答"是"的，每题各得1分。

P量表：精神质。第19、23、27、38、41、44、57、58、65、69、73、77题答"是"和第2、8、10、17、33、50、62、80题答"否"的每题，各得1分。

L量表：测定被试的掩饰、假托或自身隐蔽，或者测定其朴实、幼稚水平。第12、31、48、68、79、81题答"是"和第4、7、15、21、25、39、45、52、55、60、64、71、75、83题答"否"的，每题各得1分。

（2）原始分要转化为标准分（T分）再进行解释。各量表T分在43.3～56.7分之间为中间型（包括50%的带模群体），各量表T分在38.5～43.3分或56.7～61.5分之间为倾向型（分别包括12.5%的常模群体），而T分在38.5分以下或61.5分以上为典型型（分别包括12.5%的常模群体）。

T分是根据公式 $T = 50\dfrac{10（X - M）}{SD}$ 计算出来的。

关于各维度的典型代表可参考解释如下：

典型的外向者（E分很高）爱交际，喜参加联欢会，朋友多，需要有人同他谈话，不爱一人阅读和做研究，渴望兴奋的事，喜冒险，向外发展，行动受一时冲动影响。喜实际的工作，回答问题迅速，漫不经心，随和，乐观，喜欢谈笑，宁愿动而不愿静，倾向进攻，总的说来是情绪失去控制的人，不

---

[1] 参见本书"拓展学习3-3"。

是一个很踏实的人。

典型的内向者（E 分特低）安静，离群，内省，喜爱读书而不喜欢接触人。保守，与人保持一定距离（除非挚友），倾向于事前有计划，做事瞻前顾后，不凭一时冲动，不喜欢兴奋的事，日常生活有规律，严谨。很少有进攻行为，多少有些悲观。踏实可靠，价值观念是以伦理做标准。

典型情绪不稳者（N 分特高）焦虑，紧张，易怒，往往又有抑郁。睡眠不好，患有各种心身障碍，情绪过分，对各种刺激的反应都过于强烈，情绪激发后又很难平复下来。由于强烈的情绪反应而影响了他的正常反应，不可理喻，甚至有时走上危险道路。在与外向结合时，这种人是容易冒火的和不休息的，以致激动、进攻。概括地说，是一个紧张的人，好抱有偏见，以至犯错误。

情绪稳定者（N 分很低）倾向于情绪反应缓慢、弱，即使激起了情绪也很快平复下来。通常是平静的，即使生点气也是有节制的，并且不紧张。

P 分高的成人独身，不关心人。常有麻烦，在哪里都不容易适应，可能是残忍的，不人道的。缺乏同情心，感觉迟钝。对人抱敌意，即使是对亲友也如此。攻击性强，即使是对喜爱的人。喜欢一些古怪的不平常的事情，不惧安危。喜恶作剧，总要捣乱。

以上是各型的极端例子，实际上很少有如此典型的人，大多是倾向某一端而已。

（二）卡特尔 16 项人格因素问卷

1. 问卷的介绍。卡特尔 16 项人格因素问卷（16PF）是美国心理学家卡特尔主持编制的。该测验在人事管理中应用广泛，能够预测应试者的工作稳定性、工作效率和压力承受能力等，也可以广泛应用于心理咨询、人员选拔和职业指导等工作环节，作为个人心理素质的参考依据。

卡特尔及其同事搜集字典上或精神病、心理学文献中各种行为，采用系统观察法、科学实验法以及因素分析统计法，经过二三十年研究确定了 16 种人格特质，并据此编制了测验，这 16 种因素的名称和符号是：乐群性（A）、聪慧性（B）、稳定性（C）、持强性（E）、兴奋性（F）、有恒性（G）、敢为性（H）、敏感性（I）、怀疑性（L）、幻想性（M）、世故性（N）、忧虑性（O）、实验性（Q_1）、独立性（Q_2）、自律性（Q_3）、紧张性（Q_4）。上述人格因素是各自独立的，每一种因素与其他因素的相关度极小。经许多心理学家研究证实，这些因素普遍地存在于年龄及文化背景不同的人群之中。由于这些因素的不同组合，就构成一个人不同于其他人的独特个性。

2. 记分方法。16 种人格因素测试共有 187 道题，每种人格因素由 10～13 道题组成，各题的记分方法有 3 种：①对应于 A、B、C 选项分别计 2、1、0 分；②对应于 A、B、C 选项分别计 0、1、2 分；③有些题目，只有选定了特定的选项才计 1 分，否则计 0 分。各个人格因素所涉及题目的计分之和就是相应人格因素的原始得分。研究表明，人群总体在各个人格因素的原始得分符合正态分布。依据此规律，可以把原始分从低到高依次转化为标准分 1 到标准分 10。

3. 分数解释。每项因素得分在 8 分以上者为高分，3 分以下者为低分。

（三）明尼苏达多项人格测验

1. 问卷的介绍。明尼苏达多项人格测验（MMPI）是由美国明尼苏达大学心理学家哈兹威与精神科医生麦金利于 1940 年编制的自我报告式的个性量表。1979 年，中科院心理所宋维真主持对明尼苏达多项人格测验进行了汉化和修订。其适用范围是年满 16 周岁，小学以上文化程度，无读写困难的人。

明尼苏达多项人格量表由 4 个效度量表和 10 个临床量表构成。

（1）4 个效度量表分别为：

①疑问量表（Q）。此量表反映被测试者回避问题的倾向，如果在前面 400 题中原始分数大于 30，则说明被测试者对问卷的回答不可信。

②谎言量表（L）。此量表中的题目，是测试被试者的回答是否会容易得到社会公认的行为倾向。题目的内容都是社会上常见的小问题，即所谓的"小毛病"。该分数高，说明过分掩饰自己所存在的问题，心理防御过度。原始分超过 10 分，结果不可信。

③伪装坏量表（F）。此量表由一些不经常遇到的问题组成。分数高表示被测试者回答问题不认真或者理解错误，表现出一组相互无关的症状，或在伪装疾病。

④修正量表（K）。此量表用于测验被测试者是否愿意议论个人事情，它与智力、教育以及社会地位有关。分数过高，可能是被测试者不愿合作。

（3）10 个临床量表分别为：

①疑病量表（Hs）。此量表原来是为了鉴定疑病患者而制定的。其特征是对自己的身体健康的一种过度的关心，担心自己有病或不健康。

②抑郁量表（D）。此量表最初是为评价抑郁症候而制定的。抑郁的特征是缺乏干劲，对未来没有希望，一般对自己的生活状况极其不满。

③癔病量表（y）。此量表原来是为了区分对紧张状况产生歇斯底里反应的患者而制定的。癔病的特征是心因性的不随意肌体机能丧失和机能障碍。

④精神病态量表（P）。此量表原来是为了区分那些被诊断为非社会性类型和非道德类型的精神病态人格的患者而制定的。这种病态的特征是说谎、偷盗、性异常、酗酒等，但不包括重大犯罪行为。

⑤性度量表（M）。此量表也叫男性—女性量表，它原来是为了鉴别男性同性恋而制定的，反映被测试者的男性化或女性化程度。

⑥妄想量表（P）。此量表是为了区分那些被判断为具有关系妄想、被害妄想、夸大自我概念、猜疑心、过度敏感、意见和态度生硬等偏执型人格而制定的。

⑦精神衰弱量表（P）。此量表是为了测定精神衰弱的一般性症候类型而制定的。精神衰弱的特征为：焦虑、强迫动作、强迫观念、无原因的恐怖等。

⑧精神分裂症量表（Sc）。此量表原来是为了区别精神分裂症的患者而制定的。其特征包括：思维、感情和行为混乱。

⑨轻躁狂量表（Ma）。此量表原来是为了区别有躁狂性症候的精神科患者而制定的。其特征包括：气质昂扬、爱说、精力充沛、易怒、思维奔逸、抑郁气短等。

⑩社会内向量表（Si）。此量表是为了鉴别对社会性接触和社会责任有退缩回避倾向者而制定的。

2. 记分方法。MMPI 的计分方法是由原始分转换为 T 分数然后画出剖面图。具体公式及步骤如下：

$$T = 50 + 10 \ (X - x) \ /SD。$$

首先，计算 Q 量表的原始分。超过 22 分或 30 分无效。其次，分别计算各量表的原始分。再次，对 5 个量表加 K 分校正（Hs + 0.5K、Pd + 0.4K、Pt +

1.0K、Se +1.0K、Ma +0.2K)。最后，画出剖析图。

3. 分数解释。T 分数在 70 以上为异常（美国标准）；T 分数在 60 以上为异常（中国标准）。异常者便视为可能有病理性异常表现或某种心理偏离现象。

专栏 3－8 人格评估中的投射测验

社区矫正对象的人格评估中，测验法主要包括自陈测验和投射测验。自陈测验就是根据要测量的人格特质，编制问题，要求受试者根据自己的情况逐一回答，然后根据答案去衡量受试者在某些人格特质上的表现程度。自陈量表具有记分客观、施测简便、易于解释等优点，因此是应用最广的一种测验。上述艾森克人格问卷、卡特尔 16 项人格因素问卷、明尼苏达多项人格测验均属于自陈测验。

然而，由于自评量表属于纸笔测验，所以在施测的时候受到个人主观判断、情绪状态、向好心理等因素的影响，整个测验结果必然存在着一些不可避免的误差。因此，为了弥补量表测验的不足，在心理测验中一般可以增加投射测验，可以更好地从整体上对个人的人格特点作出全面的区分和评估。投射，是指个人将自己身上发生的心理过程无意识地附着在客体身上的倾向。投射测验是一种无结构的作业。刺激材料无结构，回答不受限制，可以充分发挥自由联想。常见的罗夏墨迹测验、主题统觉测验（TAT）、房树人测验（THP）、沙盘游戏等测验方式均属于投射测验。

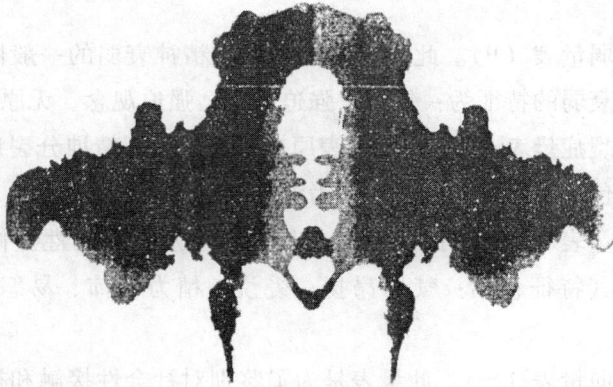

图 3－3 罗夏墨迹测验中的测试图形

同量表式的自陈测验相比较，投射测验具有以下优点：①测验材料没有明确的结构和确切的意义，为受试者提供了针对测验材料的广阔自由联想的空间；②受试者对测验材料的反应不受限制，可以根据自己对测验材料的理解进行任何形式与内容的想象式解释；③测验的目的具有明显的隐蔽性，很大程度地避免了受试者的防卫与伪装；④对测验结果的解释重在对受试者的人格特征获得整体性的了解，而非对某个人格特质的单一关注；⑤可以被广泛地跨文化使用，也能应用于表达能力低下者。投射测验的局限在于：

---

①对施测人员的专业技能要求较高,掌握起来难度较高;②测试过程主要以经验主观判断为主,测试内容不可量化,对测试结果的解释不规范、不统一;③记分困难,难以进行定量分析。

三、评估心理健康状况的常用量表

(一)症状自评量表

1. 问卷介绍。症状自评量表的种类很多,临床最常用的是 90 项症状清单(Symptom Checklist 90,SCL‑90),又名症状自评量表(Self-reporting Inventory)。此量表包含广泛的精神病症状学内容,如思维、情感、行为、人际关系以及生活习惯等。SCL‑90 症状自评量表的使用范围广,主要适用于成年的神经症、适应障碍及其他轻性精神障碍患者,不适合于躁狂症和精神分裂症。

SCL‑90 症状自评量表有 9 个因子,分别测试不同方面的心理障碍。每个因子又包括不同数量的测试题目。9 个因子定义及所包含题目为:[1]

(1)躯体化:包括第 1、4、12、27、40、42、48、49、52、53、56、58 题共 12 题。该因子主要反映主观的身体不适感,包括心血管、胃肠道、呼吸等系统的主诉不适,和头痛、背痛、肌肉酸痛以及焦虑的其他躯体表现。

(2)强迫症状:包括第 3、9、10、28、38、45、46、51、55、65 题共 10 题。它与临床上所谓强迫表现的症状定义基本相同,主要指那种明知没有必要、但又无法摆脱的无意义的思想、冲动、行为等表现,还有一些比较一般的感知障碍(如"脑子都变空了""记忆力不行"等)也在这一因子中反映。

(3)人际关系敏感:包括第 6、21、34、36、37、41、61、69、73 题共 9 题。它主要指某些个人不自在感与自卑感,尤其在与其他人相比较时更突出。自卑感、懊丧以及人际关系明显不好的人,往往是这一因子的高分对象。

(4)抑郁:包括第 5、14、15、20、22、26、29、30、31、32、54、71、79 题共 13 题。它反映的是临床上忧郁症状群相联系的广泛的概念,忧郁苦闷的感情和心境是代表性症状,它还以对生活的兴趣减退、缺乏活动愿望、丧失活动力等为特征,并包括失望、悲观等与忧郁相联系的其他感知及躯体方

---

〔1〕 参见本书"拓展学习 3‑2"。

面的问题，该因子中有几个项目包括了死亡、自杀等概念。

（5）焦虑：包括第 2、17、23、33、39、57、72、78、80、88 题共 10 题。它包括一些通常与临床上明显和焦虑症状相联系的症状及体验，一般指那些无法静息、神经过敏、紧张以及由此产生躯体征象（如震颤）。那种游离不定的焦虑及惊恐发作是本因子的主要内容，它还包括一个反映"解体"的项目。

（6）敌对：包括第 11、24、63、67、74、81 题共 6 题，这里主要以 3 个方面来反映病人的敌对表现：思想、感情及行为。其项目包括从厌烦、争论、摔物，直至争斗和不可抑制的冲动暴发等各个方面。

（7）恐怖：包括第 13、25、47、50、70、75、82 题共 7 题。它与传统的恐怖状态或广场恐怖症所反映的内容基本一致，恐惧的对象包括出门旅行、空旷场地、人群或公共场合及交通工具。此外，还有反映社交恐怖的项目。

（8）偏执：包括第 8、18、43、68、76、83 题共 6 题。偏执是一个十分复杂的概念，本因子只是包括了它的一些基本内容，主要是指思维方面，如投射性思维、敌对、猜疑、关系观念、妄想、被动体验和夸大等。

（9）精神病性：包括第 7、16、35、62、77、84、85、87、88、90 题共 10 题。由于需要在门诊中迅速、扼要地了解病人的病情程度，以便作出进一步的治疗或住院等决定，故把一些明显的、纯属精神病性的项目汇集到了本因子中。

此外还有第 19、44、59、60、64、66、89 题共 7 题，未归入任何因子。分析时，可把这些题作为第 10 个因子（其他，other）来处理，以便使各因子分之和等于总分。

2. 记分方法及分数解释。SCL－90 量表一般采取 1～5 分的 5 级评分标准。1 分代表无症状，5 分代表症状严重，依次递进。SCL－90 的统计指标主要为两项，即总分与因子分，以下作分别介绍。

（1）总分。将 90 个项目的各单项得分相加，便得到了总分。总分 160 分为临床界限，超过 160 分说明被测试者可能存在着某种心理障碍。另外还有一些统计项目：①总均分：总均分＝总分/90，它表示总的来看，该病人的自我感觉介于 1～5 的哪一范围内。②阳性项目数：它表示病人"有症状"的项目（得分大于 1 的项目）有多少。③阴性项目数：它表示病人"无症状"的项目（得分小于 1 的项目）有多少。④阳性症状均分：阳性症状均分 = $\dfrac{总分 - 阴性项目数}{阳性项目数}$，它表示病人在所谓的阳性项目，即"有症状"项目中的平均得分，可以看出该病人自我感觉不佳的项目的程度究竟介于哪个范围。

（2）因子分：因子分 = $\dfrac{组成某一因子的各项目总分}{组成某一因子的项目数}$。SCL - 90 有 9 个因子，即所有 90 个项目可以分为 9 大类，每一类都着重反映出病人的某一方面的情况，因而通过因子分可以了解病人的症状分布特点，以及病人病情的具体演变过程。任一因子得分超过 2 分为阳性，说明可能存在着该因子所代表的心理障碍。

SCL - 90 量表还有一种 0 ~ 4 级的评分标准。如采用这种标准，则总分超过 70 分、因子分超过 1 分即被视为阳性。

（二）焦虑自评量表（SAS）

1. 量表介绍。焦虑自评量表（Self-Rating Anxiety Seale，SAS）由 Zung 于 1971 年编制，从量表构造的形式到具体评定的方法，都与抑郁自评量表（SDS）十分相似，它是一个含有 20 个项目、分为 4 级评分的自评量表，用于评出焦虑患者的主观感受。

2. 记分方法。SAS 采用 4 级评分，主要评定项目为所定义的症状出现的频度。其标准为："1"表示没有或很少有时间有；"2"是小部分时间有；"3"是相当多时间有；"4"是绝大部分或全部时间都有。将 20 个项目的各项得分相加，即得到测验的粗分，将测验的原始分数相加乘以 1. 25 系数，就是最后得分。分数越高，表示这方面的症状越严重。

3. 分数解释。一般来说，焦虑总分低于 50 分者为正常；50 ~ 60 分者为轻度焦虑，61 ~ 70 分者是中度焦虑，70 分以上者是重度焦虑。

（三）抑郁自评量表（SDS）

1. 量表介绍。抑郁自评量表（Self-rating Depression Scale，SDS）是含有 20 个项目、分为 4 级评分的自评量表，原型是 Zung 抑郁量表（1965）。其特点是使用简便，并能相当直观地反映抑郁患者的主观感受，主要适用于具有抑郁症状的成年人，包括门诊及住院患者。只是对严重迟缓症状的抑郁的评定有困难。同时，SDS对于文化程度较低或智力水平稍差的人使用效果不佳。

2. 记分方法。与SAS相同，SDS采用4级评分，主要评定项目为所定义的症状出现的频度，其标准为："1"表示没有或很少有时间有；"2"是小部分时间有；"3"是相当多时间有；"4"是绝大部分或全部时间都有。将20个项目的各项得分相加，即得到测验的粗分，将测验的原始分数相加乘以1.25系数，就是最后得分。分数越高，表示这方面的症状越严重。

3. 分数解释。按照中国常模，SDS的标准分的分界值为53分，53~62分者轻度抑郁，63~72分者是中度抑郁，72分以上者是重度抑郁。

四、评估人身危险性常用量表简介

总体而言，目前我国社区矫正对象的危险性评估量表的开发与使用处于起步并迅速发展阶段。一些省市的司法机关还尚未实现定量分析，依赖于定性分析的方式对社区矫正对象进行危险性评估。而已经对社区矫正对象人身危险性进行定量分析的省市司法机关，大多通过政府购买社会服务的方式，与社会力量合作，开发危险评估量表，结合使用成熟的心理量表，根据一定的数理模型进行赋分，从而得到风险评估分数，再根据该分数划分等级，所得风险等级结果经过风险评估小组的集体讨论，按照少数服从多数的原则，最终确定社区矫正对象的风险等级，实现了定性分析与定量分析相结合。

例如，北京市使用的《北京市社区服刑人员综合状态指标体系》通过问卷形式对社区矫正对象的基本情况、家庭情况、犯罪与刑罚历史以及接受社区矫正态度和心理状态进行整体的评估调查，再通过SPSS（统计产品与服务解决方案）软件程序对有关样本进行统计学分析得出结论。上海市使用的《社区矫正服刑人员风险测评表》则是通过对社区矫正人员的基本因素、个性及心理因素、社会因素、综合因素四个方面进行总体的调查评分，再通过评分将矫正人员划分为稳定、重点关注、高危控制三个等级。江苏省使用的《江苏省社区矫正风险评估网络系统软件》还借助了电子定位、APP签到等一系列的辅助手段来保障风险评估的准确性。

从实践效果来看，目前危险性评估量表的开发和使用达到了以下效果：①科学、有效地确定风险等级，实施分级管理；②个性化制定矫正方案与心理矫治计划，有针对性地展开教育帮扶，提升矫正质量。当然，危险性评估量表还存在许多共性问题，其开发还需要从以下两个方面进一步完善：①指标体系中，不变因素（静态指标）比重偏大，可变因素（动态指标）中对社区矫正对象的犯罪心理特征（如攻击性）和犯因性需求（社会适应能力）涉及较少，对矫正工作指导性不强。②评价标准不够具体，不利于实际操作。例如，"认罪服法态度"这一项，《北京市社区服刑人员综合状态指标体系》中将其区分为"认罪""基本认罪""不认罪"三个等级，而上海市使用的《社区矫正服刑人员风险测评表》中将其区分为"认罪""不认罪"两个等级，均没有列出具体评价标准，在使用过程中就更多地依赖于评估者的主观经验判断，难以做到客观性、科学性。

任务5 （实训项目3）社区矫正对象心理评估技能训练

任务5.1 （实训项目3.1）社区矫正对象的心理健康评估技能训练

案例3-4

一、一般情况

求助者：黄某，女，32岁，已婚，大学毕业，捕前为某公司会计。因危险驾驶罪被判处有期徒刑2年，缓刑2年。

二、求助者自述

三个多月前，偶然发现丈夫有外遇，因此痛不欲生。当初被捕时，丈夫一直安慰自己，支持自己，给了自己很大的勇气。进入社区矫正之后，自己对丈夫的依赖性增强，到了一会儿不联系就担忧的地步，没想到丈夫竟然在这个时候出轨背叛自己。多年来自己一心为家，为了丈夫和孩子付出了许多，没想到丈夫居然背叛了自己，非常痛苦，气不打一处来。刚知道这件事时自己怎么也接受不了，每天就知道哭，心中非常痛苦，又没处说去，心情烦躁得要命，不想吃也不想喝，几天几夜睡不着，甚至想要离婚。但离了婚的姐姐极力劝阻，说为了孩子，也为了不让父母受太大的刺激，加上自己犯过罪，就算离婚也不容易找到真正可依靠的男人，就凑合过吧。

现在，只要丈夫接电话不主动告诉自己是谁打来的，就担心是那个女人打来的，心情非常紧张，如果丈夫晚上晚回来，就觉得是找那个女人去了。想当初自己那么相信丈夫，丈夫却欺骗自己，现在自己这么需要丈夫，丈夫却背叛自己。越想越难受，越想越愤怒，常常发火。最近脾气越来越大，朋友家人都离自己远远的。

自己一天到晚就想这事，什么也不想干，对什么也不感兴趣，白天吃不下饭，晚上睡不好觉，天天打不起精神来。最近工作上又出现了差错，受到领导的批评，担心在这个时候失去工作，心里很着急，晚上就更睡不着觉了。怕长此以往，生活和工作会越来越糟糕，所以来看心理医生，希望能摆脱现在的苦恼。

三、咨询师观察了解到的情况

求助者进入咨询室时，衣着整齐，举止得体，愁眉苦脸，烦躁不安。说话时思维条理清晰，说到伤心处，情绪激动，多次哭泣，求助愿望迫切。

求助者出生在干部家庭，生活条件优越，是家里最小的。从小家教非常严，妈妈对孩子们交朋友、出门和回家的时间都严格控制，但在吃穿用上很溺爱，养成了内向、好依赖别人的性格。交友少，爱好不多。与丈夫经同事介绍相识、结婚，两年前育有一子。进入社区矫正一年多了，求助者始终郁郁不乐，觉得自己害了人，犯了罪，别人都看不起自己。大约半年前渐渐开始出现失眠等情况，常常因为失眠而精神不振，觉得自己不如以前漂亮了。担忧丈夫嫌弃自己，愈发敏感多疑，对丈夫各种要求增加，致使夫妻之间的矛盾越来越激烈，经常为生活中的琐事争吵。三个多月前，发现丈夫有外遇，一气之下想离婚，被家人劝止。自己现在看不得别人恩爱的样子，看电视上演到恋爱、婚姻之类的剧情就会流眼泪，受不了。虽然还能完成日常活动，但自觉心累，疲劳，效率很低。不愿意出门，也找不到人倾诉，对生活丧失了兴趣。

四、心理测验结果

SAS：70 分；SDS：75 分。

依据以上案例，回答以下问题：

1. 对该求助者进行心理评估，应当按照什么程序？

2. 运用角色扮演法，使用观察法、会谈法对求助者进行评估，说明对该求助者进行摄入性会谈的注意要点。

3. 分析求助者存在的主要问题，作出评估与诊断。

4. 撰写虚拟的心理评估报告。

附：实训任务书和实训考核表

实训任务书

实训项目	1. 社区矫正对象心理评估的工作技能 2. 撰写心理评估报告的工作技能
实训课时	2 课时
实训目的	学生通过模拟实训，学会运用心理评估的方法对案例中的社区矫正对象进行心理评估，并且写出心理评估报告
实训任务	1. 根据案例中所给的资料进行心理问题评估与诊断，说明诊断依据 2. 写出心理评估报告
实训要求	1. 学生应当提前掌握心理评估与诊断的相关知识 2. 根据实训需要分为若干小组，采用小组讨论、角色扮演的方式完成实训任务 3. 教师指导、带领学生完成实训任务，并且进行点评总结，学生根据教师点评总结找出不足
实训成果形式	1. 实训总结 2. 撰写该社区矫正对象的心理评估报告
实训地点	理实一体化教室或校内实训基地
实训进程	1. 教师讲解（利用多媒体教室或校内实训基地） 2. 阅读准备好的实训案例 3. 根据实训需要将学生分为若干小组 4. 根据所学内容为案例中的社区矫正对象进行问题评估与诊断 5. 小组讨论确定该案例中的社区矫正对象存在的主要问题，得出诊断结果 6. 教师进行点评总结，每组学生根据教师点评总结找出不足之处

实训考核表

班级 _____ 姓名 _____ 学号 _____

任务描述：通过模拟实训，掌握心理评估与诊断的技能，学会心理评估报告的撰写，从而具备对社区矫正对象进行心理评估的能力

项目总分：100 分

完成时间：100 分钟（2 课时）

考核内容	评分标准	等级评定
一、实训过程与要求 1. 学生分为若干小组 2. 小组成员自行分配好所要完成的任务 3. 小组成员讨论进行摄入性会谈的要点，使用角色扮演法进行模拟演练 4. 小组进行讨论确定案例中的社区矫正对象存在的主要问题 5. 小组撰写心理评估报告 6. 指导教师进行点评总结，学生根据指导教师的点评总结找出不足	分值：50 分 1. 实训过程与小组成员合作良好（15 分） 2. 实训演练认真，表现积极（15 分） 3. 能够成功完成所有实训任务（20 分）	实训成绩评定为四等： 1. 优（100~85 分） 2. 良（84~70 分） 3. 及格（69~60 分） 4. 不及格（59~0 分） 注意事项： 1. 实训期间做与实训无关的操作，不能评定为"优" 2. 有旷课现象，不能评定为"优、良" 3. 旷课××节及以上，评定为"不及格" 4. 实训内容没有完成，评定为"不及格" 5. 两份报告雷同，评定为"不及格" 6. 具体评定标准由指导教师根据实训项目具体要求规定
二、实训表现与态度	分值：20 分 1. 无迟到（1 分） 2. 无早退（1 分） 3. 无旷课（3 分） 4. 实训预习、认真听讲（2 分） 5. 实训态度认真（4 分） 6. 实训中不大声喧哗（1 分） 7. 爱护实训场所、设备，保持环境整洁（2 分） 8. 遵守实训各项规定（1 分） 9. 实训效果好，掌握了心理评估的方法，具备心理评估的技能（5 分）	

续表

三、实训总结	分值：30 分	
1. 实训中出现的问题与解决办法（对遇到的问题、问题产生的原因进行分析判断，把解决过程写出来） 2. 实训效果（本次实训有哪些收获，掌握了哪些知识、技能，存在哪些疑问等）	1. 按规定时间上交（5 分） 2. 格式规范（5 分） 3. 字迹清楚（5 分） 4. 内容详尽（5 分） 5. 能提出合理化建议或有创新见解（5 分） 6. 无抄袭现象（5 分）	
合计	100 分	

评分人：　　　　　　　　　　　　　　　　　日期：　年　月　日

任务 5.2　（实训项目 3.2）社区矫正对象的危险性评估技能训练

案例 3-5

一、矫正对象 L 某的基本情况[1]

L 某，男，1983 年 10 月 30 日生，职业技术学校毕业。双亲家庭，独生子。案发前为社会闲散人员。

2005 年 5 月 30 日，L 某因寻衅滋事罪被依法判处有期徒刑 1 年 6 个月，缓刑 1 年 6 个月。2005 年 6 月 14 日，L 某进入所在社区接受教育矫正，到 2006 年 12 月 13 日刑期结束。

二、矫正对象 L 某的生活史

在家庭方面，L 某与其父母住在一起。L 某一家本来是农村的，1989 年在城里买了房子之后一直住在城里，很少回到农村。L 某父亲曾经在某房地产总公司做总经理，现在某公交公司开车，月收入稳定；L 某母亲以前开过五金店之后一直在家。L 某母亲身体不好，患有胆结石。L 某与其父母关系一般，缺乏沟通。L 某父亲工作较忙，与 L 某之间语言交流不多；其母亲在家

---

〔1〕 金碧华："社区矫正末期青少年对象心理矫正工作个案研究——以社区矫正对象 L 某为典型个案"，载《山西青年管理干部学院学报》2008 年第 1 期。

时间较多，但母子之间也很少说话，即使说也只是随便聊聊，基本不涉及 L 某日常的活动规律，母亲对 L 某的生活规律不大关心。L 某辞去工作后一直在社会上闲荡，时间跨度将近 3 年，混迹社会期间表现出吸烟、谈恋爱、赌博、打架斗殴等行为，但是其父母除了生气并没有对其进行有效的管制，基本上任其所为。

在学习方面，L 某初中毕业后进入某职业技术学校就学，专业为模具加工。在校期间表现一般，但因为学习接受能力较强，担任多门课程的课代表，并担任班级体育委员。L 某在学校期间经常打架，曾被学校处以警告、留校察看处分。

在就业方面，L 某曾经到某公司实习半年，但因为面试没有通过而未被留用。其后 L 某去另一公司求职，但因为试用期工资太低，L 某只干了一个多月就不干了。之后一直在社会上闲荡。

宣布社区矫正后，L 某有一段时间帮其姐夫开车。2006 年 8 月应其表哥要求，L 某到其公司上班，帮助管理公司日常业务。

在恋爱方面，L 某目前有一个女朋友（在专卖店上班），但感情一般。

三、矫正对象 L 某的犯罪史

2005 年 5 月，L 某因为伙同他人寻衅滋事将被害人 C 某砍伤，被公安机关依法逮捕。事后被人民法院依法判处有期徒刑 1 年 6 个月，缓刑 1 年 6 个月。之前无犯罪记录。

L 某在社会上闲荡后，开始变得迷茫、颓废。后来 L 某开始喜欢上唱歌、跳舞、蹦迪等，开始频繁出入酒吧、网吧、歌厅、舞厅、迪吧等，在这样一些场所里 L 某结交了数量众多的社会闲散青少年。与这些青少年"跟了大哥"后，他开始有意识地为自己赚点外快，在"带头大哥"的引导下，L 某开始"跟大哥"帮助其看场子（卡拉 OK 厅、赌场等），同时也参与了数起打架斗殴事件。

四、矫正对象 L 某的矫正史

2005 年 5 月，L 某因涉嫌寻衅滋事罪被公安机关短期内关押在看守所。在看守所接受过基本的法律常识教育。2005 年 6 月，L 某被释放出来回到所在社区接受社区矫正教育。到目前为止，L 某已经接受了近一年半的社区矫正教育和感化。根据社区矫正社工老师反映，L某在社区矫正中表现一般。对判决的态度、对社区矫正的管理、教育、公益劳动、集中教育等无强烈抵触，基本能够遵守相关的社区矫正规定（L某曾经未经报告离开上海到外地旅游，事后受到社工老师的严厉批评）。

不过，经过一年多的教育矫正，L某的进步还是很大的，法制和在刑意识略有提高，社会交往逐渐走上正轨，人生观、价值观开始清晰，对待劳动有了一定的认识。

请根据以上资料，完成以下实训任务：

1. 根据案例中所给的资料，确定危险性评估的类型、内容和评估方法。
2. 进行资料的整理、分析。
3. 进行危险性评估，划分危险等级。
4. 写出虚拟的危险性评估报告。

附：实训任务书和实训考核表

实训任务书

实训项目	1. 社区矫正对象危险性评估的工作技能 2. 撰写危险性评估报告的工作技能
实训课时	2 课时
实训目的	学生通过模拟实训，学会运用危险性评估的方法对案例中的社区矫正对象进行危险性评估并划分危险等级，并且写出危险性评估报告，从而具备危险性评估的职业能力
实训任务	1. 根据案例中所给的资料，确定危险性评估的类型、内容和评估方法 2. 进行资料的整理、分析 3. 进行危险性评估，划分危险等级 4. 写出危险性评估报告
实训要求	1. 学生应当提前掌握危险性评估的相关知识 2. 根据实训需要分为若干小组，采用小组讨论、角色扮演的方式完成实训任务 3. 教师指导、带领学生完成实训任务，并且进行点评总结，学生根据教师点评总结找出不足

续表

实训成果形式	1. 实训总结 2. 撰写该社区矫正对象的危险性评估报告
实训地点	理实一体化教室或校内实训基地
实训进程	1. 教师讲解（利用多媒体教室或校内实训基地） 2. 阅读准备好的实训案例 3. 根据实训需要将学生分为若干小组 4. 小组讨论确定危险性评估的种类、内容和使用的评估方法 5. 根据所学内容为案例中的社区矫正对象进行危险性评估 6. 教师进行点评总结，每组学生根据教师点评总结不足之处

实训考核表

班级_____ 姓名_____ 学号_____

任务描述：通过模拟实训，掌握危险性评估的种类、内容和使用的评估方法，学会危险性评估报告的撰写，从而具备对社区矫正对象进行危险性评估的能力。

项目总分：100 分

完成时间：100 分钟（2 课时）

考核内容	评分标准	等级评定
一、实训过程与要求 1. 学生分为若干小组 2. 小组成员自行分配好所要完成的任务 3. 小组成员讨论进行摄入性会谈的要点，使用角色扮演法进行模拟演练 4. 小组进行讨论确定案例中的社区矫正对象危险性评估的种类、内容和使用的评估方法 5. 小组撰写危险性评估报告 6. 指导教师进行点评总结，每组学生根据指导教师的点评总结找出不足	分值：50 分 1. 实训过程与小组成员合作良好（15 分） 2. 实训演练认真，表现积极（15 分） 3. 能够成功完成所有实训任务（20 分）	实训成绩评定为四等： 1. 优（100～85 分） 2. 良（84～70 分） 3. 及格（69～60 分） 4. 不及格（59～0 分） 注意事项： 1. 实训期间做与实训无关的操作，不能评定为"优" 2. 有旷课现象，不能评定为"优、良" 3. 旷课××节及以上，评定为"不及格" 4. 实训内容没有完成，评定为"不及格" 5. 两份报告雷同，评定为"不及格" 6. 具体评定标准由指导教师根据实训项目具体要求规定

续表

二、实训表现与态度	分值：20分 1. 无迟到（1分） 2. 无早退（1分） 3. 无旷课（3分） 4. 实训预习、认真听讲（2分） 5. 实训态度认真（4分） 6. 实训中不大声喧哗（1分） 7. 爱护实训场所、设备，保持环境整洁（2分） 8. 遵守实训各项规定（1分） 9. 实训效果好，掌握了危险评估的方法，具备社区矫正对象危险评估的技能（5分）	
三、实训总结 1. 实训中出现的问题与解决办法（对遇到的问题、问题产生的原因进行分析判断，把解决过程写出来） 2. 实训效果（本次实训有哪些收获，掌握了哪些知识、技能，存在哪些疑问等）	分值：30分 1. 按规定时间上交（5分） 2. 格式规范（5分） 3. 字迹清楚（5分） 4. 内容详尽（5分） 5. 能提出合理化建议或有创新见解（5分） 6. 无抄袭现象（5分）	
合计	100分	

评分人：　　　　　　　　　　　　　　　　　日期：　　年　月　日

【课堂活动3－1】

社区矫正对象李某，男，40岁，汉族，离异，大学文化程度，无重大躯体疾病史。父母康健，调查父母无人格障碍和其他神经症障碍，家族无精神疾病史。捕前为某房地产公司经理，在工作期间因挪用公款被捕，被法院判处有期徒刑3年，缓刑3年。

李某自诉从小一切都很顺利，上学期间成绩优秀深受老师、家长、同学好评。大学毕业后顺利就业，与自己恋爱5年的女友结婚，生活幸福美满。工作方面更加顺利，先后担任房地产公司技术员、技术主管、公司项目、经理一直到公司总经理。随着自己职位的提高，感到与妻子的价值观念不同、经济和社会地位的不同，慢慢地看不起妻子，就与妻子提出了离婚，孩子归妻子抚养。自己一直未婚，陆续换了三个女朋友。进入矫正后，想起以前的所作所为，感觉很对不起妻儿。自己有权有势的时候看不起妻子，嫌妻子丢人，现在自己女朋友没有了，工作也没有了，还成了犯过罪的人，被人看不起，根本比不上妻子。上个月妻子带孩子来看望了自己，对自己多番安慰鼓励。自己深受感动，心里想要是能够跟妻子复合、跟孩子团聚就好了，结果联系了妻子几次，妻子都找借口推脱了。这个月以来自己时时忧心，一是想着自己和妻子之间现在地位反转，怕妻子瞧不上自己；二是怕妻子已经有了下家自己没有机会了。每每想到这些，心里都很难受，还出现了失眠，食欲降低，注意力不集中，情绪低落，工作效率低等现象。如今自己时常控制不住地发脾气，生活劲头也没了，因为不想影响自己的矫正表现，故前来咨询。

根据以上案例，请分析该社区矫正对象存在的主要问题，作出评估与诊断。

1. 说明诊断结果与评估流程。

2. 说明在对该社区矫正对象进行摄入性会谈时，应当注意收集哪些材料？

3. 说明在对该社区矫正对象进行心理测验时，可以选择哪些心理量表进行测试？

【课堂活动 3-2】

对某社区矫正对象（女性，31岁）进行SCL-90测试，得到的测验结果如下：

总分：161；阳性项目数：42；阳性症状均分：2.69。

因子分：①躯体化2.50；②强迫1.30；③人际关系1.21；④抑郁3.35；⑤焦虑1.30；⑥敌对1.00；⑦恐怖1.14；⑧偏执1.33；⑨精神病性1.20；⑩其他2.43。

请对结果进行分析，说明该社区矫正对象的心理健康状况具有哪些特点？

【课堂活动 3 – 3】

对某社区矫正对象（男性，50 岁）进行 EPQ 测试，得到的测验结果如下：

维度	原始分数	量表分数（T 分）
P	2	40
E	18	70
N	3	30
L	8	40

请对结果进行分析，说明该测验结果显示出该社区矫正对象的哪些人格特征？

【思考题】

1. 对社区矫正对象进行心理评估需要注意哪些问题？

2. 运用心理测验进行评估时，需要注意哪些问题？

3. 对社区矫正对象进行危险性评估的意义是什么？

4. 在社区矫正对象的危险性评估中，对评估内容或指标的确定需要注意哪些问题？

拓展 学习 3-1

对心理异常判断标准的认识

不同的学者提出了不同的界定心理异常的标准，我国心理学家张伯源、陈仲庚在 1986 年提出下列四类判断标准值得社区矫正工作人员及心理学工作者参考：①以个体的经验为标准：涉及出现问题的人自己的主观感觉、不良体验和心理学专业评估者对异常现象的主观判断。正常情况下，人们是有自知之明的，清楚自己存在的不足。但心理异常者虽然失去正常生活能力，但却坚决否认自己不正常，这种主观经验就表明存在心理异常问题。②社会常模和社会适应的标准：一方面，判断心理是否异常时，可以评估被评估者的思维、行为是否符合社会规范、道德准则、价值观念等，如符合，即为正常，否则视为不正常。另一方面，通过被评估者的行为、态度、思维等，在社会、集体、人际关系中是否正常，也可明确是否存在心理异常问题。③病因与症状存在与否的标准：这是医学模式常用的标准，主要根据致病因素（如物理、生化、心理生理测查的结果）和症状的存在与否进行判断。④统计学标准：正常人的心理特征的人数分配多为常态分布，位居中间部分的大多数人为正常，居两端者为异常，即以个体的心理特征是否偏离平均值为依据。怀疑心理异常时，可应用记忆测验、智力测验、人格测验、心理健康测验等各种心理测验，判断监测者记忆力是否有障碍、智力水平是否正常、人格与情绪的变化是否正常等，通常可做出明确的判断。但是要注意的是，有时某种心理特征的一端并非不正常，例如智力。

需要指出的是，这四类不同的界定标准都不尽完美，各有存在的问题，需要结合使用。在实践中，我们可以采用以上标准对可能存在心理异常的社区矫正对象进行初步判断。此外还需对其进行进一步的专业评估，以帮助确有异常者及时得到精神病学的治疗。

拓展 学习3-2

SCL－90 症状自评量表

姓名	性别	年龄	编号
诊断	评定日期	第	次评定

注意：以下表格中列出了有些人可能会有的问题，请仔细阅读每一条，然后根据最近一星期以内下述情况影响您的实际感觉，在 5 个方格中选择一格，划一个钩"√"

没有	很轻	中等	偏重	严重
1	2	3	4	5

1. 头　痛　□　□　□　□　□

2. 神经过敏，心中不踏实　□　□　□　□　□

3. 头脑中有不必要的想法或字句盘旋　□　□　□　□　□

4. 头昏或昏倒　□　□　□　□　□

5. 对异性的兴趣减退　□　□　□　□　□

6. 对旁人责备求全　□　□　□　□　□

7. 感到别人能控制你的思想　□　□　□　□　□

8. 责怪别人制造麻烦　□　□　□　□　□

9. 忘性大　□　□　□　□　□

10. 担心自己的衣饰整齐及仪态的端正　□　□　□　□　□

11. 容易烦恼和激动　□　□　□　□　□

12. 胸　　痛　□　□　□　□　□

13. 害怕空旷的场所或街道　□　□　□　□　□

14. 感到自己的精力下降，活动减慢　□　□　□　□　□

15. 想结束自己的生命　□　□　□　□　□

16. 听到旁人听不到的声音　□　□　□　□　□

17. 发　　抖　□　□　□　□　□

18. 感到大多数人都不可信任　□　□　□　□　□

19. 胃口不好　□　□　□　□　□

20. 容易哭泣　□　□　□　□　□

21. 同异性相处时感到害羞不自在　□　□　□　□　□

22. 感到受骗、中了圈套或有人想抓住你　□　□　□　□　□

23. 无缘无故地突然感到害怕　□　□　□　□　□

24. 自己不能控制地大发脾气　□　□　□　□　□

25. 怕单独出门　□　□　□　□　□

26. 经常责怪自己　□　□　□　□　□

27. 腰　　痛　□　□　□　□　□

28. 感到难以完成任务　□　□　□　□　□

29. 感到孤独　□　□　□　□　□

30. 感到苦闷　□　□　□　□　□

31. 过分担忧 □ □ □ □ □

32. 对事物不感兴趣 □ □ □ □ □

33. 感到害怕 □ □ □ □ □

34. 你的感情容易受到伤害 □ □ □ □ □

35. 旁人能知道你的私下想法 □ □ □ □ □

36. 感到别人不理解你、不同情你 □ □ □ □ □

37. 感到人们对你不友好，不喜欢你 □ □ □ □ □

38. 做事必须做得很慢以保证做得正确 □ □ □ □ □

39. 心跳得很厉害 □ □ □ □ □

40. 恶心或胃部不舒服 □ □ □ □ □

41. 感到比不上他人 □ □ □ □ □

42. 肌肉酸痛 □ □ □ □ □

43. 感到有人在监视你、谈论你 □ □ □ □ □

44. 难以入睡 □ □ □ □ □

45. 做事必须反复检查 □ □ □ □ □

46. 难以作出决定 □ □ □ □ □

47. 怕乘电车、公共汽车、地铁或火车 □ □ □ □ □

48. 呼吸有困难 □ □ □ □ □

49. 一阵阵发冷或发热 □ □ □ □ □

50. 因为感到害怕而避开某些东西、场合或活动 □ □ □ □ □

51. 脑子变空了 □ □ □ □ □

52. 身体发麻或刺痛 □ □ □ □ □

53. 喉咙有梗塞感 □ □ □ □ □

54. 感到前途没有希望 □ □ □ □ □

55. 不能集中注意 □ □ □ □ □

56. 感到身体的某一部分软弱无力 □ □ □ □ □

57. 感到紧张或容易紧张 □ □ □ □ □

58. 感到手或脚发重 □ □ □ □ □

59. 想到死亡的事 □ □ □ □ □

60. 吃得太多 □ □ □ □ □

61. 当别人看着你或谈论你时感到不自在 □ □ □ □ □

62. 有一些不属于你自己的想法 □ □ □ □ □

63. 有想打人或伤害他人的冲动 □ □ □ □ □

64. 醒得太早 □ □ □ □ □

65. 必须反复洗手、点数目或触摸某些东西 □ □ □ □ □

66. 睡得不稳不深 □ □ □ □ □

67. 有想摔坏或破坏东西的冲动 □ □ □ □ □

68. 有一些别人没有的想法和念头 □ □ □ □ □

69. 感到对别人神经过敏 □ □ □ □ □

70. 在商店或电影院等人多的地方感到不自在 □ □ □ □ □

71. 感到任何事情都很困难 □ □ □ □ □

72. 一阵阵恐惧或惊恐 □ □ □ □ □

73. 感到在公共场合吃东西很不舒服 □ □ □ □ □

74. 经常与人争论 □ □ □ □ □

75. 单独一个人时神经很紧张 □ □ □ □ □

76. 别人对你的成绩没有作出恰当的评价 □ □ □ □ □

77. 即使和别人在一起也感到孤单 □ □ □ □ □

78. 感到坐立不安心神不定 □ □ □ □ □

79. 感到自己没有什么价值 □ □ □ □ □

80. 感到熟悉的东西变得陌生或不像是真的 □ □ □ □ □

81. 大叫或摔东西 □ □ □ □ □

82. 害怕会在公共场合昏倒 □ □ □ □ □

83. 感到别人想占你的便宜 □ □ □ □ □

84. 为一些有关"性"的想法而很苦恼 □ □ □ □ □

85. 你认为应该因为自己的过错而受到惩罚 □ □ □ □ □

86. 感到要赶快把事情做完 □ □ □ □ □

87. 感到自己的身体有严重问题 □ □ □ □ □

88. 从未感到和其他人很亲近 □ □ □ □ □

89. 感到自己有罪 □ □ □ □ □

90. 感到自己的脑子有毛病 □ □ □ □ □

总分 =　　　　　　　　　总均分 =

阳性项目数 =　　　　　　阴性项目数 =　　　　　　阳性症状均分 =

因子分：因子1：　　　因子2：　　　因子3：　　　因子4：　　　因子5：

　　　　因子6：　　　因子7：　　　因子8：　　　因子9：

拓展 学习3-3

艾森克人格问卷（成人版）

指导语：请你次回答这些问题，问答不要写字，只将答卷上的"是"或"不是"打钩确定。这些问题要求你按自己的实际情况回答，不要去猜测什么才是正确的回答，因为这里不存在正确或错误的回答，也没有捉弄人的问题。将问题的意思看懂了就快点回答，不要花很多时间去想。每一条都要回答。问卷无时间限制，但不要拖延太长，也不要未看懂问题便回答。

艾森克人格问卷（成人版）

1. 你是否有许多不同的业余爱好？ ⋯⋯⋯⋯⋯⋯⋯⋯ 是□　不是□

2. 你是否在做任何事情以前都要停下来仔细思考？ ⋯⋯⋯ 是□　不是□

3. 你的心境是否常有起伏？ ⋯⋯⋯⋯⋯⋯⋯⋯⋯⋯⋯ 是□　不是□

4. 你曾有过明知是别人的功劳而你去接受奖励的事吗？ ⋯⋯ 是□　不是□

5. 你是否健谈？ ⋯⋯⋯⋯⋯⋯⋯⋯⋯⋯⋯⋯⋯⋯⋯ 是□　不是□

6. 欠债会使你不安吗？ ⋯⋯⋯⋯⋯⋯⋯⋯⋯⋯⋯⋯ 是□　不是□

7. 你曾无缘无故觉得"真是难受"吗？ ⋯⋯⋯⋯⋯⋯⋯ 是□　不是□

8. 你曾贪图过份外之物吗？ ⋯⋯⋯⋯⋯⋯⋯⋯⋯⋯ 是□　不是□

9. 你是否在晚上小心翼翼地关好门窗？ ⋯⋯⋯⋯⋯⋯ 是□　不是□

10. 你是否比较活跃？ ……………………………………… 是□　不是□

11. 你在见到一小孩或一动物受折磨时是否会
    感到非常难过？ ……………………………………… 是□　不是□

12. 你是否常常为自己不该做而做了的事，不该说
    而说了的话而紧张吗？ ……………………………… 是□　不是□

13. 你喜欢跳降落伞吗？ ………………………………… 是□　不是□

14. 通常你能在热闹联欢会中尽情地玩吗？ ………… 是□　不是□

15. 你容易激动吗？ ……………………………………… 是□　不是□

16. 你曾经将自己的过错推给别人吗？ ……………… 是□　不是□

17. 你喜欢会见陌生人吗？ ……………………………… 是□　不是□

18. 你是否相信保险制度是一种好办法？ …………… 是□　不是□

19. 你是一个容易伤感情的人吗？ …………………… 是□　不是□

20. 你所有的习惯都是好的吗？ ……………………… 是□　不是□

21. 在社交场合你是否总不愿露头角？ ……………… 是□　不是□

22. 你会服用奇异或危险作用的药物吗？ …………… 是□　不是□

23. 你常有"厌倦"之感吗？ …………………………… 是□　不是□

24. 你曾拿过别人的东西吗（哪怕一针一线)？ …… 是□　不是□

25. 你是否常爱外出？ …………………………………… 是□　不是□

26. 你是否从伤害你所宠爱的人而感到乐趣？ …… 是□　不是□

27. 你常为有罪恶之感所苦恼吗？ …………………… 是□　不是□

28. 你在谈论中是否有时不懂装懂？ ………………… 是□　不是□

29. 你是否宁愿去看书而不愿去多见人？ …………… 是□　不是□

30. 你有要伤害你的仇人吗？ ………………………… 是□　不是□

31. 你觉得自己是一个神经过敏的人吗？ …………… 是□　不是□

32. 对人有所失礼时你是否经常要表示歉意？ …… 是□　不是□

33. 你有许多朋友吗？ …………………………………… 是□　不是□

34. 你是否喜爱讲些有时确能伤害人的笑话？ …… 是□　不是□

35. 你是一个多忧多虑的人吗？ ……………………… 是□　不是□

36. 你在童年是否按照吩咐要做什么便做什么, 毫无怨言? … 是☐ 不是☐

37. 你认为你是一个乐天派吗? …………………………… 是☐ 不是☐

38. 你很讲究礼貌和整洁吗? ………………………………… 是☐ 不是☐

39. 你是否总在担心会发生可怕的事情? ………………… 是☐ 不是☐

40. 你曾损坏或遗失过别人的东西吗? …………………… 是☐ 不是☐

41. 交新朋友时一般是你采取主动吗? …………………… 是☐ 不是☐

42. 当别人向你诉苦时, 你是否容易理解他们的苦哀? 是☐ 不是☐

43. 你认为自己很紧张, 如同"拉紧的弦"一样吗? 是☐ 不是☐

44. 在没有废纸篓时, 你是否将废纸扔在地板上? ……… 是☐ 不是☐

45. 当你与别人在一起时, 你是否言语很少? …………… 是☐ 不是☐

46. 你是否认为结婚制度是过时了, 应该废止? 是☐ 不是☐

47. 你是否有时感到自己可怜? …………………………… 是☐ 不是☐

48. 你是否有时有点自夸? ………………………………… 是☐ 不是☐

49. 你是否很容易将一个沉寂的集会搞得活跃起来? … 是☐ 不是☐

50. 你是否讨厌那种小心翼翼地开车的人? ……………… 是☐ 不是☐

51. 你为你的健康担忧吗? ………………………………… 是☐ 不是☐

52. 你曾讲过什么人的坏话吗? …………………………… 是☐ 不是☐

53. 你是否喜欢对朋友讲笑话和有趣的故事? 是☐ 不是☐

54. 你小时候曾对父母粗暴无礼吗? ……………………… 是☐ 不是☐

55. 你是否喜欢与人混在一起? …………………………… 是☐ 不是☐

56. 你如知道自己工作有错误, 这会使你感到难过吗? 是☐ 不是☐

57. 你患失眠吗? …………………………………………… 是☐ 不是☐

58. 你吃饭前必定洗手吗? ………………………………… 是☐ 不是☐

59. 你常无缘无故感到无精打采和倦怠吗? ……………… 是☐ 不是☐

60. 和别人玩游戏时, 你有过欺骗行为吗? ……………… 是☐ 不是☐

61. 你是否喜欢从事一些动作迅速的工作? ……………… 是☐ 不是☐

62. 你的母亲是一位善良的妇人吗? ……………………… 是☐ 不是☐

63. 你是否常常觉得人生非常无味? ……………………… 是☐ 不是☐

64. 你曾利用过某人为自己取得好处吗？ …………………… 是□　不是□

65. 你是否常常参加许多活动，超过你的时间所允许？ …… 是□　不是□

66. 是否有几个人总在躲避你？ …………………………… 是□　不是□

67. 你是否为你的容貌而非常烦恼？ …………………… 是□　不是□

68. 你是否觉得人们为了未来有保障而办理储蓄和保险
所花的时间太多？ ……………………………………… 是□　不是□

69. 你曾有过不如死了为好的愿望吗？ ………………… 是□　不是□

70. 如果有把握永远不会被别人发现，你会逃税吗？ …… 是□　不是□

71. 你能使一个集会顺利进行吗？ ……………………… 是□　不是□

72. 你能克制自己不对人无礼吗？ ……………………… 是□　不是□

73. 遇到一次难堪的经历后，你是否在一段很长的时间内
还感到难受？ …………………………………………… 是□　不是□

74. 你患有"神经过敏"吗？ …………………………… 是□　不是□

75. 你曾经故意说些什么来伤害别人的感情吗？ ……… 是□　不是□

76. 你与别人的友谊是否容易破裂，虽然不是你的过错？ … 是□　不是□

77. 你常感到孤单吗？ …………………………………… 是□　不是□

78. 当人家寻你的差错，找你工作中的缺点时，你是否容易
在精神上受挫伤？ ……………………………………… 是□　不是□

79. 你赴约会或上班曾迟到过吗？ ……………………… 是□　不是□

80. 你喜欢忙忙碌碌地过日子吗？ ……………………… 是□　不是□

81. 你愿意别人怕你吗？ ………………………………… 是□　不是□

82. 你是否觉得有时浑身是劲，而有时又是懒洋洋的吗？ …… 是□　不是□

83. 你有时把今天应做的事拖到明天去做吗？ ………… 是□　不是□

84. 别人认为你是生气勃勃吗？ ………………………… 是□　不是□

85. 别人是否对你说了许多谎话？ ……………………… 是□　不是□

86. 你是否容易对某些事物容易冒火？ ………………… 是□　不是□

87. 当你犯了错误时，你是否常常愿意承认它？ ……… 是□　不是□

88. 你会为一动物落入圈套被捉拿而感到很难过吗？ …… 是□　不是□

拓展 学习3-4

危险程度可能性评估量表

本量表采用逐步推进提问式方法进行材料采集，在基本材料的采集过程中，不能够跳跃提问。本量表对原始数据的精确性要求较高，原始数据将直接影响到预测结果的精确度。在具体操作过程中应注意以下问题：

1. 在"犯罪类别"一栏中如果该预测对象为数罪并罚，则选择其所犯主要罪名，一般是选择判刑较重的那个罪名，但是涉毒、涉淫犯罪除外。若所列罪名中不包括预测对象所犯罪名，则选择其他罪名。

2. 对于"初次犯罪年龄""自杀史""家族精神病史""成瘾类别"等栏尤其要注意核实预测对象的实际情况。

3. "家庭经济状况"一栏是依据其居住地的生活水平进行的划分，而不是按照国家或者省、市级标准进行划分。

本量表由16个题目组成，拟判处非监禁刑、拟保外就医罪犯征求意见评估时以及矫正对象入矫时，适用此表。本量表由工作人员测评。每道题设①～⑨不等，①为1分，②为2分，依此类推。累计23分以下为低风险，24～35分为中风险，36分以上为高风险。

危险程度可能性评估量表

1. 矫正类别
①剥夺政治权利□　②管制□　③假释□　④缓刑□　⑤保外就医□

2. 年龄
①55周岁以上□　②45周岁～55周岁□　③35周岁～45周岁□
④35周岁以下□

3. 性别
①女□　②男□

4. 婚姻状况
①已婚□　②丧偶□　③离婚□　④未婚□

---

5. 捕前职业

①公务员、事业单位人员、离退休人员□

②私营业主、个体户□

③学生、工人、农民□

④无业人员□

6. 文化程度

①大专以上□　②高中、中专□　③初中□　④小学及以下□

7. 初次犯罪年龄

①45 周岁以上□　②36 周岁~44 周岁□　③18 周岁~35 周岁□

④18 周岁以下□

8. 刑期

①3 年以下□　②3 年~5 年□　③5 年~10 年□　④10 年以上□

9. 前科次数（劳教处分计算在内，本次判决不计）

①无□　②一次□　③二次□　④三次以上□

10. 犯罪类型

①过失罪、贿赂犯罪、金污犯罪、军职犯罪□

②破坏社会主义市场经济秩序罪、盗窃罪、诈骗罪、涉淫犯罪、制假售假犯罪□

③危害国家安全犯罪、危害公共安全犯罪、故意杀人罪、故意伤害罪、抢劫罪、强奸罪、涉黑犯罪、涉毒犯罪、涉邪犯罪□

④其他犯罪□

11. 剥夺政治权利

①否□　②是□

12. 家庭经济状况

①比较富裕□　②一般□　③低于社会保障□

13. 家庭关系

①和谐□　②一般□　③无往来□

14. 自杀史

①无□　②有□

15. 精神病家族史

①无□　②有□

16. 成瘾类别

①无□　②网瘾□　③药瘾□　④酒瘾□　⑤赌瘾□　⑥毒瘾□

拓展 学习3-5

社区矫正对象自陈量表

本量表由50个题目组成。每道题设有3选项，即A、B、C。答题不能遗漏，每道题目只能选择一个答案。

1. 我认为法院对自己的判决是：

A. 冤枉　　　　　B. 部分有出入　　　　　C. 比较恰当

2. 自己的犯罪对社会、被害人造成了一定的危害和伤害，我认为：

A. 有愧疚感　　　B. 无所谓　　　　　　　C. 说不清

3. 造成我犯罪的原因是：

A. 主观的　　　　B. 主、客观都有　　　　C. 客观的

4. 若我知晓其他人犯罪，我的做法是：

A. 无所谓　　　　B. 向有关部门举报　　　C. 要我谈时再说

5. 在监狱、看守所期间，我与管理人员处理得：

A. 马马虎虎　　　B. 见到他们就烦　　　　C. 想接触但没机会

6. 我对有关法律法规：

A. 判刑前学过一点　B. 现在明白得更多了　C. 学不学无所谓

7. 当别人侵犯或欺负我时，我一定以牙还牙：

A. 是的　　　　　B. 有时是这样的　　　　C. 不是的

8. 现在看来，犯罪对我来说：

A. 运气不好　　　B. 太不划算了　　　　　C. 没考虑

9. 只要能参加劳动，我会觉得自己是个有用的人：

A. 是的　　　　　　　B. 没考虑　　　　　　C. 不是的

10. 根据我的情况，我希望从事的工作是：

A. 蓝领　　　　　　　B. 白领　　　　　　　C. 金领

11. 在劳动中，我会合理化建议：

A. 是的　　　　　　　B. 没想过这个问题　　C. 不是的

12. 当看到别人上当受骗时，我觉得：

A. 很可怜　　　　　　B. 贪图小利，活该　　C. 提醒当事人报警

13. 干一桩事不管结果如何，我觉得有责任尽力干到底：

A. 是的　　　　　　　B. 介于A、C之间　　　C. 不是的

14. 当我寂寞时，我会干一些刺激性的事情：

A. 是的　　　　　　　B. 一般不会　　　　　C. 不会

15. 当我感到厌烦时，喜欢找一些事端发泄一番：

A. 是的　　　　　　　B. 介于A、C之间　　　C. 不喜欢

16. 有人闹纠纷时，我会站在熟悉人的这边：

A. 是的　　　　　　　B. 不予理会　　　　　C. 看谁有理

17. 我感到我处处不比别人差：

A. 是的　　　　　　　B. 介于A、C之间　　　C. 不是的

18. "顺我者昌，逆我者亡"应该成为人生信条：

A. 是的　　　　　　　B. 介于A、C之间　　　C. 不是的

19. 在公开场合，我爱与别人交谈：

A. 是的　　　　　　　B. 一般　　　　　　　C. 不是的

20. 我喜欢参加热闹的聚会：

A. 是的　　　　　　　B. 不太喜欢　　　　　C. 不喜欢

21. 我总能保持一个好的心情：

A. 是的　　　　　　　B. 介于A、C之间　　　C. 不是的

22. 我乐于关心别人，因而我的聚合力很强：

A. 是的　　　　　　　B. 介于A、C之间　　　C. 不是的

23. 我时常睡不着觉：

A. 是的   B. 只是有时   C. 睡眠很好

24. 有时，我对某些问题很看不惯：

A. 是的   B. 无所谓   C. 不是的

25. 我要做的事，不管别人怎么说，我会坚持去做：

A. 是的   B. 不全是   C. 不是的

26. 一个人在同样的地方跌倒两次，你认为可以原谅吗？

A. 可以   B. 不能   C. 无所谓

27. 我喜欢把自己的东西摆放得井井有条：

A. 是的   B. 不全是   C. 不是的

28. 我认为武打、枪战片比其他故事片更刺激：

A. 是的   B. 各有千秋   C. 不是的

29. 有人向我乞讨，我会给他们一些钱：

A. 是的   B. 有时给   C. 不是的

30. "有钱能使鬼推磨"：

A. 是的   B. 不全是   C. 不是的

31. 马无夜草不肥，人无外财不富：

A. 是的   B. 不全是   C. 不是的

32. 不怕做不到，就怕想不到：

A. 是的   B. 不全是   C. 不是的

33. 社区矫正是我了解到的一种比较人性化的改造方式：

A. 是的   B. 不知道   C. 不是的

34. 回到社会，我很担心社区群众对我冷眼相看：

A. 是的   B. 有时担心   C. 不担心

35. 在社区服刑，我能与家人、亲友和睦相处：

A. 是的   B. 介于 A、B 之间   C. 不是的

36. 小时候我受父母打骂较多，有些情况是我不能原谅的：

A. 是的   B. 介于 A、C 之间   C. 不是的

37. 我希望找到一份力所能及的工作，有一个稳定的生活来源：
A. 是的　　　　　　　B. 无所谓　　　　　C. 不是的

38. "孟母三迁"说明了环境对人生活的影响很大：
A. 是的　　　　　　　B. 介于 A、C 之间　　C. 没影响

39. 休闲时间，我经常和朋友一块去卡拉 OK 厅、网吧等娱乐场所：
A. 是的　　　　　　　B. 偶尔去一下　　　　C. 没有

40. 我认为社会对每个人是公平的：
A. 是的　　　　　　　B. 看谁的命好　　　　C. 不是的

41. "逢人只说三分话，不可全抛一片心"是真理：
A. 是的　　　　　　　B. 看情况　　　　　　C. 不是的

42. 我对生活有信心，相信自己能够生活得更美好：
A. 是的　　　　　　　B. 无所谓　　　　　　C. 不是的

43. 心情不好时，我会喝点酒，有时喝醉：
A. 是的　　　　　　　B. 介于 A、C 之间　　C. 不是的

44. 诚实守法的人往往容易吃亏上当：
A. 是的　　　　　　　B. 不全是　　　　　　C. 不是的

45. 不说谎话办不成大事：
A. 是的　　　　　　　B. 不全是　　　　　　C. 不是的

46. 我认为青少年时代，学校、家庭不良管教，对我犯罪是有责任的：
A. 是的　　　　　　　B. 介于 A、C 之间　　C. 不是的

47. 撑死胆大的，饿死胆小的：
A. 是的　　　　　　　B. 不全是　　　　　　C. 不是的

48. 在事业有成的熟人面前，我总感到局促不安：
A. 是的　　　　　　　B. 多少有一点　　　　C. 不是的

49. 做了坏事的人，总会得到报应的：
A. 是的　　　　　　　B. 不一定　　　　　　C. 不是的

50. 为了过上好的生活，我会拼命地赚钱：
A. 是的　　　　　　　B. 够用就可以　　　　C. 看有没有机会

社区矫正对象自陈量表评分标准

	A	B	C		A	B	C
1.	3	2	1	26.	3	1	2
2.	1	3	2	27.	1	2	3
3.	1	2	3	28.	2	1	3
4.	3	1	2	29.	1	2	3
5.	1	3	2	30.	3	2	1
6.	3	2	1	31.	3	2	1
7.	3	2	1	32.	3	2	1
8.	3	1	2	33.	1	2	3
9.	1	2	3	34.	3	2	1
10.	1	2	3	35.	1	2	3
11.	1	2	3	36.	3	2	1
12.	2	3	1	37.	1	2	3
13.	1	2	3	38.	1	2	3
14.	3	2	1	39.	3	2	1
15.	3	1	2	40.	1	2	3
16.	3	2	1	41.	3	2	1
17.	3	1	2	42.	1	2	3
18.	3	2	1	43.	3	2	1
19.	1	2	3	44.	3	2	1
20.	1	2	3	45.	3	2	1
21.	1	2	3	46.	3	2	1
22.	1	2	3	47.	3	2	1
23.	3	2	1	48.	2	1	3
24.	1	3	2	49.	1	2	3
25.	3	1	2	50.	3	1	2

社区矫正对象心理档案的建立

知识目标：掌握心理档案的组成内容和建立步骤等知识。

能力目标：具备建立心理档案的能力。

思政目标：具备爱岗敬业、认真负责的职业道德和勇于奉献的职业精神。

知识树

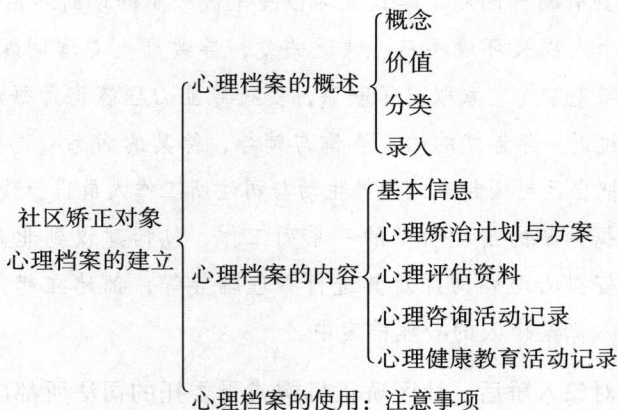

案例 4 - 1

社区矫正对象徐某，男，1996 年生人。2017 年因犯放火罪被北京市西城区人民法院判处有期徒刑 3 年，缓刑 4 年。[1]

徐某成长在一个特殊的家庭环境，其父母在他成长过程中始终处于缺失状态，在他不到 1 岁时，就把他独自交由爷爷奶奶抚养。由于徐某爷爷年岁已高，出于自身原因安全感缺乏，平时基本不让其外出与他人交往，爷孙之间年龄相差 60 多岁，在情感交流和成长教育方面存在着很深的代沟和隔阂。

徐某基本不懂如何与他人正常交流和交往，其就读于北京市某职业院校，没有等到毕业便辍学在家，进入社会后多次应聘工作都没有成功。这些经历使正处于青春期的徐某开始仇视社会，产生了强烈的报复心理。2016 年 9 月再次求职失败后，其用路上捡拾的打火机将北京市西城区某高档写字楼的厕所厕纸点燃，造成直接经济损失 2950 元。

在司法所工作人员第一次找其开展接收谈话时，徐某神情木讷，存在着非常强的抵触戒备心理，对工作人员的询问爱搭不理或仅有一两个字的简单回复。尤其是徐某在一次例行到司法所进行当面报到时，男扮女装，脑门上贴着"进口商品"四个字，行为怪异，引起了司法所工作人员的警觉。

针对此情况，司法所及时与徐某的爷爷进行了沟通。在司法所的建议下，徐某爷爷带其到北京安定医院进行精神方面病情检查，医院通过全面检查，初步判定徐某具有精神问题，建议立即住院做进一步的诊断和治疗。

针对徐某个人成长环境不良、缺乏关爱，导致产生心理问题的现实情况，司法所通过与阳光中途之家取得了联系，安排专业心理咨询师每周对徐某进行心理辅导。通过近一年连续的心理咨询与辅导，徐某的病态心理问题得到了很大缓解，不再把自己封闭起来，能够主动与司法所工作人员进行谈话交流。

司法所根据徐某的情况所做的一系列工作，包括建议到北京安定医院进行病情检查、安排心理咨询师对其进行心理辅导等，都建立起完整的档案资料，并将其放入徐某个人的心理档案中。

社区矫正对象入矫后，社区矫正机构或受委托的司法所都应当尽快对其

---

〔1〕 "北京市西城区对社区矫正对象徐某依法实施教育帮扶案例"，载中国法律服务网，http://alk. 12348. gov. cn/LawSelect/Detail？dbID = 82&dbName = SJJXBF&sysID = 1156，最后访问时间：2020 年 8 月 6 日。

进行心理评估，以了解其智力、人格特征，掌握其心理健康状况。同步建立心理档案，将其心理评估资料放入档案之中。此外，社区矫正对象在矫正期间参与的所有心理评估资料，以及根据心理评估结果心理矫治工作人员制定的社区矫正对象心理矫治方案，社区矫正对象在执行地县级社区矫正机构或受委托的司法所的管理下参加的心理健康教育活动、学习的心理健康相关课程记录等有关资料都应当放入该档案中，并按照一定顺序排列，以便社区矫正工作人员、心理矫治工作人员在矫正工作中使用。

案例 4 - 1 中，社区矫正对象入矫前在人格、社会适应、心理健康上就已经存在许多问题，对社区矫正对象及时进行心理评估并建立心理档案，能够有效地帮助社区矫正工作人员及时发现社区矫正对象的问题，提前防范可能出现的危险。在社区矫正对象的整个矫正过程中，建立与管理社区矫正对象的心理档案，能够方便社区矫正工作人员和心理矫治工作人员随时按需使用，帮助他们及时调整社区矫正对象的矫正方案，从而达到规范、专业、科学地对社区矫正对象进行教育、管理和帮扶。

任务 1　社区矫正对象心理档案概述

建立社区矫正对象的心理档案，要坚持"系统思维、创新思维和底线思维"，不断朝着专业化、科学化、现代化等方向发展，心理档案的建立与管理已成为心理矫治工作的基础环节。因此，掌握心理档案建立的具体技术，对于切实提高社区矫正对象心理矫治工作的针对性、实效性，促进社区矫正对象心理矫治工作的规范化、专业化、科学化意义重大。

一、社区矫正对象心理档案的概念

档案是机关、社会组织和个人在社会活动中形成的、作为原始记录分类保存以备考察的文字、图表、音像及其他形式和载体的各种文件和材料。开展心理矫治工作本身需要有准确的心理诊断结论和丰富、翔实的心理活动资料，这些资料需要在心理评估之后作专门记载。在实施心理矫治过程中，也需要将采取的矫正措施及取得的效果等在心理档案中如实地记载，因此建立社区矫正对象心理档案是一项基础性的工作。

心理档案不同于其他档案，它是有关单位或团体的心理工作者在心理工作过程中形成并保留下来的对本单位或团体的管理及对个体的教育、矫治和发展有指导价值的有关个体心理特点、水平及变化的材料。

社区矫正对象心理档案的概念具有狭义和广义之分。狭义的社区矫正对象心理档案是指对社区矫正对象的心理评估结果、心理咨询与治疗记录、心理矫治效果评估等材料的集中保存，这些资料按照一定的顺序排列，组成一个有内在联系的体系，如实反映社区矫正对象的心理面貌与心理发展变化。广义的社区矫正对象心理档案则应当还包括社区矫正对象在社区矫正机构或受委托的司法所中参与心理健康教育的记录、社区矫正对象心理矫治工作效果评估、社区矫正对象心理相关研究课题与成果、社区矫正对象心理矫治管理工作等有关资料。

二、社区矫正对象心理档案建立的价值

社区矫正对象心理档案的建立，在社区矫正对象的教育与管理、对社区矫正心理矫治工作及社区矫正学科专业研究等方面均具有重大的价值。

（一）对社区矫正管理工作方面的价值

1. 有助于科学化地对社区矫正对象进行分类化管理。

2. 有利于实现社区矫正对象的个别化教育，提高社区矫正工作的针对性、实效性、前瞻性。

3. 有利于加强和改善社区矫正中心、社区矫正机构或受委托的司法所对社区矫正对象的思想教育工作。

4. 有利于加强和改善社区矫正机构或受委托的司法所对社区矫正对象的心理矫治工作。

5. 有助于社区矫正工作人员做好危险性预测工作与解矫工作。通过对社区矫正对象心理发展变化的轨迹的综合分析，为预测社区矫正对象的危险性以及解矫后有无再犯罪的可能性提供心理学上的依据。

6. 为社区矫正机构或受委托的司法所制定有关决策提供客观资料和依据，实现科学管理。

7. 有利于客观评价社区矫正机构或受委托的司法所的工作成效。

（二）对社区矫正心理矫治工作方面的价值

1. 有利于加强心理教育工作的宣传力度，提高社区矫正对象的心理健康保健意识。

2. 为社区矫正对象心理的健康发展提供了动态监测的手段，有利于及时评估心理矫治方案的效果，调整心理矫治计划与方案，及时发现社区矫正对象的心理危机并且及早干预，防止极端情况发生，有效地做到预防、预警和干预。

3. 有助于社区矫正工作人员与心理矫治工作人员更加全面和深入地了解社区矫正对象，找到社区矫正对象不良行为表现的根本原因，在对社区矫正对象的心理矫治活动中有的放矢地对其心理施加影响。增强社区矫正对象心理矫治的针对性、系统性，减少矫治过程中的盲目性、随意性。

4. 有助于社区矫正对象增强对自我及他人的认识，通过不断回顾与总结，帮助其正确认识自我，分析自我，提高自我教育能力，增强自尊自信，促进身心健康发展。

5. 有利于社区矫正机构或受委托的司法所、社矫小组成员、心理矫治工作人员相互沟通信息、相互配合形成合力。

（三）对社区矫正学科专业研究方面的价值

有助于社区矫正心理矫治方面的研究，为社区矫正、心理学等学科专家进行社区矫正对象心理科学的研究提供大量的、客观的第一手资料。

三、社区矫正对象心理档案的分类

为了方便社区矫正工作人员和心理咨询师使用，提高工作效率，可以依据一定的标准，按照社区矫正对象心理档案的对象、时间、内容和形式等异同点，对档案及信息资料进行有层次的区分，并形成相应的体系。可行的资料分类方式如下：①按照收录资料对象，可分为个体资料与群体资料；②按照收录资料时间，可分为入矫期资料、矫正期间资料、解矫期资料；③按照收录资料内容，可分为心理评估与诊断资料、心理咨询资料、心理健康教育资料（包括心理健康课程、团体心理辅导、心理健康宣传活动等）；④按照收录资料形式，可分为文字资料、图像资料、音像资料。

在实际工作中，我们可以把心理档案分为两类，并且按照时间、内容和形式进行排序：

1. 个体资料。社区矫正对象心理档案的个体资料是指社区矫正对象的个人心理档案。该类档案反映的是社区矫正对象个体心理和行为特点与发展、变化的资料，包括社区矫正对象个人的综合资料、心理评估与诊断资料、心理咨询与治疗以及心理健康教育活动等资料。一般来说，我们常说的社区矫正对象心理档案是指个体资料。

2. 群体资料。社区矫正对象心理档案的群体资料是指社区矫正对象集体的心理档案，由进行心理矫治具体工作的社区矫正机构或受委托的司法所、心理咨询室分级分类建立。该类档案反映的是社区矫正对象群体的、综合的心理和行为特点，是在社区矫正对象个体资料的基础上作出的各种类别和层次的综合分析。例如，对某司法所管辖的社区矫正对象心理健康筛查，在筛查工作结束后，就此次筛查工作建立的档案中存放的对社区矫正对象群体心理健康水平的整体分析、统计处理后得出的各种图表、数据和结论以及经筛查具有心理风险的社区矫正对象名单等就属于群体档案。此外，对社区矫正对象群体进行的心理健康活动、心理健康课程安排、心理咨询和治疗总体工作安排等资料也属于群体资料。

四、社区矫正对象心理档案的录入

（一）选择心理档案的形式

社区矫正对象心理档案的形式包括纸质文本和电子文档。纸质文本形式的心理档案多用档案袋保管，每个社区矫正对象建立一个档案袋，依据需要和资料内容设计。档案表的封面应包括姓名、性别、矫正单位、罪名、刑期起止时间、矫正期限、袋内基本资料名称以及顺序、保密等级等。

采用电子文档形式可以减少差错以及防止资料的丢失，保证资料管理的准确规范、安全可靠，进而提高工作效率。

（二）填写录入信息

将有关内容录入到文本或电脑上，值得注意的是心理档案不同于人事档案，一般仅在心理咨询室使用，因工作需要必须调阅时需遵循一定程序。

（三）编辑页码、资料序号与目录

心理档案应当专人专管，并且按一定顺序编制目录方便使用。注意两种档案形式（纸质文本和电子文档）中，纸质稿的序号应当与电子稿保持一致。

任务2 社区矫正对象心理档案的内容

"万事万物是相互联系、相互依存的。只有用普遍联系的、全面系统的、发展变化的观点观察事物，才能把握事物发展规律。"为了更精准地了解和把握社区矫正对象心理状况的发展变化，需要对社区矫正对象的各种信息进行详细记录，集中存档。

一、社区矫正对象的基本信息

主要包括社区矫正对象姓名、性别、民族、出生年月、文化程度、婚姻状况、职业、罪名、刑种、刑期起止、矫正期限、矫正单位、矫正类别、个人爱好、成长过程、身体健康情况、简明生活史、简明犯罪史、简明矫正情况等。

专栏4-1 社区矫正对象心理档案登记表（参考）
——社区矫正对象基本情况

年 月 日

矫正单位		姓名		性别	
婚姻状况		年龄		文化程度	
职业		罪名		刑种	
矫正类别		矫正期限		刑期起止	
健康状况		血型		既往病史	
简明 生活史					
简明 犯罪史					
简明 矫正情况					
备注					

注：此表在社区矫正对象入矫时由心理咨询室建立，"简明矫正情况"在日常工作中根据需要填写。

二、心理矫治计划与方案

根据社区矫正对象的心理评估报告，制定有针对性的心理矫治计划与方案，做到"一把钥匙开一把锁"，区别对待，因人施矫，对症下药，提高教育矫正的针对性和矫正质量。该部分的材料样式可参见本书项目二的内容。

三、心理评估材料

心理评估材料的撰写应当简明扼要、重点突出，以便于心理学专业与非心理专业的读者理解。

从评估内容上看，社区矫正对象的心理评估内容包括能够对社区矫正对象不良心理与行为表现、犯罪原因做出判断的一些心理因素，如智力状况、人格特征、心理健康状况、潜在危险性等。该部分心理评估报告与危险性评估报告的材料样式可参见本书项目三的内容。

四、心理咨询活动记录

如果对社区矫正对象进行了心理咨询，则心理咨询活动记录应当归入其个人心理档案。需要存录的信息包括：求助问题、症状表现、诊断结果、原因分析、咨询时间及次数、咨询方法与过程、咨询效果、追踪记录、心理咨询师签名等。

如果是终结咨询，应当记录该社区矫正对象咨询终结的理由、咨询过程中的变化，以及对求助者提出在以后的生活中应当注意的问题及建议。

专栏4-2 心理咨询活动记录（参考）

求助者姓名：　　性别：　　年龄：　　单位（或社区）：
联系电话：　　紧急联系人：　　紧急联系人电话：
咨询师：　　咨询日期：　　咨询次数：

求助问题：
症状表现：
诊断结果：
原因分析：
咨询方法：

咨询过程：
咨询效果：
下一步咨询计划：
求助者评语：
备注：

五、心理健康教育活动记录

社区矫正对象的心理健康教育活动资料，包括社区矫正对象参加心理健康教育课程、心理健康教育讲座、团体心理辅导活动等各种形式的心理健康教育活动的参与记录。上述资料均应放入这部分档案中。

专栏4－3　社区矫正对象心理健康教育活动记录（参考）

矫正对象		时间		地点	
活动类型		活动主题			
问题表现					
活动过程					
心得体会					
活动效果					

矫正对象＿＿＿＿＿＿＿＿＿　责任人＿＿＿＿＿＿＿＿＿

任务3　社区矫正对象心理档案使用

社区矫正对象心理档案的使用有如下注意事项：

1. 认真填写心理档案。心理档案中的资料，均需填写日期、负责人等信息。

2. 心理档案仅有参考性质。心理档案不能作为评定社区矫正对象日常表现的依据，也不能存入社区矫正对象个人档案中。

3. 要注意保密。心理档案涉及社区矫正对象的隐私，使用要遵循保密原则，不能对社区矫正对象产生负面影响。心理档案要由心理咨询室统一保管，如果确有必要调阅应当遵循一定手续。

4. 专人专管。应有专人负责社区矫正对象心理档案资料的建立、使用和管理工作。制定严格管理条例，明确工作职责。

5. 建立社区矫正对象档案计算机管理系统，提高心理档案的现代化管理水平。

6. 档案的使用与反馈。建立档案并非最终目的，应与社区矫正对象的心理咨询、教育、科研工作配套使用。例如，社区矫正对象的心理健康状况的数据分析及分析报告将反馈给有关单位和部门，并提出科学的心理教育、咨询和矫治建议。

任务4 （实训项目4）社区矫正对象心理档案建立技能训练

案例 4-2

一、矫治对象基本情况[1]

廖某，男，1987年7月生，汉族，中专文化程度，未婚。2005年12月，廖某因犯抢劫罪被 S 市某区人民法院判处有期徒刑3年，缓刑3年。从2006年1月至2009年1月接受社区矫正。目前在某家电商场工作。廖某为家中独子，与父母一起同住，父亲为某股份有限公司职员，母亲为自由职业者，家庭收入尚可。读书时，廖某性格内向，上课不专心听讲，学习成绩不理想，经常受到老师的批评，未能考入高中，后进入中专学习。在家中，廖某比较

---

〔1〕 连春亮主编：《社区矫正个案点评》，群众出版社2013年版，第89~95页。

叛逆，与父母缺乏沟通，父母不知道其真实想法。在学校中，廖某主要和几位同学关系较好，经常逃学一起出去玩，整日游手好闲，混迹于街头、游戏机房、网吧、歌舞厅等处，游荡至凌晨才回家。

二、问题分析及诊断

对廖某的情况进行进一步了解后，在征得其同意的情况下，社区矫正工作人员对其进行了 SCL－90 和 EPQ 问卷测试。结果发现其 SCL－90 测试结果显示廖某在人际关系敏感、焦虑和敌对情绪上呈现阳性。在 EPQ 问卷中，测试其个性特征为内向不稳定型，表现为安静、敏感、不善交际、沉默寡言、悲观、严肃、刻板、焦虑、易怒。

在社区矫正工作人员将部分内容告知廖某后，他表示自己确实存在这些情况。其自述由于自身犯罪，感到对不起父母，与他们在沟通上存在一定的问题。日常生活中不愿与人接触，特别是邻居，怕他们知道自己的过去，故有时会郁郁寡欢，兴趣丧失，以及无愉快感，担心自己有前科难以找到合适的工作。因曾有失败的面试经历，对自己的未来没有信心，既不知道如何自我调适又没有人可以倾诉。

综合廖某心理测试的结果及面询情况，其日常行为主要表现为 5 个方面的问题：①人际关系敏感分上升 0.06，轻度人际关系敏感。性格内向、敏感、胆小且易害羞，觉得在生人面前讲话或主动讲话很不自在，与异性交往时可能更明显。人际交往中对别人常有警惕心理，戒备心较重，做事谨慎小心，不容易相信别人，情绪更脆弱。②焦虑因子分上升 0.18，轻度焦虑症状。有莫名的担心，有害怕的感觉，可伴有心慌、心跳快的感受，易紧张，偶尔可见出汗，轻度坐立不安。③敌对因子分上升 0.13，轻度敌对情绪，在受刺激后会发很大脾气，生气后情绪较难平复，有时会摔小物品来宣泄自己的情绪。④自卑心理。廖某多次向社区矫正工作人员表示担心自己有前科难以找到合适的工作，因曾有失败的面试经历对未来丧失信心。⑤叛逆心理。廖某在电脑和网络方面的特长未能得到父母的肯定和表扬，失去了上进的信心和力量，心理上产生了失落感。在日常生活中，用消极和冷漠的态度对待周围的任何事物，久而久之便自我消沉。

三、矫治方法及过程

鉴于廖某有较强的求助心理，主观上也有改变的意愿，社区矫正工作人员在征得其同意后，根据其实际情况制定了初期、中期和结束期三个阶段的矫治方案，具体步骤如下。

（一）初期（干预期）

1. 阶段目标：消除廖某的阻抗，缓解其焦虑的紧张情绪，进一步赢得其信任。

2. 阶段时间：3个月～6个月。

3. 阶段任务：寻找合适的切入点，建立良好的咨访关系。采用精神分析的方法和技巧寻找发病根源，通过倾听、共情等技巧让廖某进行心理宣泄。根据廖某家庭的具体情况，有计划、有针对性地使父母参与到心理矫治中来，创造良好的家庭治疗环境。

4. 具体实施过程：每月对廖某进行一次面询，一共6次，每次面询都确定一个主题，围绕这一主题开展面询，循序渐进，逐步实施心理矫治计划。同时，通过采用倾听、共情、自我揭示等技巧，充分为廖某提供心理宣泄途径，鼓励其倾吐内心的痛苦并进行有针对性的疏导。最后，还要与廖某的父母进行交流，提高其对廖某症状的认识，传授一些家庭治疗的技巧，增强其父母的协助治疗能力，创造良好的家庭治疗环境。

5. 小结：通过6次面询访谈，社区矫正工作人员运用倾听、共情等技巧充分让廖某进行心理宣泄，减轻和缓解了其急性症状。在社区矫正工作人员、志愿者及其父母的共同努力下，基本完成了矫正初期的目标和任务。廖某在与社区矫正工作人员的交流中倾诉了自己心中的苦闷，讲述了自己的经历，使心情得到释放，在社区矫正工作人员的协助和指导下进行了问题分析，找到了刺激源，适度缓解了焦虑情绪，心情有所好转。鉴于廖某已完成初期目标，现转入中期心理矫治。

（二）中期（恢复期）

1. 阶段目标：主要改变廖某的认知结构（重建认知结构），逐步建立适合其自己的人际交往和行为模式。

2. 阶段时间：6个月～1年。

3. 阶段任务：采用认知行为疗法逐步改善或改变廖某固有的认知结构，通过释意、引导、暗示、自我揭示等技巧，使其学会一些自我心理调节的方法，建立适合自己的人际交往和行为模式。

4. 具体实施过程。

（1）采用理性情绪疗法。廖某自身存在非理性想法：第一，绝对化，对自己的生活有绝对化的期望和要求。第二，糟糕透顶，对遭受面试失败的挫折有强烈的反应，以致产生自卑心理，对自己的未来丧失信心。在通过对廖某非理性想法分析后得出的结论（诱发事件）中，找出导致其产生情绪困扰和不良行为的错误观念，并就这种观念与其进行面质，使廖某逐步认识到非理想观念是不合逻辑、不现实的，从而逐步用理性观念来替代非理性观念。

（2）通过释意、引导、暗示、自我揭示等技巧使廖某逐步学会如下自我心理调节的方法：第一，自我宣泄法。将长期内心积郁的苦闷或矛盾倾诉出来，建议廖某到空旷的场所大喊几声，或通过篮球等剧烈的体育运动释放情绪，或找好友倾诉一下内心的积郁，减少压力。第二，自我暗示法。有意识地将对自己有利的积极观念暗示给自己，建议廖某每天早晨和遭受挫折时心里默默地对自己说："我能行，将来会成功的。"第三，音乐调节法。利用音乐对大脑皮层所起的刺激作用来调节情绪，有助于消除压力和紧张，使人感到轻松愉快和精力充沛，建议廖某在心情烦躁、焦虑和紧张时听一些柔和的音乐，使内心平静下来，在忧郁时听一些雄壮的音乐，使自己精力充沛。

（3）向廖某推荐心理读物，提供正面的途径发挥其在电脑和网络方面的才能和潜力，增强其自信心。社区矫正工作人员在电脑和网络方面遇到自身技术难以解决的问题时，便通过 QQ 或者电话向廖某求助，并在其指导下将问题一一解决，使廖某获得了成功的体验，增强了自信心。

（4）进行人际交往指导，改善交往模式。交友是青少年特殊的心理要求，对廖某的思想行为有重要的影响。他害怕失去朋友，特别重视友谊在生活中的作用，对于自己遇到的困惑与挫折，廖某更愿意向朋友倾诉；当自己的朋友遇到困难时，他基于义气也会鼎力相助。因此，要对其进行人际交往的指导与矫正，避免其在交友过程中受到不良因素的影响。

5. 小结。进入中期心理矫治以后，社区矫正工作人员通过释意、引导、暗示、自我揭示等技巧，使廖某学会了一些简单的自我心理调节方法，并在日常生活中应用，使其焦虑和敌对情绪得到了有效缓解。社区矫正工作人员还向廖某推荐了《内向者优势》一书，使其对自己偏内向性格的优势有所了解，增强了其自信心。通过近一年的矫正，社区矫正工作人员再次对廖某进行心理测验，结果表明其 SCL－90 各项因子分数都有所下降，趋于正常，其中阳性症状均分下降 0.34，人际关系敏感因子分下降 0.78，焦虑因子分下降 0.90，敌对因子分下降 0.88，人际关系敏感、焦虑症状和敌对情绪均有所缓解。廖某的相关症状已得到有效缓解，痛苦感明显减轻。至此，社区矫正工作人员认为其可以转入康复期。

（三）结束期（康复期）

1. 阶段目标：此阶段属于心理矫治后期，主要是巩固恢复成果，并继续观察，以防止廖某重复发作。

2. 阶段时间：1 年 ~ 1 年零 6 个月。

3. 阶段任务：通过反馈，了解廖某的恢复情况，做好随访，在适当的时间进行结案。

4. 具体实施过程。

（1）对取得的心理矫治成果进行巩固，鼓励廖某多与朋友接触和交往，继续保持与父母沟通，使其人际交往方式得到彻底改变，趋向合理。

（2）继续进行心理自疗，使其能够通过自我调节来缓解心理问题。

（3）在每次面询时，继续采用改善理性情绪的方法，就心理困惑进行疏导，用理性观念代替非理性观念，使其正视现实和面对未来。

四、矫正效果评估

在该案例中，廖某的问题是一般情绪问题。在心理矫治过程中，矫正工作人员发现廖某在面对违法事实时产生了违法"合理化"心理，会为自己的错误行为找种种借口，使自己的行为"合理"，在心理上取得对自己的认可。社区矫正工作人员通过一对一的心理疏导和角色互换体验等策略，使廖某逐渐体验到违法犯罪行为给被害人带来的痛苦和对社会造成的危害，打破其违法"合理化"的心理。

廖某亦逐渐摆脱过去的不良情绪，遇到挫折和困难时会寻求适合的途径解决，不再像从前那样冲动，凡事三思而后行。社区矫正工作人员与廖某之间建立了良好的互相信任的关系，对于他的每一个闪光点，社区矫正工作人员都及时加以肯定，使他体会到了自身的价值，增加了其自信心。目前，廖某能正视自己的过去，正视自己存在的心理症状，在社区矫正工作人员的协助下积极开展自我心理调节，效果很好。其人际交往的方式也得到了一定改变，能正常与人进行交流，并找到工作。

请根据以上材料，运用前面所学内容和拓展学习中的资料完成以下实训任务：

1. 讨论社区矫正对象矫治过程中所产生的需归入其心理档案的材料有哪些？

2. 整理这些材料，并制作该求助者的心理档案。

附：实训项目书与实训考核表

实训任务书

实训项目	为社区矫正对象建立心理档案
实训课时	2 课时
实训目的	学生通过模拟实训，学会为社区矫正对象建立心理档案
实训任务	1. 分析社区矫正对象矫治过程中所产生的需归入其心理档案的材料 2. 为社区矫正对象建立心理档案
实训要求	1. 学生应提前掌握社区矫正对象心理档案的相关知识 2. 指导教师应具备心理咨询师的资格并能带领学生完成实训任务 3. 学生要积极配合指导教师的指导完成实训 4. 根据实训需要将学生分成若干小组，采用小组成员合作的方式完成实训任务 5. 指导教师进行点评总结，每组学生根据指导教师的点评总结找出不足
实训成果形式	1. 实训总结 2. 制定该矫正对象的心理档案
实训地点	理实一体化教室

实训进程	1. 指导教师讲解（利用多媒体教室或校内实训基地） 2. 阅读准备好的实训案例 3. 根据实训需要将学生分为若干小组 4. 小组讨论确定心理档案建立的内容、程序 5. 根据所学内容为案例中的社区矫正对象建立心理档案 6. 指导教师进行点评总结，每组学生根据指导教师点评总结不足之处

实训考核表

班级_____ 姓名_____ 学号_____

任务描述：通过模拟实训，掌握建立社区矫正对象心理档案的技能。

项目总分：100 分

完成时间：100 分钟（2 课时）

考核内容	评分细则	等级评定
一、实训过程与要求 1. 根据实训需要学生迅速分成若干小组 2. 小组成员自行分配好所要完成的任务 3. 小组进行讨论确定该案例中社区矫正对象矫治过程中所产生的需归入其心理档案的材料，并且对这些材料进行分类、编号、排序 4. 根据任务书中的要求，建立社区矫正对象的心理档案 5. 指导教师进行点评总结，每组学生根据指导教师的点评总结找出不足	分值：50 分 1. 实训过程与小组成员合作良好（15 分） 2. 实训演练认真、表现积极（15 分） 3. 能成功完成所有实训任务（20 分）	实训成绩评定为四等： 1. 优（100 分～85 分） 2. 良（84 分～70 分） 3. 及格（69 分～60 分） 4. 不及格（59 分～0 分） 注意事项： 1. 实训期间做与实训无关的操作，不能评定为"优" 2. 有旷课现象，不能评为"优、良" 3. 旷课××节及以上，评为"不及格" 4. 实训内容没有完成，评为"不及格" 5. 两份报告雷同，评为"不及格" 6. 具体评分标准由指导教师根据实训项目具体要求规定

续表

二、实训表现与态度	分值：20 分 1. 无迟到（1 分） 2. 无早退（1 分） 3. 无旷课（3 分） 4. 实训预习、听讲认真（2 分） 5. 实训态度认真（5 分） 6. 实训中不大声喧哗（1 分） 7. 能爱护实训场所、设备，保持环境整洁（2 分） 8. 能完全遵守实训各项规定（1 分） 9. 实训效果好，基本掌握了建立心理档案的技能（4 分）	
三、实训总结 1. 实训中出现的问题及解决办法（对遇到的问题、问题产生的原因进行分析判断，把解决过程写出来） 2. 实训效果（本次实训有哪些收获，掌握了哪些知识、技能，存在哪些疑问，等等）	分值：30 分 1. 按规定时间上交（5 分） 2. 格式规范（5 分） 3. 字迹清楚（5 分） 4. 内容详尽、完整，实训分析总结正确（5 分） 5. 无抄袭现象（5 分） 6. 能提出合理化建议或有创新见解（5 分）	
合计		

评分人：　　　　　　　　　　　　　　　　日期：　　年　月　日

【课堂讨论】

社区矫正对象某女，已婚，从事会计工作多年，因犯滥用职权罪，被宣告缓刑。其自述与丈夫关系一般，与女儿关系较为亲密，父母刚去世不久，对其打击挺大；目前身体状况不佳，心脏不好、头痛，有时会晕倒，去医院看医生，吃药不管事；对事件的发生感觉冤枉，一直不能够接受，想不明白，一想起来就觉得心里难受，导致目前情绪的困扰。SCL-90 测评结果显示总得分 236，SAS 测评得分 69，SDS 测评得分 74。

根据社区矫正对象的个人陈述及心理健康测评结果两方面来评估其目前的状态，该矫正对象的心理健康状况不良，精神压力比较大，社会支持系统不够完善，单靠自身的调节可能很难较快地摆脱这种状态。针对该社区矫正对象的情况，心理咨询师与其共同制定了心理矫治方案，并且展开了随访、心理危机干预、心理咨询、团体心理辅导等心理矫治工作。除此之外，还建议司法行政工作人员给予其更多的关注。

在求助者的心理矫治过程中，分别产生了哪些需要归入其个人心理档案的材料？

【思考题】

1. 建立社区矫正对象心理档案的价值有哪些？
2. 社区矫正对象心理档案的使用过程中有哪些需要注意的？

拓展 学习

苏州建立"七个一"特殊人群心理服务机制[1]

近年来，苏州市司法局坚持"治人先治心"和"从心帮扶"的帮教理念，建立完善"七个一"心理服务机制，促进每年 2 万余名社区矫正安置帮教对象平稳回归，未发生一起因心理问题而重新违法犯罪案件。

一是培育一支专业队伍。目前全市矫正帮教工作人员中具有国家心理咨询师资格的有 53 人。今年 10 月，苏州市局举办全市特殊人群心理咨询师培训班，62 名学员将参加 11 月中科院心理咨询师资格考试。

二是购置一套专业设备。各地 10 个中心 7 个分中心均建立心理工作室，

[1] "苏州建立'七个一'特殊人群心理服务机制"，载江苏省司法厅江苏政府法制网，http://sft.jiangsu.gov.cn/art/2021/10/28/art_48514_10089586.html，最后访问时间：2022 年 8 月 24 日。

设有沙盘区、咨询区、测试区、放松区、团体活动区等功能板块。在有条件的司法所设立心理咨询师工作站，提供就近服务。如昆山市局在中心、部分司法所设立"蔡老师工作室"，两年累计开展活动 150 场次，服务 1500 余人次。

三是建立一套普惠方案。每季度开展一次心理健康教育、每半年组织一次免费心理测试、每年一次全面评估。对所有新入矫社区矫正对象开展心理测试，对重点人员每季度跟踪测试，近年来共测试 12 498 人次，举办心理讲座 60 余场次。

四是推进一中心一项目。加大政府购买服务力度，目前各中心购买心理服务已全覆盖。在社区矫正循证矫正、损害修复等试点创新项目中，明确开展以心理健康教育为核心的"塑心工程"。姑苏区局投入 9 万元向艾丁心理研究中心购买专业心理服务，由 15 名二级国家心理咨询师进行常态化服务，累计心理咨询 1021 人次，开出心理矫治处方 65 件。

五是开设一条免费热线。向特殊人群发放爱心服务卡，留有中心或社会组织心理咨询师和专业社会工作者电话，便于随时沟通联系。

六是建立一本心理档案。根据入矫入教初期心理测评情况，开展针对性的重点个案矫治，建立心理矫治一人一档，目前已建档 112 人，所有未成年社区矫正对象全部建档。对情绪不稳定、心理状态不佳的人员，邀请心理咨询师、司法行政专业社工加入其矫正帮教小组，定期走访帮教。

七是建立一个跟踪治疗小组。心理问题严重的，特别是易肇事肇祸倾向的，聘请精神卫生中心专业医师等建立专门的治疗小组跟踪治疗，督促家庭监护人监督吃药治疗，有需要的协调入院治疗，并通报公安、卫健等部门，建立联防联控机制，联合管控 8 名精神鉴定 3 级以上易肇事肇祸精神障碍人员，全力维护安全稳定。

项目五

社区矫正对象心理健康教育

项目五

社区矫正对象心理健康教育

学习目标

知识目标：了解社区矫正对象心理健康教育的基本知识，如概念、原则、功能；掌握社区矫正对象心理健康教育的内容和实施方法等。

能力目标：具备根据社区矫正对象的具体问题，设计有针对性的心理健康教育工作方案的能力；具备为社区矫正对象开展心理健康教育的基本能力。

思政目标：具备良好的人格品质，甘于奉献、勇于担当的职业精神。

知识树

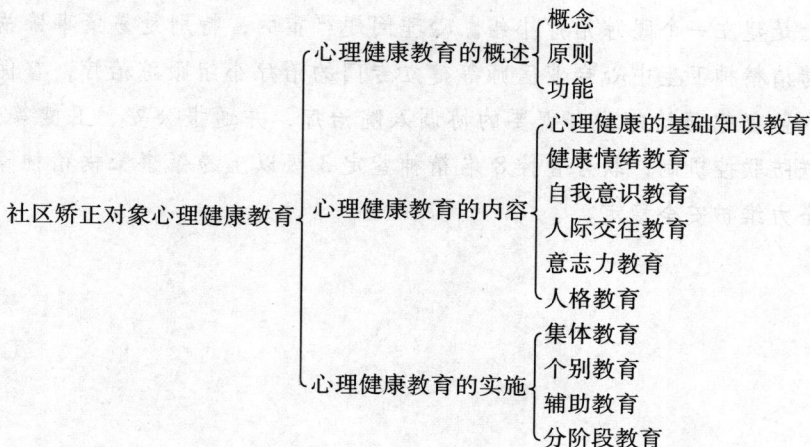

案例 5 - 1

为切实加强对社区矫正对象的心理健康辅导，降低和消除影响矫正效果的负面因素，预防社区矫正对象重新违法犯罪，帮助其树立正确的人生观和价值观，以全新的面貌、积极健康的心态融入社会，2021 年 4 月 1 日，甘肃省武威市司法局特邀请武威监狱杨旺利工作室心理咨询师深入基层一线，为天祝县社区矫正对象开展心理健康教育讲座。

活动在武威监狱杨旺利工作室国家二级心理咨询师俞丽霞老师和社区矫正对象的互动暖场破冰中开始，她以"塑造阳光心态，乐享灿烂人生"为主题，用丰富的心理学知识和多年从事服刑人员心理健康教育的实践经验，从社区矫正对象的家庭、工作、子女教育等生活细节入手，利用大量鲜活的案例，用诙谐幽默的语言，为社区矫正对象讲解阳光心态四步法，引导社区矫正对象摆正心态、管理情绪、缓解压力，赢得了在场社区矫正对象和工作人员的热烈掌声。

同时，在心理咨询室里，武威监狱杨旺利工作室国家二级心理咨询师徐咏梅老师，正在为一名主动求询的社区矫正对象进行个案心理咨询疏导。她运用专业的心理学知识和技术，和来访者建立了良好的咨询关系，认真倾听来访者的诉说，分析其存在的心理问题和困惑，运用认知疗法、合理情绪疗法等心理学专业技术，协助来访者认识到自身存在的问题，寻找到问题存在的根源，从而帮助其化解在生活、矫正中产生的不良情绪和心理问题。咨询结束后，来访者满面笑容地走出了咨询室，咨询效果良好。

通过为社区矫正对象提供多层次心理健康服务，积极构建起社区矫正工作心理健康教育常态化和专业化桥梁，切实解决社区矫正对象的实际困难，真真正正提升社区矫正的力度和效果。[1]

---

〔1〕 "武威市司法局对天祝县部分社区矫正对象开展心理健康教育和法治教育讲座"，载甘肃司法网，http://sft.gansu.gov.cn/sft/c113162/201808/81df3f64e05f4dbe8e01c03852d67a28.shtml，最后访问时间：2022 年 8 月 9 日。

任务1　社区矫正对象心理健康教育概述

党的二十大报告中指出："推进健康中国建设。重视心理健康和精神卫生。"加强对社区矫正对象进行心理健康教育是深入开展健康中国行动，倡导文明健康生活方式的具体体现。

任务1.1　心理健康教育的概念

《社区矫正法实施办法》第43条第3款规定，"……根据社区矫正对象的心理健康状况，对其开展心理健康教育、实施心理辅导"。根据调查研究显示，社区矫正对象作为特殊群体，存在心理健康问题者高于一般群体，心理健康问题较为普遍，具有较为明显的情绪障碍。他们虽然普遍认罪状况良好，但仍为自己的"特殊身份"感到苦恼及适应不良，生活中的不良情绪没有得到适当的缓解。因此，对社区矫正对象开展心理健康教育工作就显得尤为重要。

心理健康教育是根据个体生理、心理发展特点，有目的、有计划地运用有关心理学的方法和手段，对受教育者的心理施加影响，培养其良好的心理素质，促进其身心全面和谐发展的教育活动。就心理健康教育概念而言，其形式是"教育"，目的是促进心理健康，主要包括两个方面的内容：①对心理素质的培养；②对心理健康的维护。

社区矫正对象的心理健康教育是指在社区矫正期间，通过向社区矫正对象传授和普及心理健康的基本知识和方法，维护和提高其心理健康水平的各种教育活动的总称。具体来说就是向社区矫正对象传授心理学和心理健康的基本知识，运用行为训练和实践指导的方法，让其学会客观认识自己、接纳自己，能够自我调节不良情绪，增强心理承受能力和适应能力，以增进社区矫正对象各方面的心理素质，进而有效预防各种异常心理和心理障碍的发生。

对社区矫正对象开展心理健康教育的意义主要包括以下四个方面：

第一，提高社区矫正工作效能的必然需要。许多研究者对矫正期间的矫正对象进行心理测验，其结果表明，我国社区矫正对象心理健康水平低于一般群体，并且大多数社区矫正对象对自身存在的心理问题没有正确的认知和自我调节能力。这就说明社区矫正工作人员对其管辖内的社区矫正对象开展心理健康教育是极其必要的。通过心理健康教育，使社区矫正对象学会正确分析问题，自我情绪调节，学会人际交往的技巧，充分发挥自身的主观能动性，发挥自身的潜能，这必将极大提高社区矫正工作的效能，也是社区矫正工作的必然需求。

第二，社区矫正对象心理矫治工作的基础。矫正工作人员开展心理矫治工作，需要社区矫正对象的积极配合。然而在实际工作中，一些社区矫正对象因不了解心理矫治工作的真正意义，不想让人了解自己内心真实想法，因此不认真填写心理测验，具有一定的掩饰性。也有一些社区矫正对象认为心理咨询就是随便聊天或者是空洞说教，没有作用，拒绝配合等。所以，心理健康教育是开展心理矫治工作的基础，需要社区矫正对象对心理测量、心理咨询等有正确的认识。当出现心理问题时，能够主动寻求心理辅导和咨询，同时对提高社区矫正对象的心理健康水平，预防心理疾病的产生也起到积极的促进作用。

第三，社区矫正对象更好适应社会的根本需要。开展心理健康教育对社区矫正对象的人格完善也起到积极的促进作用。通过对社区矫正对象进行心理健康知识的宣传介绍，让其对人的心理的实质有正确的认识，同时更客观、全面地认识自己、接纳自己，改善不良的人际关系，提高自我控制能力，矫正不良行为习惯，塑造健全人格。具体而言，就是让社区矫正对象了解情绪、情感与心理健康的关系：当出现消极情绪时，掌握情绪自我调节的方法，学会以乐观开朗的心态积极面对，减轻焦虑情绪；理解意志力对心理健康的影响，当个体面对困难时，如何增强其心理的承受力，培养优良的意志品质，等等。同时帮助其挖掘自身潜能，树立自信心，更好地适应社会生活。

第四，社区矫正对象顺利回归社会的有利保障。开展心理健康教育，有助于社区矫正对象自我反省，发现自身存在的不良心理因素及产生的原因，掌握消除不良心理因素的方法，减少矫正期间发生的违规违纪行为，从而顺利回归社会。

任务1.2　心理健康教育的原则

心理健康教育原则是每一位社区矫正工作人员需要首先了解和掌握的内容。

一、教育性原则

教育性原则是指教育者在教育过程中应当始终坚持正确的政治方向，坚持社会主义的核心价值理念，注重引导社区矫正对象树立正确的人生观、价值观，帮助他们认识到自身存在的错误思想，并学习如何摆脱这些不合理的观念；培养其积极进取、乐观的生活态度；提高他们客观认识自我，理性分析问题的能力；增强他们对心理健康的正确认识，提高自我调适的能力。

二、全体性原则

全体性原则是指社区矫正对象的心理健康教育要面向社区矫正期间的所有社区矫正对象，全体社区矫正对象都是心理健康教育的参与者。心理健康教育工作的组织和实施都要考虑到社区矫正对象的共同需要和普遍存在的问题。社区矫正工作人员需要采取灵活多样的方法帮助社区矫正对象解决遇到的心理问题。心理健康教育工作是一个长期的过程，需要社区矫正对象个体、家庭、社区矫正机关以及社会的共同努力，通过集体教育、个人教育、专题教育或者各种形式多样的辅助教育相结合，才能取得良好的效果。

三、差异性原则

差异性原则是指心理健康教育要关注和重视社区矫正对象的个别差异，根据不同犯罪类型、不同矫正阶段以及不同家庭背景等情况，开展形式多样的心理健康教育活动。由于社区矫正对象的犯罪意识、个性特点、社会适应能力、抗挫折能力等都存在巨大差异，因此社区矫正对象的心理健康教育工作要因人施教，需要有针对性地开展不同内容以及不同形式的教育活动，以实现教育效果的最大化。

四、主体性原则

主体性原则是指心理健康教育要以社区矫正对象为主体，所有工作要以社区矫正对象的需求为出发点，要突出社区矫正对象参与的主动性。心理健康教育的目标是普及心理健康知识，提高心理健康水平，预防心理问题，全面提高社区矫正对象的心理素质。这项工作需要社区矫正对象的积极认可和主动参与，不然可能会变成灌输式的强制行为，达不到预期的效果。

五、整体性原则

整体性原则是指在心理健康教育过程中，心理矫治工作人员要运用系统论的观点指导工作，注意社区矫正对象心理活动的整体性，对其出现的心理问题作全面考察和系统分析，制定有针对性的教育与辅导策略，避免在心理健康教育工作中的片面性和局限性。

六、发展性原则

发展性原则是指在心理健康教育过程中，必须以发展的观点来对待社区矫正对象，要顺应其身心发展的特点和规律。心理健康教育的目标与内容，要以建设性和发展性的指导为主，促进社区矫正对象在不同阶段的自我成长、自我发展。以问题为导向，以发展为重点，促进社区矫正对象获得最大程度的心理发展。

七、及时性原则

及时性原则主要体现在两个方面。一方面是对社区矫正对象取得的教育成果要及时给予奖励和肯定。另一方面是在对社区矫正对象个别教育时，当社区矫正工作人员发现社区矫正对象出现心理问题时，要及时采取措施，帮助其解决心理上的困扰。尤其是社区矫正对象面对一些突发状况，如果处理不好，可能导致其在激情状态下重新犯罪。有的社区矫正对象存在一些心理困扰，如果不及时进行心理疏导，有可能由短期的心理问题逐渐发展成长期的心理障碍，严重影响个体社区矫正的效果。因此，社区矫正机构要密切关注社区矫正对象的言行，入矫时就为他们建立心理档案，并系统化地对其进行心理评估，当他们遇到心理问题时，教会他们第一时间主动寻求帮助，避免产生不必要的严重后果。

八、保密性原则

保密性原则是指在心理健康教育过程中，心理矫治工作人员有责任对社区矫正对象的个人情况以及谈话内容等予以保密，尊重社区矫正对象的隐私权，使其受到法律上的保护。

任务1.3 心理健康教育的功能

一、矫治功能

对社区矫正对象开展心理健康教育工作，能够帮助有心理困扰和心理障碍的个体，开展矫治性或补救性的心理咨询与治疗。引导社区矫正对象学会分析心理困惑产生的原因及学习自我调适的方法，帮助社区矫正对象尽快摆脱障碍，恢复和提高心理健康水平，增强发展自我的能力。对于极少数患有严重心理疾病的个体，要及时识别，并转介到专业的心理治疗机构，予以密切配合，尽快治愈，帮助其重返社会正常生活。

二、预防功能

开展社区矫正对象的心理健康教育工作，是在社区矫正对象群体中，普及心理健康的基本知识，让社区矫正对象正确认识自身的问题，掌握心理自我调适的方法，提高承受挫折的能力，以更好地适应社会生活。心理健康教育工作的实施，让社区矫正对象在遇到自身无法解决的心理困惑时，能够主动寻求心理帮助，以提高其心理健康意识，对心理疾病的产生具有预防功能。

三、发展功能

心理健康教育工作的实施，能够帮助社区矫正对象客观看待自己的优点及不足，充分发挥自身潜能，培养良好的个性心理品质和健全的人格，确立有价值的矫正目标和生活目标，承担起自我矫正的责任，充分发挥自我的主动性和创造性，发展建设性的人际关系和良好的社会功能，为回归社会夯实心理健康的基础。

任务2 社区矫正对象心理健康教育的内容

对社区矫正对象开展心理健康教育，目的是提高"全社会文明程度"，"推动明大德、守公德、严私德"，提高社区矫正对象的道德水准和文明素养。因此必须选好心理健康教育的内容。

任务2.1　心理健康的基础知识教育

在实际工作中，很多社区矫正对象对心理健康的知识并不了解，部分社区矫正对象对心理健康教育工作存在一定的误解，认为凡是来做心理咨询的人员都是"脑子有问题的"，甚至抵触参加心理健康教育的有关活动。因此，社区矫正工作人员有必要把心理健康的基础知识介绍给社区矫正对象，使其了解心理现象的基本规律及其产生的原因，引导社区矫正对象树立关于心理健康的科学观念，懂得心理健康的表现和判断标准，了解心理健康有哪些影响因素。当个体出现了一定心理问题时，如何进行自我调节或寻求专业人员的帮助等。

心理健康的基础知识教育的主要内容有以下几个方面：①心理与生理关系的基本知识；②心理健康的含义及检验标准；③正常心理与异常心理的区分；④影响心理健康的因素；⑤如何寻求专业的心理辅导及治疗；等等。

心理健康是指个体在适应环境的过程中，生理、心理和社会性方面达到协调一致，保持一种良好的心理功能状态。具体地说，心理健康的人应该具有正常的智力、合理的认知方式、健康的情绪和情感、坚强的意志、健全的人格及良好的人际关系。日常生活中，个体受到刺激后往往会出现一些心理失常的现象，如面对亲人的离世，短期内个体出现悲伤、抑郁、失眠这些都是正常反应。

心理健康可以通过自我调节和外界干预治疗而得到维护和促进。影响心理健康的因素很多，主要分为生理因素、心理因素和社会环境因素等。因此，社区矫正对象要想保持心理健康或者提高心理健康水平，需要从多方面调适，以更好适应社会生活。

专栏 5 – 1　无疾病就健康吗?

人不是一个简单的生物有机体。人的一切活动既受生物发展规律的支配，又受心理和社会发展规律的支配。因此，不能简单地用有无疾病的方法来衡量一个人是否健康。

联合国世界卫生组织给健康下了科学的定义：健康不仅是指没有疾病或病痛，而且是一种躯体上、精神上和社会上的完全良好状态。这表明，一个人的健康不能简单局限于生理上的健康，而是要同时包括生理健康和心理健康两个方面。

矫正对象林某经常为自己身体棒、很少生病而感到很自豪，他总认为自己很健康。可是，前几天他感到女友对他的态度很冷淡，于是他既悔恨自己不争气，又担心自己被判刑后，相处了3年的女友会离开自己，越想越苦闷。他想发微信或者打电话给女友，可既不敢发微信，也不敢打电话，甚至担心女友哪一天会突然提出分手。因此，林某整天处于苦闷焦虑之中而不能自拔，以至于每天晚上难以入睡，白天上班没有精神，几个月下来感到做什么事都没有劲头，连喜爱的足球比赛也不想看了，胸前像压了一块石头，沉甸甸的，很难受……可以说林某身体上没有什么病，但产生了不平衡的心理。日子一久，他感到忧郁，一蹶不振。你能说林某健康吗？那么，心理健康与生理健康有什么关系呢？

心理健康和生理健康就如"人"字的一撇一捺，缺一不可。一方面，生理健康是心理健康的基础。例如，不仅人的某些器官的病理变化可以直接导致人的心理异常，而且生理疾病也会影响人的心理状态和社会适应能力。另一方面，心理是否健康还直接影响人的生理健康。例如，不良的情绪会使人免疫力下降，还会导致内分泌及其他机体功能失调，使人患上胃溃疡、高血压等生理疾病。不仅如此，生理疾病的预防和康复也离不开健康的心理。保持良好的心理状态，不仅可以减少或免遭疾病的侵袭，而且可以在产生生理疾病后尽快康复。"三分吃药，七分调理"，其实就是强调心理调养的重要作用。

任务2.2　健康情绪教育

调查研究显示，当前社区矫正对象心理健康状况存在问题的情况比较普遍，具体表现为以抑郁、躯体化、精神病性等症状为主，但核心症状是以情绪障碍为核心的神经症。[1]由于社区矫正对象普遍认罪状况良好，但对自己在正常社会环境下矫正的状态感到苦闷，抑郁及适应不良，因此对社区矫正对象进行健康情绪教育就显得尤为重要。由于人的行为与其当时的情绪有着直接的关系，心理问题和心理障碍都会以不同的情绪作为外在的表现控制个体的行为。在社区矫正期间，社区矫正对象需要学习如何调控自己的情绪，以减少不良行为的产生。健康情绪教育的主要内容有：①情绪的种类及功能；②情绪的产生及觉察；③社区矫正对象常见情绪困扰及原因；④情绪的管理及调节，等等。

情绪和情感是人对客观事物态度的体验，是人对客观事物与个体需要之

---

〔1〕 刘素珍等："社区服刑人员心理健康状况调查"，载《心理科学》2006年第6期。

间关系的反映。"人非草木，孰能无情"，生活中的喜、怒、哀、思、悲、恐、惊等都是情绪不同的表现形式。当客观事物和情境符合个体的需要和愿望时，我们就会产生积极、肯定的情绪，如成功后的喜悦；当客观事物和情境不符合个体需要和愿望时，我们就会产生消极、否定的情绪，如失去亲人会感到无比悲伤。

情绪会引起一定的生理反应，在不同的情绪状态下，人的心律、血压、呼吸乃至人的内分泌、消化系统等，都会发生相应的变化。例如，人在焦虑状态下，会感到呼吸急促、心跳加快；而在愤怒状态下，则会出现面红耳赤等生理特点。

情绪具有一定的功能。①适应功能。人们通过各种情绪了解自身或他人的处境状况，适应社会的需要，求得更好的生存和发展条件。②动机功能。情绪是动机的源泉之一。研究发现，适度的情绪兴奋性会使人的身心处于最佳活动状态，能促进主体积极地行动，从而增进行动效率。例如，适度的紧张和焦虑能促使人积极地思考和解决问题，而过度紧张或松弛都不利于行为的进展和问题的解决。③组织功能。一般而言，人们处在积极、乐观的情绪状态时，容易注意事物美好的一面，更愿意接纳外界的事物；人们处在消极情绪状态时，容易失望、悲观，放弃自己的愿望，有时甚至会产生攻击性行为。④信号功能。情绪在人际交往中具有传递信息、沟通思想的功能，这种功能主要是通过情绪的外部表现，即表情来实现的。例如微笑通常表示满意、赞许或鼓励；厌恶、怒目圆睁通常表示否定的态度。

我们知道影响情绪的因素很多，有各种生理因素，如在睡眠缺乏的状态下，人的情绪就容易烦躁不安。不同的环境因素也会影响情绪，如在炎热的夏天，人们也容易出现焦虑、烦躁的情绪，而在凉爽的秋天，人们往往出现悲伤等负性情绪。另外，不良的人际关系因素也会影响个人的情绪，如个体容易出现焦虑、抑郁等。同样，情绪在很大程度上也受制于我们的观念、思考问题的方式，也就是说个体的认知也会影响情绪。美国心理学家艾利斯认为，人的情绪不是由某一诱发性事件本身所引起的，而是由经历了这一事件的人对这一事件的解释和评价所引起的，这就是著名的情绪ABC理论。这里A代表诱发事件，B代表人们对诱发事件所持的态度和观点，C代表反应的结果。例如，周末你的好友约你第二天去打球，然而第二天到了晚上也没有好友的音信，此时你的情绪状态如何呢？如果你认为他说话不算数，有失诚信，那么你会感到很生气；如果你认为他临时有急事，来不了，你可能会谅解；如果你认为他可能出了意外，那你会出现担心的情绪。因此，当个体出现不良情绪时，我们需要分析可能存在的原因，并进行"对症下药"。

社区矫正对象常见的不良情绪有焦虑、抑郁、愤怒、压抑、自卑、自负、嫉妒和冷漠等。对不良情绪进行管理及自我调适的方法有：①转移注意力。当我们觉察到情绪不佳时，可以选择自己喜欢的事情来做，或者做一些能让自己专心投入的事情来分散注意力，将不愉快的心情暂时忘记。例如听音乐，看电影，做运动或者和朋友出去游玩等。②适当合理宣泄。让社区矫正对象把过去在某个情境下所感受到的不良情绪宣泄出来，以达到缓解和消除不良情绪的目的。这里需要强调的是宣泄一定要采取合理的方式，要注意宣泄的对象、时间、地点等，切不可任意宣泄，无端迁怒于他人或他物，造成不良的后果。常用的方法是找亲人或朋友倾诉、在某个空旷的环境大声宣泄，心理咨询师有时会采用"空椅子技术"，让来访者进行情绪的宣泄。③认知调控。美国心理学家艾利斯的合理情绪疗法理论中指出，合理的信念会引起人们对事物适当、适度的情绪和行为反应，而非理性信念则相反，往往会导致不适当的情绪和行为反应。这里非理性信念，有 3 个特点：绝对化、过分概况化（以偏概全）以及灾难化。一般而言，可以通过对社区矫正对象非理性观念的纠正，达到情绪改善的目的。然而当社区矫正对象出现严重的情绪障碍，不良情绪无法自我调控时，还需求助于专业的心理学工作者，通过运用科学的方法和手段，缓解社区矫正对象的不良情绪，使其更好地适应社会生活。

【课堂活动】[1]

针对下列情境，想象你可能有的情绪反应，尽可能多地列举解决问题的办法。

1. 当你在走廊里与人边走边聊天的时候，有个人突然冲过来把你撞倒了。

〔1〕 矫正在线编写组编：《矫正对象心理健康教育读本》，法律出版社 2019 年版，第 143～144 页。

你的反应、感受是：＿＿＿＿＿＿＿＿＿＿＿＿＿＿＿＿＿＿＿＿＿

可能的解决办法有：＿＿＿＿＿＿＿＿＿＿＿＿＿＿＿＿＿＿＿＿＿

2. 公交车里很挤，有人踩了你一脚。

你的反应、感受是：＿＿＿＿＿＿＿＿＿＿＿＿＿＿＿＿＿＿＿＿＿

可能的解决办法有：＿＿＿＿＿＿＿＿＿＿＿＿＿＿＿＿＿＿＿＿＿

3. 有人给你取了个很不雅的绰号，还不时地嘲笑你。

你的反应、感受是：＿＿＿＿＿＿＿＿＿＿＿＿＿＿＿＿＿＿＿＿＿

可能的解决办法有：＿＿＿＿＿＿＿＿＿＿＿＿＿＿＿＿＿＿＿＿＿

4. 有人不知趣，经常喝你水杯里的开水，导致你口渴时没有水喝。

你的反应、感受是：＿＿＿＿＿＿＿＿＿＿＿＿＿＿＿＿＿＿＿＿＿

可能的解决办法有：＿＿＿＿＿＿＿＿＿＿＿＿＿＿＿＿＿＿＿＿＿

5. 有一次，你发现有人偷看你的电子邮件。

你的反应、感受是：＿＿＿＿＿＿＿＿＿＿＿＿＿＿＿＿＿＿＿＿＿

可能的解决办法有：＿＿＿＿＿＿＿＿＿＿＿＿＿＿＿＿＿＿＿＿＿

6. 在酒店吃饭时，有人把饭菜弄到了你的身上。

你的反应、感受是：＿＿＿＿＿＿＿＿＿＿＿＿＿＿＿＿＿＿＿＿＿

可能的解决办法有：＿＿＿＿＿＿＿＿＿＿＿＿＿＿＿＿＿＿＿＿＿

7. 你跟人打架，脸被打肿了。

你的反应、感受是：＿＿＿＿＿＿＿＿＿＿＿＿＿＿＿＿＿＿＿＿＿

可能的解决办法有：＿＿＿＿＿＿＿＿＿＿＿＿＿＿＿＿＿＿＿＿＿

8. 你违反了监督管理规定，被矫正工作人员发现了。

你的反应、感受是：＿＿＿＿＿＿＿＿＿＿＿＿＿＿＿＿＿＿＿＿＿

你希望矫正工作人员对你：＿＿＿＿＿＿＿＿＿＿＿＿＿＿＿＿＿＿

任务2.3　自我意识教育

一、自我意识教育的概念及内容

自我意识教育是让社区矫正对象掌握自我意识的概念及其形成规律，懂得自我意识在个体心理健康教育中的地位和作用，了解社区矫正对象常见的自我意识方面的缺陷或不足，理解并掌握建立和完善自我意识的方法。自我意识教育主要包括：①自我意识的概念及结构；②自我意识的形成及影响因素；③自我意识与心理健康的关系；④自我意识出现偏差的表现及原因分析；⑤完善自我的方法；等等。

自我意识是对自己身心活动的觉察，即自己对自己的认识，具体包括认识自己的生理状况、心理特征以及自己与他人的关系。自我意识包括自我认识、自我体验和自我控制三个部分。自我认识属于自我意识的认知成分，是一个人对自己的认识，回答的是"我是谁""我是个什么样的人"等问题。它包括自我感觉、自我观察、自我分析、自我评价等。自我体验属于自我意识的情感成分，是伴随着自我认识产生的内在感受，反映为对自己的满意状况，主要涉及"我是否喜欢自己""我是否满意自己"等问题，主要是一种自我的感受，包括自尊感、自卑感、自豪感等。自我控制属于自我意识的意志成分，是一个人对自身的心理与行为的主动支配和掌握，即一个人不受外界因素的干扰，能自觉调节自己的情感冲动和行为。它主要涉及"我如何成为自己理性的那种人""我怎么样才能成为一个更有自信的人"等个人对自己的行为活动调节的问题。自我意识从内容上也可以分为生理自我、心理自我和社会自我。自我意识是一个完整的、多层次的心理系统，体现着一个人的成熟度，决定着个性心理的发展水平，对个体的一生都有着重要的作用。

二、自我意识的形成及过程

自我意识有一个产生和发展的过程。自我意识产生于儿童时期，在青少年时期得到很大的发展，青春期以后到成人阶段基本定型。影响自我意识的因素很多，在个体5岁以前，父母或其他人的教育和评价对孩子自我意识的形成有重要的影响作用。如果家长过分溺爱孩子，对孩子过分顺从，容易让孩子形成自我中心意识。而父母如果过于严厉，即使是合理的要求家长也不予满足，孩子容易形成退缩、胆小、自卑的性格。家长需要对孩子的合理要求给予满足，对不合理要求坚决拒绝，同时尊重孩子的独立性，为孩子未来养成理性、现实的自我意识打下基础。随着年龄增大，教师和同伴的作用，将会对个体产生越来越大的影响。另外个体的反思能力促使个体自我意识逐渐走向客观、理性和成熟。

三、自我意识与心理健康的关系

自我意识直接影响个体的心理健康。个体的自我意识应与客观自我是相辅相成的。如果一个人不能正确认识自己，过分自卑，自己看不起自己，因此会对外界的评价非常敏感，害怕被人拒绝或被别人批评。而一个人如果过于高估自己的能力，认为其他人都不如自己，当在客观现实中遇到困难时，也会不知所措。因此健康的自我意识可以促进个体的身心健康。健康的前提是对自身健康状况有明确的意识，当意识到自己的身体或心理有不健康的方面，就需要寻求医生的帮助，否则会影响个人的生活质量。

四、社区矫正对象自我意识出现偏差的表现及自我完善的方法

社区矫正对象自我意识存在偏差常见的表现有：妄自菲薄，存在严重的自卑心理；妄自尊大，存在盲目的自信；过于自我中心，等等。因此，在实际生活中，社区矫正对象需要客观、科学、多角度地认识自己，通常可以通过以下几个方面进行自我完善：①全方位地认识自己。我们知道人最难的就是认识自己。认识自己可以通过心理测验的方法，对心理测验结果进行客观的解读。也可以通过他人评价或和他人进行比较的方法，另外也可以通过自省的方式，进行自我反思。古人云："吾日三省吾身。"可见，自古以来就有人通过反思法来认识自己。当然在现实生活中，通过生活实践、自己的亲身经历，也能更好地认识自己，及时发现自己的优点和不足，在实践中使自己得到检验。②多角度接纳自己。在全方位认识自己的过程中，肯定会发现自己的优点和不足。面对自身的缺点，有时候也要学会一定程度的自我接纳。在肯定自己长处的同时，也要学会接纳自己的不足。学会接纳一些我们无法改变的缺点，如生理的缺陷或不如意的现状。与其每天唉声叹气，不如自己尝试改变自己，积极去争取，在自己能力范围内，尽可能地通过努力弥补不足。③现实中超越自己。认识自己不是目的，改变自己、超过自己、做更好的自己才是最终目标。为了实现更完善的自我，需要个体行动起来，树立切实可行的目标，坚持不懈的努力，增强自己的耐挫能力，实现更好的自己。

🔍 **案例 5 - 2**

任某，女，未成年人，因犯抢劫罪被判处有期徒刑 3 年，缓期 3 年，于

2012 年 6 月 3 日，在清河街司法所接受社区矫正。任某从小没有得到家庭的温暖、父母的关爱，因此有自闭倾向，对家庭生活抗拒、排斥，不愿与父母沟通交流。加之正值青春期叛逆阶段，任某因不满家庭现状，交往了一些不良少年，最终走上了犯罪的歧途。任某在被判刑之后，十分自卑，甚至想自暴自弃。司法所工作人员发现这种苗头后，及时对任某进行教育感化，心理辅导，帮助其树立自信心，鼓励教育任某：人的一辈子很长，在哪里跌倒就要从哪里站起来，走错了不怕，只要及时改正，还能从头来过。司法所与任某约定，每周要看到她学习成绩的进步，哪怕进步是微小的。经过多次心理辅导，任某渐渐地投入到了学习中去，经过努力，任某以优异的中考成绩考上了某大学附中。

考上某大学附中后，任某进一步增加了自信，父母也非常欣慰，家庭关系有所缓和，任某也开始信任父母，愿意与他们沟通了。此时任某变得开朗阳光，司法所为她安排了校外辅导员的任务，寒暑假在社区向同学们进行演讲。在实践活动中，任某以"在平凡中，成就不平凡"为主题，以自己的亲身经历，教育同学们遵纪守法。活动结束后，任某告诉我们，她觉得自己也可以对社会有贡献，希望多多参与这种社会实践，自己犯过错误，现在更想好好回报社会，感谢社会的不抛弃、不放弃。

现在的任某阳光开朗，积极向上，充满正能量，积极地用自己的行动感恩和回报社会，同时她也在不断努力，为自己的梦想"考上北大，成为栋梁"继续努力。[1]

任务2.4　人际交往教育

一、人际交往的概念及内容

人际交往又称社会交往，是指个人与个人、个人与群体或群体与群体之间通过一定方式进行接触，从而在认知、情感和行为上互相影响的过程。人际关系教育是帮助社区矫正对象懂得人际关系与心理健康的关系，认识到社

---

〔1〕　司法部社区矫正管理局编：《全国社区矫正案例选编：2013－2016》，法律出版社 2017 年版，第 377~379 页。

区服刑的特殊身份对其人际关系产生的影响，了解社区矫正对象常见的人际交往障碍及其消除方法，掌握人际交往的基本常识与技巧，建立和谐的、有助于社区矫正对象良性发展的人际关系。人际交往教育的内容主要有：①人际关系的概念；②人际交往中的常见偏差；③人际交往的原则；④人际交往的技巧和方法。

　　人际关系与人的生活、学习、工作密切相关。人际关系是否良好，也是心理健康标准中的一项重要指标。人际关系是人与人交往中建立的直接的心理上的联系，是人与人为了满足某种需要而进行的一种交往活动。社区矫正对象群体中，存在一定程度上的不良人际关系。不良的人际关系有时也是其出现违法犯罪的原因之一，会在一定程度上影响社区矫正对象的矫正过程。因此，对社区矫正对象进行人际关系教育显得尤为重要。

　　二、人际交往的原则、技巧及方法

　　在人际交往中还需遵循平等、尊重、真诚、守信、理解、接纳、互帮互助的原则。在人际关系的处理中，每个人都希望得到别人的平等相待。平等意味着相互尊重，只有尊重他人，才能得到他人的尊重。要善于倾听别人，尊重别人的发言权、家庭出身、生活习惯、隐私等。当今社会真诚、守信是我们做人做事的一项重要原则，在人际交往中只有彼此抱着心诚善意的动机和态度，拉近彼此之间的心理距离，才能相互理解、接纳、信任。同时人际交往中也要互相宽容和理解，做到相互帮助，才能实现人际关系的和谐效果。

　　社区矫正对象通过人际交往教育，可了解其常见的交往偏差，使其掌握人际交往的原则和技巧，建立和谐的、有助于其良性发展的人际关系。在人际交往过程中，也有一些常见技巧，如加强个体自身的修养以提高交往中的吸引力。一般而言，一个品德高尚、个性稳定、兴趣广泛、待人热情的人在社会交往中往往具有较强的魅力；相反，一个自私自利、性格孤僻的人，大家往往难以与之相处。另外在人际交往过程中，要宽容和理解，学会换位思考。在交往过程中，如果能设身处地为别人多想想，与朋友相处能够存大同、求小异，本着真诚相待的原则，会更好地处理好社会生活中的人际关系。

专栏5-2　人际交往中常见的心理效应

首因效应，又叫第一印象或最初印象，即最初获得的信息比以后获得的信息有更大的影响。第一印象一旦建立，对以后得到的信息的理解有着非常重要的定向作用。俗话说，先入为主，讲的就是这个道理。人们根据最初形成的印象去推测和解释他人以后的一系列行为，就可能出现错误，这就是首因效应的偏见。例如，我们看到一个胳膊上有文身的人，会感觉这不是什么好人；我们看到一个外表英俊的人，会感觉这个人很有气质修养。其实第一印象并不准确。由于在较短时间内根据有限的表面资料所得出的结论，具有较强的主观性和片面性，所以要注意其消极的一面。但由于第一印象能够给人留下深刻的印象，因此我们要利用其积极的作用，在人际交往中，注意对第一印象进行管理，力求一开始就给别人留下良好的感觉、印象。

近因效应与首因效应相反，指人际交往中最后印象对以后的认知具有强烈的影响。虽说第一印象固然重要，但最后的、最近的印象也很重要。一般来说，对陌生人的认知过程中，首因效应比较明显；在对熟人或久违的人的认知中，近因效应所起的作用更为明显。因此，我们需要学会用动态的、历史的、发展的眼光来看待他人，看待与他人的人际关系。

晕轮效应也称光环效应，是指人们在认识他人时，对于他人的某种品质或特征有突出的知觉，这一品质或特征掩盖了对这个人的其他品质或特征的知觉，这一突出的印象起着类似晕轮的作用。从一个人的个别品质特征来对他进行全面评论，这就是晕轮效应。生活中晕轮效应很多，例如，某个歌手唱歌很好听，会认为他各方面都很好；有人有过犯罪前科，大家可能会感觉他自私自利、愚昧无知等。现实生活中，我们看待事物还是需要用全面、客观的角度来看待，不能狭隘、片面地在自己掌握很少资料的情况下就作出总体的判断结果。

定式效应也称刻板印象，是人们在长期认知过程中所形成的关于某类人的概况而笼统的固定印象。例如，人们常说北方人大方、豪爽；南方人比较精明、做事细致等。定式效应的积极作用是使认知他人的过程简化，有利于对被认知的人和事物作出概括性反映，它给予人的是经验。但它也具有明显的消极作用，容易产生偏见或错觉，给人际交往带来负面影响。

投射效应是指在人际交往中，认知者形成对别人的印象时总是假设他人与自己有相同的倾向、特征。"以小人之心度君子之腹"就是一种典型的投射效应。例如，自卑的人认为其他人都瞧不起自己；喜欢嫉妒的人常常将别人行为的动机归纳为嫉妒，如果别人对他稍不恭敬，他便觉得别人在嫉妒自己，等等。

任务2.5　意志力教育

意志力是个体克服困难、忍受挫折的能力。意志力的教育旨在使社区矫正对象了解意志的心理特点，了解挫折的心理规律，使他们能够正确面对挫折，自觉运用挫折原理，理智地采用积极的挫折应对方式。社区矫正对象的意志力教育内容主要包括：①什么是意志；②良好的意志品质有哪些；③如何培养自己的意志品质；④挫折的含义及应对；⑤如何培养挫折的耐受力。

一、意志及意志品质的培养

意志是人所特有的高级心理，它使人能够主动地预见和克服困难，向既定目标迈进。然而人不仅需要意志，还需要把意志转化为行动，这样目标才会实现。现实生活中，社区矫正对象在遇到困难时，往往选择回避或消极面对，没有采取积极的行动。意志与人的认知过程、情感过程密切联系。社区矫正对象如果没有积极的意志力，就不会有深刻的认识活动，也就不会促进其认识能力的发展。意志薄弱的社区矫正对象，在遇到困难时，往往被消极的情绪影响，而意志坚强的个体，能够让自己的情感服从于理智，积极采取行动，形成良好的习惯，并不断进步。

意志不仅是一个人取得成就的关键因素，也是保持心理健康的一个重要因素。良好的意志品质包括自觉性、果断性、坚韧性和自制性。良好意志品质的培养，一是需要个体经常自省，积极行动，克服不良意志；二是加强自我锻炼，培养良好的意志品质；三是追寻生活的意义，确立生活的目标；四是坚持积极的行为观。

二、挫折及挫折耐受力的培养

挫折是指人们在从事某种活动、追求某个目标时遇到障碍或干扰，并因障碍干扰而产生了损失或遭受失败。一般来说，挫折在每个人的生活中都会遇到，它会带来痛苦和磨难，同时也可能带来收获与成长。对于社区矫正对象来说，由于身份环境发生重大变化，遭遇的挫折也会随之变化。他们能否正确应对挫折，不仅决定着矫正过程是否顺畅，更关系到最终的改造结果是否如愿。社区矫正对象正确应对挫折有利于其身心健康，化解自身的危机，同时能提升个人解决问题的实际能力，不断提高社区矫正工作的效果。

　　培养社区矫正对象挫折承受力的方式、方法有很多，首先需要社区矫正对象正确认识自己，能够客观评价自己。根据自己的实际情况，恰当地分析自身的优点和不足，做到扬长避短，更好实现自我价值。其次要善于调节自我的期望水平，要根据自己的实际能力，正确设定改造目标，并不断调整及改进。再次要增强自己挫折的认知水平，不断提高自己的意志力。再其次要学会建立良好的人际关系，逐渐满足个体的情感需要。最后要培养乐观的人格。多角度看待问题，不断保持乐观的情绪状态。当社区矫正对象遇到挫折时，要敢于面对挫折，并学习进行合理的归因，采取积极的措施来改变困境，并利用各种资源来化解困境，如主动求助专业人员或找亲人朋友适当的倾诉等。

专栏 5 - 3　当遇到挫折时，会采取什么心理防御机制? [1]

　　在日常生活中，我们逐步学会用各种态度与方式对心理挫折作出反应，这些行为方式经过强化和重复，逐渐成为对待心理挫折的一定的习惯表现方式，即自我心理防御机制。当我们碰到挫折时，为了减轻内心的不安，恢复情绪的稳定，我们就会采用心理防御机制来维护心理平衡。

　　我们常用到的自我心理防御机制主要分为两类：

　　1. 积极的心理防御机制

　　(1) 升华作用。升华是指遇到挫折或打击时，不悲观失望，不气馁，把它变成动力，并升华到干一番事业上来。一个有强烈妒忌心理的人，看不得别人比自己强，但理智又不允许他将这种心理表现出来，于是他可能通过发奋图强来试图超过对手；一个生活上受到过打击的人，他可以用在事业上的成就来加以补偿。平时讲的"化悲痛为力量"，也是一种心理上的升华作用，这是一种积极的心理防御机制。

　　(2) 补偿作用。补偿是指人们因其生理或心理缺陷，而企图用种种方法来弥补这些缺陷，以减轻挫折感。正所谓"失之东隅，收之桑榆"，就是这种补偿作用。有的人觉得自己的身体素质欠佳，不能在运动场上骁勇称霸，于是在学习上拼命用功，在考场上夺冠摘桂；有的人功课不好，便在社交场合大出风头；有的人视力障碍，但触觉和听觉异常敏锐。

　　(3) 幽默作用。当一个人处境困难或陷于尴尬境地时，有时可使用幽默来化险为夷，渡过难关，或者通过幽默间接表达潜意识意图，在无伤大雅的情形中，表达意念，

---

〔1〕　扶禾心理教育："当我们挫折时，会采取什么心理防御机制"，载 360doc 个人图书馆网，http://www.360doc.com/showweb/0/0/1047192278.aspx，最后访问时间：2022 年 8 月 10 日。

处理问题。

（4）理智。就是在遇有挫折和心理冲突时，强迫自己冷静下来，理智地去分析挫折和心理冲突的性质、原因和发展趋势，确定自己的态度和处理方法。

（5）宣泄。当心情烦躁，用理智控制不了自己的情绪时，改用语言宣泄。例如，可及时找亲人、朋友尽情倾诉一下自己的苦衷、愤怒和不平，获取别人的理解和同情，以解脱或减轻自己的烦恼，还可以大叫几声，痛哭一场，把自己内心破坏性的能量都释放出来，再冷静地处理问题。但要注意场合、时间和尺度。

（6）转移。当挫折太大，心理冲突太强，一时难以排解，而采用转移大脑兴奋中心的方法，即在挫折、心理冲突过强时，扔下这些不去理睬，转移去做自己最喜欢的、最有可能成功的事，以此来缓解自己的不良情绪或者脱离现有环境，进入新环境，来达到缓和情绪的目的。

2. 消极的心理防御机制

（1）退行作用。退行作用是指重新回到原先幼稚行为的一种心理防卫术。有时人们在遇到挫折后，会放弃已经达到的比较成熟的适应技巧或方式，而恢复使用原先较幼稚的方式去应付困难，或满足自己的欲望，这就是退行作用或退行现象。

（2）幻想作用。其是指一个人遇到现实困难时，因无法自理而利用幻想的方法，使自己从现实中脱离开或存在于幻想的境界中，以其情感与希望任意想象来处理其心理上的困难，以得到内心的满足。它是一种与退行作用十分相似的心理防御机制。它可以说是一种部分的，且为思维上的退行现象。例如，一个在现实中备受欺凌的女孩，她可以想象自己有一天会碰到一位英俊的王子，帮助她脱离苦境带来幸福等。

（3）逆反心理。逆反是指当一个人感觉到他的自由被剥夺时而唤起的一种企图恢复自由感的动机状态，以对抗任何一种外部控制措施为表现形式。越是意识到有外部威胁的存在，逆反心理也越强烈。用通俗的语言来讲，就是"你要我向东而我偏要向西"。常见于个体的青春期。

（4）合理化作用，又叫文饰作用。是当个人遭受挫折或无法达到所要追求的目标，以及行为表现不符合社会规范时，用有利于自己的理由来为自己辩解，将面临的窘迫处境加以文饰，以隐瞒自己的真实动机或愿望，从而为自己进行解脱的一种心理防御机制。我们通常说的"傻人有傻福""破财消灾"都是指的这种心理。在运动场上失败的选手，可能会说，"重在参与"。有个人买了一辆自行车，与其他人买的车一比较，发现自己的车价钱又贵，式样又老，十分后悔，但这个人总说自己的车好，常说"一分价钱一分货嘛"。

无论是利用什么防御机制，我们都要直面困难。直面困难的人会从困难中得到许多意想不到的收获，他们最终会变成当事人的生命财富。所以正确利用心理防御机制会使我们获得强大的精神动力和足够的自尊自信，从而使我们走向成功。

专栏 5 - 4　九只狐狸的故事

　　盛夏酷暑，一群口干舌燥的狐狸来到一个葡萄架下。一串串晶莹剔透的葡萄挂满枝头，狐狸们馋得直流口水，但葡萄架很高。

　　第一只狐狸跳了几下摘不到，从附近找来一个梯子，爬上去满载而归。

　　第二只狐狸跳了多次仍吃不到，找遍四周，没有任何工具可以利用，笑了笑说："这里的葡萄一定特别酸！"于是，心安理得地走了。

　　第三只狐狸高喊着"下定决心，不怕万难，吃不到葡萄死不瞑目"的口号，一次又一次跳个没完，累死在葡萄架下。

　　第四只狐狸因为吃不到葡萄整天闷闷不乐，抑郁成疾，不治而亡。

　　第五只狐狸想："连个葡萄都吃不到，活着还有什么意义呀！"于是找个树藤上吊了。

　　第六只狐狸吃不到葡萄便破口大骂，被路人一棒子了却性命。

　　第七只狐狸抱着"我得不到的东西决不让别人得到"的阴暗心理，一把火把葡萄园烧了，遭到其他狐狸的共同围剿。

　　第八只狐狸想从第一只狐狸那里偷、骗、抢些葡萄，也受到了严厉惩罚。

　　第九只狐狸因为吃不到葡萄气极发疯，蓬头垢面，口中念念有词："吃葡萄不吐葡萄皮……"

　　通过阅读九只狐狸的故事，请大家思考，当遇到挫折时，不同的狐狸采取什么措施来应对挫折，各自又具有哪些心理防御机制？

任务 2.6　人格教育

　　国内外大量研究显示，罪犯的人格与普通人有显著差异，人格与犯罪行为有密切关系，尤其是具有反社会人格特征的个体，其犯罪特征更为明显。人格的不健全是诸多认知、情绪等心理问题的根源，人格健全是一个逐渐完善的过程，也是一个不断自我成长的过程。人格教育是让社区矫正对象掌握健全人格和不健全人格的概念，认识到不健全人格对个体心理健康的消极影响，了解社区矫正对象常见的人格缺陷表现，掌握消除不健全人格和培养健全人格的方法。人格教育主要包括：①人格的内涵；②健全人格的表现；③人格障碍的典型特征；④健康人格的自我塑造途径与方法。

一、人格的内涵

　　人格是个体独特而相对稳定的心理行为模式。个体的人格包括内部的心理特征和外部的行为方式。人格反映一个人对社会真实、恒定的态度，是个人所具有的心理特征的总和。人格的内涵十分丰富，包括品格、性格、气质、素质、兴趣、爱好、才能、能力、智力、理想、信念、责任心、荣誉感等。人格具有独特性、整体性和相对稳定性等特点。我们知道每个人都是独特的个体，世界上没有人格完全相同的两个个体。人格作为统一的整体，包含在其中的各种心理特性存在着有机联系，它们之间相互影响，相互依存，可以通过人的行为方式表现出来。虽然说"江山易改，本性难移"，但是人格并不是绝对不变的，随着个体认识水平的提高，其情感、意志、信念的变化也会改变其行为。比如，社区矫正对象王某，行为散漫，没有什么规则意识，自我控制能力差。通过社区矫正的教育改造，逐渐懂得了规范的重要性，对自我有一定的约束力，行为也在逐渐往好的方面发展，并能更好地适应社会生活。

二、健全人格的表现

健全人格是各方面健康心理特征的综合，也是各种良好人格特征在个体身上的集中体现，一般具有以下几个方面的特征：①良好的环境适应能力；②正确的自我意识；③乐观向上的生活态度；④良好的情绪调控能力；⑤和谐的人际关系；⑥正确的行为选择和决断能力。健全人格的标准之间是相互联系的。人格健全的人，其人格的各个方面都是平衡的、统一的。

人格发展受很多因素的影响，如生物遗传因素、社会文化因素、家庭环境因素、学习与教育的因素等。当人格特征偏离了常态，人格的发展出现内在的不协调，在没有认知障碍的情况下出现情绪反应、动机和行为活动的异常时，我们认为个体出现了病态人格，也称为人格障碍。人格障碍的表现十分复杂，不同的类型有不同的表现。

三、健全人格的自我塑造途径与方法

社区矫正对象健康人格塑造的过程可以通过对自我的管理实现，可以通过学习教育培养良好的人格品质，同时也可以通过教育改造等实践体验，不断促进人格的塑造。社区矫正对象通过健全人格教育，能够更好地认识自我，改变自身不合理信念，提高解决问题的能力，建立良好的人际关系，更好地

接受社会道德规范的约束，不断完善自我，做一名合格的公民，更好地适应社会生活。

任务3 社区矫正对象心理健康教育的实施

对社区矫正对象进行心理健康教育，"必须坚持守正创新"。既要运用传统的方式方法，又要紧跟"时代步伐，顺应实践发展"不断创新。

任务3.1 心理健康的集体教育

社区矫正对象的心理健康的集体教育主要体现在系统化的课堂教育、针对性的专题教育和形式丰富的团体心理辅导等。

一、系统化的课堂教育

在社区矫正期间，社区矫正工作人员或心理教育工作者可以对社区矫正对象开展系统化的课堂教育，这也是心理健康教育的一种重要方式。教师可以通过面授或网络远程授课的方式进行教育，教育内容可根据心理健康教育工作的要求系统化安排。这种方式的优点为形式正规，方式直接，覆盖面广泛，学习内容系统，对社区矫正对象学习基本的心理健康知识，提供了很好的学习环境。网络远程学习更具有学习时间灵活的特点，同时也更符合特殊时期疫情防控的要求。通过学习，社区矫正对象可以掌握基本的心理健康知识，提高对心理健康的认识水平，学会正确、客观地认识自我，学会心理健康的自我调适方法，获取丰富全面的心理健康知识，以提高自身综合的心理素质。这里需要注意的是，教学过程中，既要注重心理学基本理论的讲解，又要注重心理调节方法的传授，不仅教育内容充实，教育形式也要多样化，可以增加知识竞赛、小组讨论、情境互动、心理游戏等活动丰富教学内容，以增加社区矫正对象学习的积极性和主动性。

二、针对性的专题教育

针对性的心理健康专题教育，是矫正机构针对一些具有代表性的问题或特定社区矫正对象的特定问题而进行的心理健康教育。专题教育与系统化课堂教育相比，具有针对性和实效性的特点，是对系统化课堂教育的有力补充。

例如，对暴力犯罪类型的社区矫正对象进行自我控制能力的学习及训练、对经济犯罪类型的社区矫正对象进行自我意识及认知模式的矫正训练、对初入矫的社区矫正对象讲解情绪和心理健康的关系或挫折心理与调适等方面的知识与技能、对即将解矫的社区矫正进行自信心训练等。这种专题教育因事、因人而设，具有很强的针对性。在条件允许的情况下，可邀请社会上有关的专家来进行专题讲座，专家以其知识性、权威性，更受社区矫正对象群体的欢迎。总之，针对性的专题教育对于提高特殊社区矫正对象群体的心理素质、帮助其适应和顺利度过不同矫正阶段方面具有良好的效果。

三、形式丰富的团体心理辅导

团体心理辅导被称为"神奇的圆圈"，是一项专业的心理学助人方式，应用领域广泛，尤其是对那些有着共同发展困惑和相似心理困扰的个体有很大的帮助。团体成员围坐在一起，经过几次密集的互动，相互交流分享，探讨自我，尝试改变行为，学习新的行为方式，以解决生活中的各种心理问题。针对人际关系不良的社区矫正对象，辅导效果更为显著。这种方式适用范围广，工作效率高，对领导者的要求也高，因此，必须是受过专业训练的人员才能担任团体领导者，否则会影响辅导效果，并对团体成员产生不必要的伤害。

任务3.2　心理健康的个别教育

心理健康的个别教育主要体现在对社区矫正对象的个别辅导、心理咨询和心理训练。

1. 个别辅导。个别辅导是社区矫正对象心理健康教育中一种比较常见的形式。当社区矫正对象和他人发生矛盾冲突时，可进行人际关系辅导；当社区矫正对象不服判决时，可进行刑事政策辅导；当社区矫正对象的经济出现巨大困境时，可进行就业帮扶指导等。个别辅导针对性强，社区矫正工作人员需要了解社区矫正对象的社会背景、家庭情况、个性特点、价值观念、成长经历、犯罪历史、目前现状等信息，综合判断社区矫正对象的真正心理需求，建立良好的辅导关系，给予准确恰当的心理辅导。

2. 心理咨询。心理咨询是由专业的心理学工作者运用心理学的原理、技术和方法，了解社区矫正对象的心理状况，帮助其调节不良情绪，改变不合理认知，预防、改善和消除心理问题，矫治其犯罪心理，促进社区矫正对象心理健康的活动。由于社区矫正对象心理健康水平相对较低，当出现心理问题时，需要专业的心理咨询师进行心理疏导，以缓解其不良情绪状态和行为表现。当前社区矫正对象心理咨询的形式比较多，常见的是个体咨询、沙盘治疗，电话咨询、视频咨询等，主要由兼职心理咨询师负责。通过心理咨询，有利于社区矫正对象在矫正期间不良心理的改善，增强其社会适应能力，对社区矫正工作起到积极的促进作用。

3. 心理训练。心理训练是指通过有目的的心理练习，对被训练者进行有意识的影响，使其心理状态发生变化，以达到适宜的心理程度，提高心理健康水平，增强身心健康需要的教育手段。心理训练能使被训练者以良好的心理素质，经受困难和挫折的考验。搞好心理训练不仅可以预防心理疾病的产生，同时还可以激发各种心理潜能，提高心理素质，塑造健全人格。

任务3.3　心理健康的辅助教育

社区矫正对象心理健康的辅助教育形式多样，主要指利用传播媒介开展心理健康教育的宣传教育。通过心理漫画展、心理板报、电视、广播、网络等宣传媒介以及心理自助平台等帮助社区矫正对象学习心理健康的基本知识及方法。目前对社区矫正对象开展心理教育的宣传工作，更多的是通过手机软件对社区矫正对象进行知识的推送，这也是二十大报告中提到的"推进教育数字化"的具体体现。

另外，社区矫正工作人员也要加强社区矫正对象的自我教育，在方式上突出社区矫正对象的主体地位，例如，可以鼓励社区矫正对象写日记，在日记中进行自我体验和认识，进行自我的理性构建，把写日记转化为一种自我思考的过程，而不是单纯的记录日常琐事。

开发社区矫正对象自身潜力的同时，也要注重社区矫正对象的群体的力量，营造积极的心理互动环境。例如学习心理保健操、编排心理情景剧，组织矫治典型进行现身说法。这些辅助性教育灵活性强，可根据社区矫正对象的具体需要安排调整，起到活跃心理健康教育氛围、强化心理健康教育效果的作用，是社区矫正对象心理健康教育集体教育和个别教育的有益补充。社区矫正对象应充分利用心理健康辅助教育，从中获得心理健康的知识和方法，同时，要联系自己的生活实际，把所学的心理健康知识原理和方法应用于实际。

任务3.4　心理健康的分阶段教育（入矫、日常教育、解矫）

由于不同类型的社区矫正对象也各具特点，因此，在心理健康教育的实施过程中，应针对不同类型的社区矫正对象分阶段进行教育，以增强心理健康教育的针对性，取得更好的教育效果。

对于新入矫（入矫宣告后的1个月~3个月内)[1]的社区矫正对象，由于刚接受矫正，容易产生情绪波动、焦虑和抑郁，心理不适应。对于大部分社区矫正对象而言，他们具有一定的社会道德感，认知态度良好，由于此时身份发生变化，容易对周围的一切过分敏感和猜疑，容易出现自卑心理，担心自己受到不公正的待遇，会受到社区矫正工作人员或邻居的歧视等。少数社区矫正对象会出现敌对态度，因陷入法律认知的误区，不服判决，与社区矫正工作人员出现很大的对立情绪。通过入矫时的心理测评，可以针对不同问题的社区矫正对象开展有针对性的心理健康教育工作，此时的主要工作任务是帮助社区矫正对象调整自己的心态，适应矫正环境，确立目标，为后期矫正奠定好基础。心理健康教育的具体内容包括：①心理学及心理健康基本知识教育；②调整自我，熟悉环境，适应环境；③端正态度，面对现实，接受现实；④重新确定目标，充实矫正期生活；⑤调节情绪，改善心情。具体方法：开展心理测评工作，建立心理档案，另外可以邀请社区居民参与社区矫正对象的日常矫正工作，让社区矫正对象了解居民对他们的真实评价，同时接受社区居民提出的意见和建议，帮助他们建立值得信赖的人际关系，增强社区矫正对象对自身正面形象的认可和肯定。同时也可以让社区矫正对象与以往接受社区矫正并成功回归社会的典范进行经验交流，使得社区矫正对象能够看到未来生活的希望，提高面对现实的勇气。对于少

---

[1]　芦麦芳主编：《社区矫正教育》，法律出版社2016年版，第43页。

数对社会和社区矫正工作抱有敌意的社区矫正对象而言，需要尽快开展心理健康教育和法律常识教育，调整其认知偏差，让其形成正确的认知，尤其是对自身遭受的刑罚的认知。在社区矫正对象入矫阶段，主要是帮助他们调整不良情绪，尽快确定矫正目标，充实矫正期生活。

对于社区矫正对象心理健康教育的日常教育，是针对全体社区矫正对象进行的，并非针对存在心理问题的社区矫正对象。社区矫正对象在经历过入矫教育后，已经基本能够适应新的身份和环境，情绪特点相对平稳。然而日常教育是持续时间最长的阶段，这时我们需要进行系统地引导社区矫正对象构建良好的自我意识、建立和谐的人际关系、培养对于挫折的心理承受能力等方面的心理品质，同时还需关注社区矫正对象生活中出现的突发事件以及是否存在长期压抑、隐藏的心理问题等。此阶段的心理健康教育工作的重点是帮助社区矫正对象维持平稳的心态，避免心理危机的出现。在具体的实施过程中，可以进行多种方式的心理健康教育活动，如开展系统集中授课，专题讲座，团体心理辅导和成长学习、小组交流讨论等活动。针对个别社区矫正对象出现的特殊心理问题，需要进行个别心理矫治。另外，社区矫正工作人员还可以为无生活技能的社区矫正对象提供有关的技能培训，让他们习得一技之长，能自食其力，从而形成心理健康教育及技能训练相互促进、相辅相成的良性循环局面。

对于即将解矫（矫正期限届满前 1 个月）[1]的社区矫正对象，随着矫正期限的即将届满，社区矫正对象心理状态有可能又会出现较大波动。一方面，他们期望自己早日脱离社区矫正机构，能够像一般居民那样开始正常的生活。另一方面，他们又会对未来生活充满担心，有可能还会出现强烈的焦虑情绪。此时的社区矫正对象往往表现为情绪的不稳定。因此，社区矫正工作人员需要强化和巩固社区矫正对象的心理调适教育，开展有关心理测评工作及进行有关心理辅导，同时还需加强安置帮教衔接教育，引导社区矫正对象树立生活信心，坚决摒弃错误观点、不良心理及行为习性；对于有困难、有疑惑的社区矫正对象及时向安置帮教部门沟通，请求帮助。

---

[1] 张建明、吴艳华主编：《社区矫正实务》，中国政法大学出版社 2021 年版，第 252 页。

　　此时针对不同群体的社区矫正对象，心理健康教育的工作重点也不同，或以人际关系教育为抓手，或以认知调整为重心，或以情绪控制、行为训练为重点。例如，针对女性社区矫正对象，需要培养她们自尊、自爱、自强的心理品质和情绪管理的能力；针对未成年社区矫正对象，需要不断完善他们的人格品质，加强正确的世界观、人生观、价值观的确立，提高他们的抗挫折能力，帮助他们树立信心，重塑人生。同时，矫正机构还需充分发挥社区的作用，积极组织开展相关活动，使得社区矫正对象感受到社区对其的接纳和认可，更好实现社区矫正中教育帮扶的原则。

任务4　（实训项目5）社区矫正对象心理健康教育技能训练

案例 5-3

　　李某，男，因犯职务侵占罪被判处有期徒刑3年，缓刑4年。在入矫初期，李某觉得自己以前是一名受到学生们的尊重的高校教师，现在却成了罪犯，颜面尽失，情绪低落，总认为周围的人用异样的眼光看他，思想负担比较重，严重影响了他接受社区矫正的信心。

　　研究显示，新入矫的社区矫正对象往往出现内疚、自责、焦虑、抑郁等不良情绪，对自身心理健康造成严重影响，为更好地对新入矫的社区矫正对象进行教育帮扶，提高其心理健康水平，如果你是心理矫治工作人员，你认为应如何制定一系列有针对性的心理健康教育工作方案呢？

附：实训任务书和实训考核表

实训任务书

实训项目	对初入矫的社区矫正对象开展心理健康教育的工作技能
实训课时	2课时

续表

实训目的	学生通过模拟实训，学会制定社区矫正对象心理健康教育工作的方案，从而具备对社区矫正对象进行心理健康教育的职业能力
实训任务	1. 设计初入矫社区矫正对象心理健康教育工作的方案 2. 撰写实训报告
实训要求	1. 学生应提前掌握社区矫正心理健康教育工作的内容及实施的相关知识 2. 指导教师应具备心理咨询师的资格并能带领学生完成实训任务 3. 学生要积极配合指导教师的指导完成实训 4. 将学生分成若干小组，采用小组成员合作的方式完成实训任务 5. 指导教师进行点评总结，每组学生根据指导教师的点评总结找出不足
实训成果形式	1. 实训总结 2. 制定初入矫社区矫正对象心理健康教育工作的方案
实训地点	理实一体化教室
实训进程	1. 指导教师讲解（利用多媒体教室介绍实训步骤、注意事项） 2. 阅读准备好的实训情境 3. 根据实训需要将学生分成若干小组 4. 根据所学的内容为初入矫社区矫正对象设计心理健康教育工作方案 5. 小组进行讨论确定最终方案，并全班分享 6. 师生互评，每组学生根据师生的点评总结找出不足

实训考核表

班级＿＿＿＿＿＿＿＿＿＿＿＿ 姓名＿＿＿＿＿＿＿＿＿＿＿＿ 学号＿＿＿＿＿＿＿＿＿＿＿＿

任务描述：通过模拟实训，掌握制定初入矫社区矫正对象心理健康教育工作方案的技能，从而具备对社区矫正对象开展心理健康教育工作的能力 项目总分：100 分 完成时间：100 分钟（2 课时）

考核内容	评分细则	等级评定
一、实训过程与要求 1. 根据实训需要学生迅速分成若干小组 2. 小组成员自行分配好所要完成的任务 3. 小组进行讨论确定心理健康教育工作的具体活动内容及活动形式安排 4. 根据任务书中的要求,制定初入矫社区矫正对象心理健康教育工作的方案 5. 指导教师进行点评总结,每组学生根据指导教师的点评总结找出不足	分值:60分 1. 实训小组分工明确,合作良好(10分) 2. 实训方案制定合理,符合要求(40分) 3. 能成功完成所有实训任务(10分)	实训成绩评定为四等: 1. 优(100分~85分) 2. 良(84分~70分) 3. 及格(69分~60分) 4. 不及格(59分~0分) 注意事项: 1. 实训期间做与实训无关的操作,不能评定为"优" 2. 有旷课现象,不能评为"优、良" 3. 旷课××节及以上,评为"不及格" 4. 实训内容没有完成,评为"不及格" 5. 两份报告雷同,评为"不及格" 6. 具体评分标准由指导教师根据实训项目具体要求规定
二、实训表现与态度	分值:20分 1. 无迟到(1分) 2. 无早退(1分) 3. 无旷课(3分) 4. 实训预习、听讲认真(2分) 5. 实训态度认真(5分) 6. 实训中不大声喧哗(1分) 7. 能爱护实训场所、设备,保持环境整洁(2分) 8. 能完全遵守实训各项规定(1分) 9. 实训效果好,基本掌握了社区矫正对象心理健康教育的工作技能(4分)	

续表

三、实训总结 1. 实训中出现的问题及解决办法（对遇到的问题、问题产生的原因进行分析判断，把解决过程写出来） 2. 实训效果（本次实训有哪些收获，掌握了哪些知识、技能，存在哪些疑问等）	分值：20 分 1. 按时完成，字迹清楚，格式规范（5 分） 2. 内容详尽、完整，实训分析总结正确（10分） 3. 建议合理化且具有创新性（5 分）	
合计		

评分人：　　　　　　　　　　　　　日期：　　年　月　日

【课堂活动】

1. 针对社区矫正对象开展日常的心理健康教育的宣传工作，你会从哪几个宣传渠道开展工作？

2. 根据社区矫正对象心理健康教育工作的内容，请设计一个心理健康知识的电子宣传栏。

【思考题】

1. 如何理解社区矫正对象的心理健康教育工作？

2. 如何实施社区矫正对象的心理健康教育？

3. 你觉得对社区矫正对象开展心理健康教育的意义是什么？

拓展 学习

社区矫正心理健康教育形式的探索与思考（摘要）[1]

（新航宝山工作站，张小琴）

一、社区矫正心理健康教育形式的探索和思考

我们认为，个别心理健康教育和集中心理健康教育是社区矫正心理健康

---

〔1〕 朱久伟、范海鹰主编：《上海市社区服刑人员心理矫正的理论与实践》，法律出版社 2012 版，第 126~128 页。

教育两大模式，两者相辅相成。"一测试、二倾听、三共情、四鼓励、五辅导"，这就是"五步"心理矫正个别教育方法。对有心理问题的个别服务对象开展心理健康教育，去年我们已经浅析过，今年，我们想重点探索和思考社区矫正集中心理健康教育形式。

首先，可以尝试充分利用市矫正办培训的心理咨询师师资力量，为集中心理健康教育提供坚实的基石。作为社区矫正工作者，针对每年开展多次心理健康集中教育，需要我们开创新的思路和方法，有步骤、有计划、采取多种形式、有递进地开设系列讲座。除邀请社会层面的教授、专家为社区矫正对象上课外，还可尝试由已经取得心理咨询师资格的矫正社工担任心理健康集中教育替补讲师，充实集中心理健康教育的师资队伍，充分利用新航总站中许多矫正社工接受过系统心理咨询培训的资源，补充集中心理健康教育的形式和内容。

其次，可以尝试由具有心理咨询师和矫正社工双重身份的工作人员撰写集中心理健康教育教材。作为为社区矫正对象提供服务的一线工作人员，应早计划早安排，落实授课人员，规划心理健康集中教育内容等。

最后，探索集中心理健康教育"三部曲"形式，我们曾经在社区矫正集中心理健康教育中作了探索与尝试。

第一步：理论知识和互动游戏结合。矫正工作者大家齐心合力收集"你了解自己的气质类型吗？""让心灵走出困境""个性提供寻找适当职业的宝贵线索"等心理健康教育理论教材资料，撰写授课教材《相信自己、相信未来》等，什么是气质？对胆汁质、多血质、粘液质、抑郁质四种气质的类型进行分析，制作PPT，并给每位到会人员分发资料，在集中心理健康教育课上进行配乐朗读，用生动、图文并茂的讲解形式使大家提高兴趣。还运用苏联心理学家达维多娃经典的"测试自己的气质类型"，用一个故事测试了到场的人员在同一种情景中的不同行为表现，用A、B、C、D四种标签选择，大家都积极踊跃地参与，简单测试显示：粘液质24人，比例高达73%，多血质1人，比例达3%，胆汁质0%，抑郁质0%，其他什么都没有选择的为8人，比例达24%。还准备了"走直线""环形变圆形"等游戏，将理论知识和游戏有机结合，提高了心理健康集中教育的有效性和趣味性。

第二步：每期指导 3~4 名社区矫正对象自我剖析，介绍自己的年龄、职业、特长，从挖掘自己最自豪的闪光点找回自信。第一名参加人员上台介绍自己，他是一名年轻的大学毕业生，由于一念之差犯职务侵占罪被判缓刑，他先说自己没有什么值得自豪骄傲的地方，心理咨询师引导他："你考上重点大学成为天之骄子，难道不是一件值得骄傲自豪的大事吗？""你的计算机操作能力强，可以为社区做一些力所能及的事情，同时可以发挥自己的特长，不是一举两得的事吗？"他点点头……集中心理教育的气氛开始融洽活跃。第二位参加人员上台介绍时，他用自豪的语气说："我最成功的事是做一名保安，而且做得相当好。"第三位上台是一名假释人员王某，以前是一名公司总经理，由于犯诈骗罪被判刑，他声音低沉缓缓地说："我最自豪的事是参军、入党、提干，但由于太贪心，走上了犯罪道路，所以贪念是祸端。"对其情况了如指掌的司法所所长及时向大家作了简短的介绍："目前他开了四家连锁超市，是自我创业的典范。"受到鼓励的王某表示："虽然目前由于资金短缺，处境有些困难，但我不会忘记大家的帮助，今后发展好了，我一定吸收一些和我有相同经历的人一起共同创业，共同富裕。"他的发言获得了大家的掌声，心理健康集中教育的效果升华。

第三步：每期赠送"人生在世不生气，遵纪守法不惹事""正视现实不攀比，知足常乐要铭记""乐观向上不消极，信心十足有毅力"的心理保健和谐词句，同时希望参加心理健康教育的人员将活动的感受在每月的思想汇报中有所体现。

二、探索和思考以发展型和调适型社区矫正集中心理健康教育的两种基本形式为指导

发展型集中心理健康教育的目的是在于帮助社区矫正对象了解发展的规律，重视自己在心理发展过程中可能会或已经出现的各种发展型心理问题，并提供处理方法，使其更好地认识自己，同时警惕自己在成长发展过程中可能出现的心理异常表现，防患于未然，激励社区矫正对象最大限度地发挥自己已经具有的各种现实能力，充分挖掘潜在的能力，更好地适应环境，更健康地发展自我。

调适型集中心理健康教育形式目的在于宣泄社区矫正对象的消极情绪，

以缓解心理压力，改变其在认知上的错误观念，确立正确的思考方向和合理的思考方法，直至其能够进行有效的自我调控；向其提供自我调控的方法，激发其自愈机制与潜能，鼓励其解决自己的问题，帮助其重新建立包括和谐的人际关系在内的良好的社会适应性行为。

三、思索

由于参加集中心理健康教育的人员局限于社区矫正对象中的在风险评估中为高风险的、在分类矫正中矫正级别也是一二级的社区矫正对象，接受面比较小，且对个别也有不适应的，需要我们不断探索和思考。而且矫正社工兼心理健康教育者身份，角色的转换需要更高的要求，也考验我们的自身心理素质。如遭遇保密、接纳等原则时，一名社区矫正对象在和其丈夫婚姻关系存续期间，又打算与一未婚男子同居，作为矫正社工，杜绝社区矫正对象重新犯罪是首要的任务和职责，更多的是管理的职能。但作为心理咨询师，更多的是倾听社区矫正对象的心里话，再给予指导，这也是多重身份者的困惑。

社区矫正心理健康教育形式还可以运用心理学中的家庭教育模式、任务中心模式等，必要时也需要尝试危机干预等，措施更有针对性，争取家人、朋友等社会支持与心理疏导，使矫正效果更加明显。

社区矫正对象心理咨询

知识目标：掌握社区矫正对象心理咨询的概念、原则、心理咨询的流程和基本技术。

能力目标：具备运用心理咨询技术为社区矫正对象开展心理咨询的职业能力。

思政目标：具备忠诚敬业、履职尽责的职业道德；树立"助人自助"的职业理念；具有以人为本、耐心细致的职业精神。

知识树

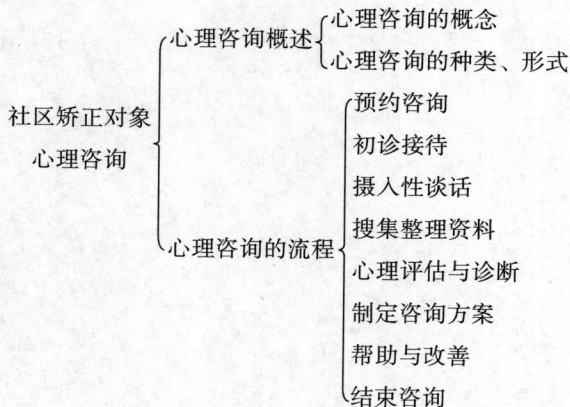

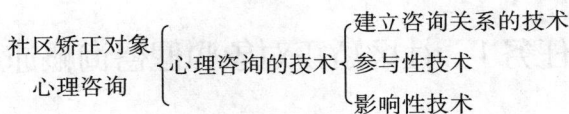

$$\text{社区矫正对象}\atop\text{心理咨询} \left\{ \text{心理咨询的技术} \left\{ {\text{建立咨询关系的技术}\atop\text{参与性技术}\atop\text{影响性技术}} \right. \right.$$

🔍 **案例 6 – 1**[1]

社区矫正对象胡某，男，1964 年 10 月出生，户籍地与居住地为湖北省武汉市江夏区。2019 年 8 月，因犯信用卡诈骗罪被湖北省武汉市江夏区人民法院判处有期徒刑 2 年，缓刑 2 年 2 个月，缓刑考验期自 2019 年 8 月 27 日起至 2021 年 10 月 26 日止。2019 年 8 月 28 日，胡某到江夏区社区矫正机构报到，由执行地司法所负责胡某社区矫正期间相关工作。

胡某本人离异，女儿在国外留学，父母均已过世，其姐姐为社区矫正监管保证人，现胡某独自居住生活。胡某的精神状态不佳，在入矫初期心理问题初现端倪，到司法所报到时心情低落，沉默寡言。据了解，胡某对自身的违法借贷行为自责后悔不已，平日格外在意他人眼光的他更加觉得在人前抬不起头，独自居住的他有苦无人诉说，对接下来的社区矫正充满未知的担忧。

该案例中胡某明显出现了心理问题，通过心理测量评估发现胡某有显著焦虑症状，伴随抑郁、强迫、失眠、人际退缩等症状。当地社区矫正机构通过政府购买服务方式聘请专业的心理咨询师进行一对一心理咨询，帮助胡某正确认识自己、疏导负面情绪、寻求人际支持、鼓励自我提升、实现自身价值、乐于回报社会，达到了社区矫正对象心理咨询的目的，实现助人自助。

社区矫正对象心理咨询是社区矫正对象心理矫治的重要手段。为社区矫正对象开展心理咨询工作，是"推进健康中国建设""重视心理健康和精神卫生"的重要体现，更是人性化管理的具体要求。运用心理咨询的专业方法，帮助社区矫正对象应对心理问题、积极矫正，提升社区矫正对象心理健康水平，促使其顺利回归社会，做遵纪守法的好公民，重塑美好人生。

---

〔1〕 参见中华人民共和国司法部官网司法行政（法律服务）案例库精选典型案例，http://alk. 12348. gov. cn/LawSelect/Detail？dbID = 82&dbName = SJJXBF&sysID = 1057，最后访问时间：2022 年 8 月 31 日。

任务1　社区矫正对象心理咨询概述

对社区矫正对象开展心理咨询，"必须坚持问题导向"。增强问题意识，聚焦社区矫正对象在矫正中遇到的新问题、存在的深层次问题、急难愁盼问题，生活中的重大问题、突出问题等，不断提出真正解决问题的新理念新思路新办法。

一、社区矫正对象心理咨询的概念

（一）心理咨询的概念

心理咨询是通过人际关系的影响，运用心理学方法，帮助来访者自强自立的过程。它是由专业人员即心理咨询师运用心理学及其相关知识，遵循心理咨询原则，通过多种心理技术和方法，帮助来访者解决心理问题，恢复心理平衡，维护心理健康的过程。心理咨询借助语言、文字等媒介，给来访者以帮助、启发、暗示和指导，使来访者在认识、情感、态度、行为等方面产生变化，解决其在学习、工作、生活、身体和康复等方面出现的问题或障碍，促使来访者自我调整，从而能够更好地适应环境，保持身心健康。

（二）社区矫正对象心理咨询

所谓社区矫正对象心理咨询，是指具有心理咨询相关专业资质的社区矫正工作者运用心理学的理论、技术和方法，遵循心理学的原则，帮助有心理问题的社区矫正对象发现自身的问题及其根源，改变其原有的认识结构和不良的行为模式，以提高社区矫正对象对矫正生活的适应性和应付各种不幸事件的能力。简言之，就是心理咨询师用心理学的理论和方法对存在心理问题并希望得到解决的社区矫正对象提供帮助的过程。社区矫正对象的常见心理问题主要表现为认知问题、适应问题、人际关系问题三大方面。其中认知问题主要表现为不服判决、认罪不服判；适应问题主要表现为生存适应、规则适应、发展适应；人际关系问题主要是人际关系冷漠、敏感，与他人相处不融洽，对人猜疑、敌对。[1] 社区矫正对象心理咨询工作作为社区矫正心理矫

---

〔1〕　刘邦惠等：《社区服刑人员的心理矫治》，科学出版社2015年版，第3页。

治的重要组成部分，影响社区矫正的质量和效果。

对社区矫正对象心理咨询内涵的理解应把握以下几个要点：

1. 心理咨询的主体。社区矫正对象心理咨询的主体是具有心理咨询相关专业资质的社区矫正工作者。包括：取得心理咨询资质的社区矫正工作人员、社会上的心理学志愿者和社区矫正社会工作者等。

2. 心理咨询的对象。社区矫正中心理咨询的对象是存在心理问题的社区矫正对象。他们所处的现实环境复杂，需要以正确的心态面对被害人及其家属，应对罪犯污名化效应，在融入社会过程中承受来自家庭、社会等方面的压力，因而更容易产生各种心理问题甚至心理障碍，影响改造效果。[1]

3. 心理咨询的理论基础。社区矫正对象心理咨询运用的是心理学理论、技术和方法，不同于思想政治教育。

4. 心理咨询的目的。社区矫正对象心理咨询的目的是帮助社区矫正对象解决心理问题，提高社区矫正对象的自我认识和社会适应能力。

5. 以良好咨询关系为基础。社区矫正对象心理咨询与社会心理咨询一样，都必须以良好的咨询关系作为基础。

二、社区矫正对象心理咨询的种类

（一）按照心理咨询的性质分类

按照心理咨询的性质，可将心理咨询分为发展心理咨询和健康心理咨询。发展心理咨询是为了解决社区矫正对象在人生各阶段都有可能出现的心理困惑或问题，如：适应新的生存环境、选择合适的职业、突破个人弱点等，目的是引导社区矫正对象更好地认识自己、解决问题，促进人格的完善，实现更好的人生目标。健康心理咨询是为了解决精神正常的社区矫正对象因各类现实刺激引起的焦虑、紧张、恐惧、抑郁等情绪问题，或者因各种挫折引起的行为问题，目的在于恢复心理健康，摆脱当前的心理困境。

（二）按照心理咨询的规模进行分类

按照规模可将心理咨询分为个体心理咨询和团体心理咨询。个体心理咨询是心理咨询师与社区矫正对象一对一的咨询关系，目的在于帮助社区矫正

---

〔1〕 叶扬：《中国社区矫正对象心理矫治教程》，中国法治出版社 2021 年版，第 38～39 页。

对象解决个人的问题。由于没有第三人在场，社区矫正对象通常能够顾虑较少地表达自己真实的情感，便于心理咨询师在咨询过程中营造安全开放的氛围。个体心理咨询的形式包括面谈、电话及网络视频等，咨询效果比较明显，是心理咨询中的常见类型。团体心理咨询是在团体情境中向有类似问题的多位社区矫正对象提供心理帮助和指导，促使参与团体的社区矫正对象在交往中观察、讨论、学习、体验，从而认识自我、探讨自我、接纳自我、调整和改善与他人的交往，学习新的态度与行为模式，以实现促进个人发展良好和生活适应的目的。首先，在团体心理咨询进程中，交流是多通道多角度的，参与团体的社区矫正对象看到其他人有着与自己类似的痛苦与问题，可以形成心理安慰，稳定情绪，进而相互支持、相互影响。其次，团体心理咨询在解决某些小组成员共同存在的问题上有着较好的成果，人数不宜过多。团体心理咨询对于帮助具有害羞、孤独的人际交往障碍者，更有特殊的功效。

（三）按照心理咨询的时程进行分类

按照心理咨询的时程可以分为短程心理咨询、中程心理咨询、长期心理咨询。短程心理咨询多为 1 周 ~ 3 周，心理咨询师将资料的收集分析集中在心理问题的关键点上，快速、针对性地解决来访者的一般心理问题。中程心理咨询多为 1 个月 ~ 3 个月内完成，心理咨询师通过完整、系统的咨询流程，解决社区矫正对象较严重的心理问题，追求中期以上疗效。长期心理咨询多为 3 个月以上时程，使用标准化咨询方法，制定详细咨询计划，追求长期的咨询效果，并要求咨询的巩固措施，多针对的是严重或神经症性心理问题。

三、社区矫正对象心理咨询的形式

（一）面谈咨询

心理咨询师与社区矫正对象主要通过会谈的形式，进行面对面的咨询。这也是社区矫正对象心理咨询中最常用的方式。

面谈咨询优点众多，一是在面谈咨询中，心理咨询师不仅可以倾听社区矫正对象的表述，还可以近距离观察其情绪情感反应、微表情变化、体态语言变化等信息，能让心理咨询师更加全面地了解社区矫正对象的身心状态，作出准确的判断。二是面谈咨询更有利于心理咨询师表达共情、积极关注、理解和尊重，有利于良好咨询关系的建立，促使心理咨询师更好地了解社区矫正对象内心深处的想法。三是面谈咨询的针对性强，且保密效果好。心理咨询师能对社区矫正对象的具体问题提供针对性的服务；保密性好，有利于消除社区矫正对象的心理顾虑，促进心理咨询的深入开展。四是在面谈咨询中，心理咨询师和社区矫正对象都可以随时提出问题，并根据对方的反馈信息，随时调整对策。面谈咨询因具有较好的系统性、隐蔽性，是主要和最有效的心理咨询方式。面谈咨询对心理咨询师的要求较高，需要具备丰富的专业知识技术和经验阅历，以及具备真诚的态度。

（二）电话、网络视频咨询

随着网络多媒体技术的发展，电话咨询、网络视频咨询也逐渐兴起，并对面谈咨询起到好的补充作用。心理咨询师可以通过电话、网络视频对社区矫正对象进行心理咨询。这种方式使得心理咨询开展的时间、场所更加灵活，降低了心理咨询师和社区矫正对象因异地而产生的交通、时间成本。有利于异性心理咨询师开展工作，既能确保安全又能起到良好的咨询效果。

但是电话、网络视频咨询与面谈咨询相比较，存在一定的限制性。因而对心理咨询师言语方面的会谈技术要求更高，需要在很短的时间内，弄清楚社区矫正对象的问题所在，并帮助其解决问题，这要求心理咨询师具备更高的职业素质。

（三）书信咨询

书信咨询是心理咨询师通过书信往来的方式对社区心理矫正对象进行心理咨询。社区矫正对象在信中描述自己的情况并提出想要解决的问题，心理咨询师通过回信的方式对其进行疑难解答和心理指导，司法所或者社区可以设置"心理信箱"进行书信咨询。

书信咨询的优点是较少避讳，为那些不愿意进行面谈和电话、网络视频心理咨询的社区矫正对象提供了一条解决问题的途径。缺点是了解到的情况非常有限，只能根据书信上的内容提出一般性的指导意见，对于文化素质较低的社区矫正对象，书信咨询会有限制。书信咨询适合存在一般心理问题的社区矫正对象，对于严重心理障碍的个体，建议面谈咨询。

四、社区矫正对象心理咨询应注意的问题

（一）心理咨询是"助人自助"

心理咨询是"助人自助"的工作，目的是通过心理咨询增强其独立性，在以后的生活中遇到类似的生活挫折和困难时，可以独立自主地解决问题。因而心理咨询不是替社区矫正对象做决定，也很难帮助社区矫正对象解决实际生活问题，而是帮助对方澄清事实，分析利弊，开阔和转变思路，疏导不良情绪，发现优势和潜能。

（二）心理咨询不可急于求成

大多数的心理问题是长久"积蓄"的结果，需要时间和过程来解决，因而社区矫正对象要有耐心，要与心理咨询师积极配合，避免存在一次心理咨询就可以解决心理问题的错误想法。

（三）避免建立心理咨询之外的关系

心理咨询师要避免双重关系，不跟亲人、朋友、同事等相熟的人建立咨询关系，不能和社区矫正对象建立任何形式的亲密关系，如果心理咨询师或社区矫正对象有这种倾向，应立即停止咨询或进行转介。心理咨询师不得利用咨询关系谋取个人私利。

（四）尽量主动寻求心理咨询

进行心理咨询的社区矫正对象最好有主动寻求心理帮助的意愿，主动求助可以减少咨询中的阻抗，激发治愈动机，这是建立良好的治疗关系的基础。而现实环境中，确实存在家人或朋友、社区矫正机构认为其有必要进行心理咨询而非主动求助的情况，此时应该尽量做好社区矫正对象的工作，引导其在心理上接纳心理咨询。否则易引起社区矫正对象的抵触和逆反心理，造成咨询关系难以深入和维持，咨询效果难以保证。

任务2　社区矫正对象心理咨询流程

对社区矫正对象开展心理咨询，"必须坚持系统观念"，遵循一定的流程开展。一般情况下，操作如下：

一、预约咨询

预约咨询是开展社区矫正对象心理咨询工作的第一步，由社区矫正对象自己申请预约心理咨询或社区矫正机构安排社区矫正对象接受心理咨询，至少提前 1～2 天填写《社区矫正对象心理咨询申请单》，请心理咨询师或具有心理咨询资质的社区矫正工作者接受该项工作，协调准备好心理咨询的时间和场所，即可开展心理咨询。

各级社区矫正机构设置社区矫正对象心理服务站、心理咨询室，可以配备心理测评系统、音乐放松椅、心理沙盘、宣泄设备、生物反馈系统、心理 VR 产品等心理设备。心理咨询师可以根据社区矫正对象的心理诉求，借助于心理设备开展心理咨询工作。其中，个体心理咨询室是社区矫正对象与心理咨询师进行一对一的面谈、咨询的场所，要设置在一个静谧舒适的环境，防止噪声打断或干扰咨询的正常进行，要具有隐秘性，让社区矫正对象感到信任和放松，应保持阳光充足，通风良好，适当布置绿色植物等打造舒适自然的氛围。个体心理咨询室的一般面积在 10～15 平方米左右，墙面布置可利用一些暖色调的配饰如窗帘、挂饰等配合淡黄或者淡绿的墙壁，打造温暖舒适的氛围，使社区矫正对象平静、放松。座椅位置避免面对面摆放，否则易使社区矫正对象产生压迫感。以上设置均可彰显社区矫正对象心理咨询中"以人为本，耐心细致"的人文关怀。

二、初诊接待

（一）准备工作

初诊接待需要心理咨询师做好准备工作：其一，了解社区矫正对象的资料，包括个人资料和环境资料。其二，做好心理准备。一方面，不能因为对方是社区矫正对象而存在先入为主的观念，另一方面，要考虑到可能发生的意外情况，并做好预案。其三，布置好初诊接待的场地。初诊接待可以在社区矫正机构、街道（乡镇）司法所设置的心理咨询室进行，若条件不够，初诊接待要在安静、安全、舒适的场所开展，以便来访的社区矫正对象可以放松心情、畅所欲言。

（二）建档登记

对社区矫正对象进行登记并建立心理档案，档案准确、全面记录其真实情况，反映社区矫正对象接受心理咨询的整个过程，客观评估咨询过程与效果，在心理咨询结束时要形成一份完整的心理咨询档案资料，并存入社区矫正对象心理档案，严格档案的保管和保密工作。建档登记可以为之后的社区矫正对象的心理评估和咨询方案的制定等工作奠定基础，也便于跟踪社区矫正对象的思想和心理发展状况。

三、摄入性会谈

摄入性会谈是心理咨询师通过与社区矫正对象面对面的谈话，口头信息沟通过程中了解其心理状态。主要了解社区矫正对象的客观背景资料，包括心理和生理健康状况、家庭状况、人际交往状况、工作状况等多方面信息的会谈方式，通过会谈了解社区矫正对象当前的感受、状态、咨询动机和期望等。

心理咨询师应该在摄入性会谈中，向社区矫正对象说明在咨询关系中双方的权利和义务、保密原则、保密例外原则。

（一）社区矫正对象的权利与义务

社区矫正对象应该向心理咨询师提供与心理问题有关的真实资料，积极主动探索解决问题的途径，完成心理咨询师布置的作业；有了解心理咨询师的职业资格、心理咨询的方法、过程原理的权利，可以根据个人意愿选择心理咨询师，可以提出中止咨询和转介；有权知晓咨询方案、咨询时间。社区矫正对象要遵循心理咨询的相关规定，尊重心理咨询师，按照预约时间不失约、不迟到，如有特殊情况提前通知心理咨询师。

（二）心理咨询师的权利与义务

心理咨询师有责任向社区矫正对象说明心理咨询工作的性质、特点、局限性、社区矫正对象的权利和义务；有义务向社区矫正对象出示职业资格、培训经历等信息，共同探讨咨询目标，说明使用的心理咨询方法和计划。心理咨询师有权了解社区矫正对象的相关信息，签订心理咨询协议书，在咨询关系不匹配时可以提出终止咨询或转介。

（三）心理咨询中的保密原则与保密例外原则

心理咨询师对社区矫正对象的咨询内容要严格保密，咨询过程需要录音必须征得社区矫正对象同意，咨询案例用作教学或科研必须征得社区矫正对象的同意且隐去具有辨识性的信息，心理测量的信息也需要保密。但当心理咨询师发现社区矫正对象具有伤害自己或他人的危险或法律规定的其他情形，遵循保密例外原则，可以向其监护人、社区矫正机构等说明情况。

（四）摄入性会谈中的注意事项

在摄入性谈话中，听比说重要。心理咨询师要鉴别社区矫正对象自诉问题内容的真伪、程度的区别、关键问题点所在。摄入性会谈主要为提问和引导性语言，不涉及任何题外话。心理咨询师的态度要诚恳、客气、不能用生硬的话做结束语，以免引起社区矫正对象的误解。摄入性会谈不能用指责、批判性语言，不应给出绝对性的结论。

四、搜集整理资料

该阶段要详细搜集社区矫正对象与心理咨询相关的所有资料，从而了解其心理问题的成因、性质、问题的关键点，为进行评估诊断和咨询提供客观、详实的信息资料。资料收集主要包括以下方面：

（一）个人资料

对社区矫正对象进行心理咨询时，应该收集的个人资料，涉及基本信息、生理心理状况、价值观能力资料。基本信息包括社区矫正对象的年龄、性别、民族、职业、文化水平、婚姻状况、家庭经济状况、犯罪经历、服刑表现等。生理心理状况包括社区矫正对象的既往病史、人格特征、自我概念、认知方式、情绪情感、应对方式等。价值观能力资料包括社区矫正对象的世界观、人生观、价值观、能力特长等信息。

（二）环境材料

社区矫正对象的环境资料涉及自然环境和社会环境。自然环境包括社区矫正对象成长的地区、气候条件、地理环境等。社会环境包括家庭环境、社区环境、学校环境、工作环境、民俗风俗、宗教信仰等因素。

心理咨询师可以通过与社区矫正对象会谈、家庭走访、矫正机构和社区走访获得以上资料，收集资料的方式有会谈法、问卷调查法、观察法等。

五、心理评估与诊断

心理评估与诊断是专业心理咨询师或矫治工作者在收集资料的基础上，对社区矫正对象运用会谈、观察、测量等科学的心理学方法进行智力、人格、心理健康状况方面的判断，分析和确认心理问题的原因，及心理问题的严重程度和社会功能的损伤程度。对其心理问题进行评估和诊断是进行有效心理咨询的前提和依据。

通过收集到的社区矫正对象各项资料、心理量表测试结果、主诉和咨询会谈直接或间接获取的资料、会谈诊断的结果进行分析比较，确定社区矫正对象心理问题的由来、性质、严重程度，依据综合评估结果形成诊断。

六、制定咨询方案

在收集资料和评估诊断之后，心理咨询师和社区矫正对象在相互尊重的前提下，共同协商以确定咨询目标，制定咨询方案。咨询方案要以书面形式呈现，语言使用要通俗简明，避免晦涩难懂，便于文化素质较低的社区矫正对象也可以很好地理解咨询方案，明确心理咨询所要达到的目标。

（一）确定咨询目标

社区矫正对象心理咨询的目标主要分为 3 种：

1. 直接目标。直接目标是与社区矫正对象最直接相关的，也是最急需解决的、明确的、现实性的心理问题。例如：社区矫正对象对融入社会的不适应、职业选择困难、婚姻危机、对人生失去信心、悲观失望的情绪等。这些问题都是具体的生活事件，直接影响社区矫正对象的心态，可以作为社区矫正对象心理咨询的直接目标。

2. 中间目标。中间目标是通过处理一些具体目标的问题之后，社区矫正对象可以对自己有正确的认识，接纳、欣赏自己，克服再社会化过程中的障碍，改变不良的认知，学会调整情绪，充分发挥个人潜能，树立健康的自我形象。例如：学会接纳自己和包容他人、学会与人正确沟通的方法、树立正确的家庭观、培养独立思考和解决问题的能力等。

3. 终极目标。社区矫正对象心理咨询的终极目标就是根本目标，是使社区矫正对象在认识自我的基础上，接纳他人，拥有良好的人际关系，树立责任感，建立开放的态度，形成健全的心理保健体系，保持积极乐观的心态，最终走向自我实现。终极目标是否能够达到，与心理咨询师的专业素养、社区矫正对象问题的严重程度和配合程度、环境的支持度等有密切关系。

（二）确定咨询方案内容

具体的心理咨询方案一般包括以下内容：其一，描述社区矫正对象的基本情况，包括社区矫正对象的基本信息、心理问题的状况。其二，双方商定心理咨询要达到的目标，明确心理咨询师和社区矫正对象各自的责任、权利和义务。其三，双方商定咨询所使用的具体心理学方法或技术、过程和原理。其四，明确采用何种评估方法和手段对是否实现目标和达到何种效果进行评估。其五，明确咨询的次数与时间安排，一般每周 1～2 次，每次时间在 1 小时左右，不宜太长和太短。其六，其他问题及有关说明。咨询中如有特殊情况，应具体说明。咨询方案商定后，可以根据实际咨询情况处理。咨询方案以书面形式明确下来，双方在咨询中按照咨询方案的约定进行咨询。

七、帮助与改善阶段

帮助和改善阶段是社区矫正对象心理咨询的核心工作阶段，心理咨询师运用心理学的原理、技术，按照共同商定的目标，帮助社区矫正对象分析和解决问题，改变其不适应的认知、情绪或行为，促进社区矫正对象的发展与成长。一般地说，这一阶段可能需要的时间较长，心理咨询师可根据自己的理论倾向，针对社区矫正对象的具体问题，选择适当的心理咨询技术，或探寻潜意识，或矫正行为，或改变认知，也可以是多种方法结合使用。

（一）直接干预

心理咨询师通过建立良好的咨询关系，为来访的社区矫正对象提供安全的环境倾诉其内心的真实感受，引导他们合理科学地处理负面情绪。鼓励社区矫正对象增强信心，积极面对就业、人际等方面的阻碍。帮助他们消除迷茫感、挫折感，接纳自己存在的问题，鼓励他们用行动来改变自己的生活。给予社区矫正对象心理支持，表达对其信任和尊重，相信其有改变现状的潜能。

（二）澄清观念

澄清观念是心理咨询师采用各种心理咨询的技术帮助社区矫正对象了解自己深层观念、情绪、态度、行为的一种方法。通常社区矫正对象的问题根源在于其深层次对问题的观念，或是深藏潜意识的本能冲动、创伤经历，心理咨询师通过多种方法协助社区矫正对象深挖原因，帮助其检视自己思考问题的方法，加深对自己个性、情绪、情感的进一步了解。例如：某社区矫正对象因某次醉酒后殴打了女儿和妻子，造成妻子左手骨折，因婚姻家庭暴力而被判故意伤害罪，判处有期徒刑 6 个月，缓刑 1 年，在对他进行心理咨询时，心理咨询师通过与他分析讨论自己的童年经历，发现他的父亲在他年幼时也经常打骂他和母亲，他虽然很痛恨这样的行为，但无形中也习得了父亲家暴的行为。意识到问题根源后，该社区矫正对象深刻认识到自己行为的错误和无效性，并积极配合心理咨询师开展心理咨询工作。澄清观念必须以良好咨询关系为基础，对心理咨询师的专业素养要求较高，需要谨慎使用。

（三）改善环境

改善环境可以帮助社区矫正对象减轻压力，为其提供支持。环境包括外在环境和心理环境。外在环境包括社区矫正对象所在的家庭、社区、单位、政策等环境，心理咨询师可以与社区矫正对象的家庭成员进行沟通交流，或开展家庭治疗，帮助社区矫正对象获得更多的家庭支持。也可以向社区矫正机构争取合适的资源，给予其有效的帮助。但改变外在环境对于心理咨询师的职责范畴而言是有限的，提高社区矫正对象的心理环境更为重要，提高社区矫正对象应对环境压力的能力、人际沟通能力、情绪管控能力，改善其矫正态度，提升自我认知能力，防范其重新犯罪，增强解决问题能力，这些应该作为心理咨询工作的重中之重。

八、结束阶段

进行上述的社区矫正心理咨询工作之后，社区矫正对象已经获得应对自己心理问题的能力，心理咨询工作告一段落，可以进行结束阶段工作，结束咨询关系。

（一）反馈与评估

咨询结束后，心理咨询师要进行回顾总结，对于咨询关系匹配或咨询效果不明显的，可以征得社区矫正对象的同意进行转介。对于存在严重心理障碍或精神类疾病的，建议进行专业的医学治疗介入。对于咨询效果明显的社区矫正对象，要做好结束咨询时的分离处理，确保心理咨询效果可以应用到现实的生活情境中，促进社区矫正对象心理健康水平的提升，为其顺利度过社区矫正期提供辅助。

（二）形成结案报告

咨询师在咨询过程中，要做好咨询记录，对评估咨询目标完成情况，咨询效果进行评估，整理成结案报告。将评估结果告知社区矫正对象，并报告给所在社区矫正机构。结案报告应包括预约咨询、初诊接待、摄入性谈话、搜集整理资料、心理评估与诊断、制定咨询方案、帮助与改善、结束咨询8部分内容。结案报告的撰写要客观，避免个人偏见，按照一定的格式和规范写作，根据事实依据作出解释和判断。将结案报告放在社区矫正对象心理档案中，做好保密和存档工作。

任务3　社区矫正对象心理咨询技术

"实践没有止境，理论创新也没有止境"。"我们必须坚持解放思想、实事求是、与时俱进、求真务实"的精神，在社区矫正对象心理咨询中灵活使用各种技术。

一、建立咨询关系的技术

罗杰斯认为许多用心良苦的咨询之所以未能成功，是因为在这些咨询的过程中，未能建立起一种令人满意的咨询关系。帕特森（Patterson）也曾说：咨询或治疗是一种人际关系。我国心理咨询专家钱铭怡将治疗关系界定为一种治疗联盟。[1]可见建立良好的咨询关系是心理咨询制胜的重要法宝，而社区矫正对象心理咨询同样需要在良好咨询关系的基础上开展工作。

（一）咨询关系概念

在社区矫正心理咨询中，咨询关系是指心理咨询师与社区矫正对象之间的相互关系，包括情感、态度及相应的表达方式，包括咨询师和社区矫正对象双方在咨询中所表现出来的所有有意识和无意识的情感、态度和行为。

（二）咨询关系特征

1. 咨询关系是一种特殊的人际关系。钱铭怡认为咨询关系是一种心理咨询师对来访者进行帮助的关系，每一段咨询关系都是独特的、因人而异的。

---

〔1〕　钱铭怡编著：《心理咨询与心理治疗》，北京大学出版社1994年版，第3页。

咨询关系与其他人际关系相比，也具有独特性，不同于朋友关系、医患关系、师生关系、亲子关系、上下级关系等。咨询关系具有时间和地点的隐蔽性、咨询内容的保密性，是在一种安全、无威胁、无条件接纳的心理环境下建立起来的，这就确保社区矫正对象能在这种关系中敞开内心，进行深度的自我探索，良好的咨询关系才能在短时间迅速建立起来。在咨询关系中，心理咨询师不会强加个人观点给社区矫正对象，他们没有日常瓜葛和利害冲突，心理咨询师可以站在客观的立场上，为社区矫正对象着想，使得双方可以聚焦咨询中的基本问题。

2. 咨询关系具有专业限制性。社区矫正对象有随时中断咨询的权力，心理咨询师的职责是帮助社区矫正对象认识到心理问题面对自己的心理困惑，最终实现人格的成长。社区矫正对象对其个人的生活和行为负有责任，心理咨询师不可能帮助社区矫正对象解决生活中具体的问题。心理咨询中任何改变都需要咨询师和来访者双方共同努力。

咨询关系中有时间限制和地点限制。时间限制是一次会谈时间约 1 小时，咨询通过时间限制让社区矫正对象自发调整自身行为，有效利用咨询时间。地点限制是咨询一般在咨询室或其他有关咨询的场所进行，而不是在任意场所开展，社区矫正对象应该遵守心理咨询中时间限制、场所限制及相关工作规定，接受这些限制。

所有这些限制都是为了服务于心理咨询，为了更有效地帮助社区矫正对象。社区矫正对象可以在这种专业的关系中学会对自己的行为进行调整，并将改变延伸到真实的生活情境，从而促进其社会适应性的提升。

（三）建立良好咨询关系的技术

良好的咨询关系是开展心理咨询的前提条件，也是达到理想咨询效果的先决条件，甚至是决定咨询成功的重要因素。

1. 尊重。

（1）尊重的含义。尊重就是心理咨询师把社区矫正对象作为有思想感情、内心体验、生活追求和独特性与自主性的活生生的人去看待，在价值、尊严、人格等方面与社区矫正对象平等。尊重可以使得社区矫正对象对心理咨询师产生信任感，从而敞开心扉，最大限度地表达自己，增加改变的主动性；尊重也可以使社区矫正对象获得自我价值感，激发其自尊心和自信心。

（2）表达尊重的要点。

第一，尊重意味着无条件的接纳。心理咨询师把社区矫正对象看作有情感、有价值、有独立人格的个体，接纳其优点与缺点，能容忍对方的不同观点、习惯。例如，当心理咨询师与社区矫正对象存在价值观、生活方式的巨大差异时，特别是社区矫正对象身上存在令人厌恶的恶习时，心理咨询师一定要充分了解对方的价值观念，不应轻视对方。遇到类似情况可以进行这样的表述："虽然我对这件事情不这么看，但我能明白你为什么这么想"；"我可能不同意你的说法，但是我能理解在当时的情况下，你做出这样行为的原因"等，心理咨询师不同的意见不是不尊重和否认社区矫正对象，只是对事不对人。

第二，尊重意味着平等与礼貌。无论社区矫正对象的性格、外貌、脾气、家境、年龄如何，心理咨询师都应该尊重他们，一视同仁地对待他们，不嘲笑、不贬低、不讽刺、不惩罚，即使社区矫正对象可能会出现不合适的言行，也要以礼相待。

第三，尊重意味着信任和保护隐私。社区矫正对象在涉及某些敏感问题会有所顾忌、掩饰，心理咨询师对这种情况应该给予理解，通过尊重、接纳、温暖的态度，向其说明心理咨询师不会将社区矫正对象的隐私随意外传，申明保密原则和保密例外原则，耐心等待，不威逼强迫，让其感受到安全的咨询氛围。

这里需要注意的是：当心理咨询师发现咨询关系不匹配，或难以接纳社区矫正对象时，可以进行转介，这本身也是尊重的表现。

2. 热情温暖。

（1）热情温暖的含义。热情温暖是指心理咨询师在咨询中表现出热情助人的浓厚感情色彩，表现出对社区矫正对象的关心。热情温暖可以化解社区矫正对象的不安心理和敌意，激发其合作意愿，使得心理咨询师和社区矫正对象之间的关系更加靠近。

（2）表达热情温暖的要点。

第一，热情温暖应贯穿咨询过程始终。从社区矫正对象进入咨询室到咨询结束离开咨询室，心理咨询师应该全神贯注、用心倾听、耐心询问，通过倾听、语言、目光、表情、身体动作等表达自己的尊重、热情和温暖。这种态度贯穿整个咨询的始终，直到咨询结束时，礼貌送别。

第二，通过热情温暖应对咨询阻碍。当咨询中出现阻碍，如：移情现象、阻抗问题等，心理咨询师不能批评指责社区矫正对象，要耐心地循循善诱，消除对方的顾忌，热情温暖地帮助其处理这些反复和阻碍，细致分析，抓住解决问题的关键。

第三，表达热情温暖要因人而异。在表达热情温暖时，要根据咨询关系的进展适当表达，如果心理咨询师过分热情，会使得社区矫正对象感到不自在。心理咨询师面对异性社区矫正对象时，应该注意表达热情的分寸，尽量避免躯体接触。

3. 真诚可信。

（1）真诚可信的含义。真诚可信是指心理咨询师对社区矫正对象的态度真诚，心理咨询师以"真实的我"示人，没有防御式伪装。简而言之，就是心理咨询师开诚布公地与社区矫正对象交谈，直截了当表达想法，不让社区矫正对象去猜测心理咨询师的意图。真诚可信为咨询营造安全、自由的氛围，使社区矫正对象可以向心理咨询师敞开心扉。心理咨询师的真诚可信也为社区矫正对象提供一个好榜样，使其学会真实、坦诚地与心理咨询师交流，不伪装、不掩饰、不否认自己的真实情感，促进社区矫正对象的自我探索和改变。

（2）表达真诚可信的要点。

第一，表达真诚可信要实事求是。表达真诚要建立在客观事实的基础上，心理咨询师不能为了鼓励社区矫正对象的进步，不以事实为依据，故意夸大或缩小事实。

例如，来访的社区矫正对象在与人交往方面取得了一定的进展，心理咨询师要实事求是地表达："你最近能给父母表达自己的想法，这个进步真的让人感到欣慰"，而不是："你最近进步非常大，很多人都对你提出了表扬……"

第二，真诚可信不是简单的说实话。表达真诚可信是为了促进社区矫正对象的成长，不能简单认为是说实话，对于可能伤害社区矫正对象的一些内容不需要讲出来。简单粗暴地讲出一些实话，可能会伤害社区矫正对象，破坏咨询关系，心理咨询师可以通过委婉的方式进行表达。

例如，心理咨询师了解到某社区矫正对象对事件的外归因倾向导致他对问题偏激的看法。心理咨询师不能说："你光往人家身上找原因，咋不找找自己身上的原因！"而可以真诚地说："你很希望邻居能对你态度好一些，并尝试了让对方改变，好像没用，那假如现在让你来想想，从你这开始行动呢？你怎么做时，他会有变化呢？"

第三，真诚可信切忌自我情感的随意宣泄。咨询中不允许心理咨询师借着真诚可信的名头，不顾社区矫正对象的感受，随意进行情绪宣泄，这会造成社区对象在情感上受到伤害。心理咨询师不可以占用大量时间讲自己的人生经历，或只顾宣扬自己的观点和看法，迫使社区矫正对象接受心理咨询师的观点和看法。

另外，在表达真诚可信上，除了言语交流之外，还可以使用非言语的交流方式，表达真诚应根据咨询的进程而有所变化。

4. 共情。

（1）共情的含义。共情也称同理心、通情达理、神入、同感心。罗杰斯认为共情是体验他人精神世界的一种能力，就好像那是自己的精神世界一样。心理咨询师走出自己的参考框架，走进社区矫正对象的参考框架，进入他的世界，体验他的喜怒哀乐。

心理咨询师通过共情，能够设身处地把握社区矫正对象的内心世界，使其感到自己是被理解、被接纳的，增强社区矫正对象的自尊心和自信心，鼓励其进行深入的自我认知和探索，促使社区矫正对象进行自我表达、情感倾诉，促进双方彼此的理解和更深入的交流，从而建立良好的咨询关系，达到助人效果。

（2）表达共情的要点。

第一，设身处地进入对方世界。心理咨询师要进入社区矫正对象的世界，以他的方式看待事物，设身处地地体验他的内心感受。心理咨询师通过倾听社区矫正对象所讲述的事情，想象身临其境的感受，尝试用准确的图像在自己的脑海中显现，或者使用自己能想到的词汇来描述对方讲述的各种情境，从而促使共情体验的产生。

第二，采用会谈技术表达共情。心理咨询师通过语言、躯体语言准确地向社区矫正对象表达对其内心体验的理解。例如：社区矫正对象吴某，三十多岁了，找到了女朋友，可是因为自己没有房子，婚事告吹，他铤而走险，偷盗工厂的钢材。谈及此事时说："我当时真的是很伤心、难过，甚至恨女朋友家人必须要买房的要求，我又没有能力实现，所以才……"心理咨询师准确地做出共情反应："……我可以理解你当时的心情，要是我可能也会这样难过，你是不是觉得因为没有房子导致婚事告吹对你打击太大了？"

心理咨询师设身处地地表明自己的态度，这种恰当时机的共情和提问，进一步引发其对这个问题的思考，共情技术运用得当会加速咨询进程。表达共情还需考虑社区矫正对象的个人特点和文化特征，在表达结束之后可以向对方验证自己是否达到共情，得到反馈后要及时修正。

第三，实现共情需要用"心"。除了心理咨询技术的使用之外，更重要的是心理咨询师要用"心"。心理咨询师要真心实意地想帮助社区矫正对象进行改变，用心倾听、用心感受，尊重、接纳社区矫正对象，这样就会促进共情达到高的水平。

5. 积极关注。

（1）积极关注的含义。心理咨询师对社区矫正对象的言语和行为的积极、光明、正向的方面予以关注，从而使其拥有积极的价值观，利用其自身的积极因素，促使其拥有改变自己的内在动力。积极关注的出发点是心理咨询师若想帮助社区矫正对象发生改变，必须相信其身上具备积极因素，且可以改变，这也是心理咨询师工作的支撑点。与此同时，心理咨询师要直接、明确地针对社区矫正对象的问题进行工作。积极关注的目的是促进社区矫正对象自我发现与潜能开发，这也是心理咨询的最高目标。

（2）积极关注的要点。

第一，立足事实依据。积极关注要根据客观事实，态度要真诚，不能过分消极，也不可盲目乐观。心理咨询师必须辩证、客观地看待来访的社区矫正对象，既要看到消极、灰暗、负性的一面，也要看到积极、光明、正向的一面。如果要赞美、表扬，不可以言不由衷、无中生有、胡乱吹捧，应该基于社区矫正对象的客观状态。积极关注的点应该是与咨询关系有关的问题，不可过多关注无关信息。

第二，积极关注的具体技术。鼓励社区矫正对象在咨询中出现的良好表现，帮助其树立自信心，肯定其身上的优点和长处，激励其做出改变的行动。

心理咨询师应耐心倾听，利用适度的身体语言表达对社区矫正对象的关注，保持尊重和开放的态度对待其问题。在咨询过程中，做到自然而然、轻松自如。

二、参与性技术

（一）倾听

倾听是心理咨询师在对待社区矫正对象的谈话时，在尊重的基础上，借助各种技巧，让其在宽松、包容、信任的环境下倾诉烦恼，心理咨询师从社区矫正对象所讲的内容中听出其所表达的事情、体验出的情感、持有的价值观念等信息，促进心理咨询师对社区矫正对象的了解。

倾听是社区矫正对象心理咨询的第一步，也是心理咨询师必备的基本功。倾听能帮助社区矫正对象宣泄情感，增强其自主性和独立性。倾听技术可以说贯穿于整个咨询过程的始终。倾听的要点如下：

1. 倾听时要把握社区矫正对象的谈话要点。例如：其对人和事件的描述、对问题的看法与反应、内外部行为的表现。

2. 倾听时要有适当的反应。要对社区矫正对象的谈话内容感兴趣，认真专注地倾听，配合适当的言语反应和非言语反应，如："可以再多说一点吗""嗯嗯……"、身体微微前倾、点头、目光的注视等。

3. 倾听时不要急于下结论，切忌做出关于道德、善恶上的是非判断，避免提出"忠告"。否则容易导致社区矫正对象失去对心理咨询师的信任，认为心理咨询师站在道德的制高点对其批评指责。

（二）提问

提问是通过询问的方式引导社区矫正对象进行自我探索和自我了解，促进其深入地自我觉察和领悟，主要分为开放式提问和封闭式提问。

1. 开放式提问。开放式提问是心理咨询师通过"什么、怎么、为什么"等词发问，有助于社区矫正对象给出自己独特的回答，表达更多自己的想法和情绪。"什么"式的问题可以帮助心理咨询师获取事实材料，"怎么"式的问题可以厘清事件发生的次序和经过，"为什么"式的提问可以探讨问题的原因，"能不能"式的提问可以促进其进行自我剖析和探索。例如："发生伤人事件时，你有什么反应""你父母是怎么对待你的""能不能告诉我，为什么你做出当时的抉择""能不能告诉我，你为什么这么生气"。

2. 封闭式提问。封闭式提问是指事先设计好备选答案，如："是"或"否"、"对"或"错"等，问题的回答限制在被选答案中，需要社区矫正对象从备选答案中挑选自己认同的答案。

封闭式问题可以帮助心理咨询师收集信息、澄清事实、缩小问题讨论的范围，有效解决社区矫正对象沉默、少语等会谈中存在的阻碍。但心理咨询师过多地进行封闭式提问，就会让社区矫正对象陷入被动的回答模式中，使其表达欲望被无形压制，从而产生阻抗，因而封闭式问题的使用频率要适当。

总之，无论是开放式还是封闭式问题，心理咨询师在询问时，要做到语气平和、礼貌、真诚，不能给社区矫正对象被审问或被剖析的感觉。

（三）鼓励和重复技术

鼓励，即心理咨询师直接重复社区矫正对象的话或仅以某些词语，如"嗯""还有吗"等，来强化其叙述内容并鼓励其进一步讲下去。重复是心理咨询师对社区矫正对象所说的话中的关键词语的注意和语言上的附属。鼓励和重复的技术可以促进会谈继续，通过对社区矫正对象所述内容的某一部分、某一方面或某一点做选择性关注，引导会谈朝某一方向进一步深入。例如，社区矫正对象说："人一多我总是非常紧张，我觉得他们都会看不起我，越这样想我就会越紧张，甚至紧张得连句话都说不好。"在这段话中，心理咨询师可以选择作为重复语句的有多个："人一多你就容易紧张"、"怕别人看不起你"、"越担心就越紧张"等。

（四）反应技术

反应技术是心理咨询师对社区矫正对象的言谈、思想、情感等加以整合反馈给他们，可以分为内容反应和情感反应两种。

1. 内容反应。内容反应也称说明或者释义，是指心理咨询师把社区矫正对象的主要言谈、思想进行整理综合，反馈给他们的过程。心理咨询师分辨出社区矫正对象言谈中最敏感、最有代表性、最重要的词语，用心理咨询师自己的语言表达出来，讲给社区矫正对象。内容反应可以让社区矫正对象有机会思考自己的问题、分析自己的困扰、重组零散的事件及关系。

2. 情感反应。情感反应是心理咨询师通过对社区矫正对象情绪情感的了解来推测其思想和态度等，再将其反馈给对方。常通过这样的方式表达："你觉得……"、"你心里感到……"、"发生这样的事情，你感到非常难过，是这样的吗"等。情感反映需要心理咨询师对人类丰富而复杂的情绪情感有较好认识，有良好的共情能力，只有这样才会让社区矫正对象觉得自己被理解，才可能打开其心灵门扉。

一般来说，内容反应与情感反应时常同时进行，比重复有更深的情绪含义。在内容反映之后，紧接着用情感反映，心理咨询师不仅可以获取关于社区矫正对象所述事件的具体信息，也可以加深对其情绪情感的了解。例如：

社区矫正对象："之前，我因为经济上的困难，一时冲动偷了别人的钱包，现在很后悔。我现在感觉别人都看不起我，心里很难过，觉得太丢人，只想待在家里，哪儿也不去。"

心理咨询师："我想你刚才说的主要意思是因为偷钱包的事情感到很后悔，觉得别人看不起你，自己感觉太丢人，很难过，因而不愿外出见人，是这样吗？"

社区矫正对象："嗯，是的。我特别后悔，心里很难过。"

心理咨询师："嗯嗯（点头）。"

（五）具体化技术

当社区矫正对象在叙述中出现问题模糊、过分概括或概念不清等混乱、模糊、矛盾、不合理的情况时，心理咨询师协助其清楚、准确地表达他们的观点、所用的概念、所体验的情感以及所经历的事件，称之为具体化。

对于不同的社区矫正对象，心理咨询师应寻找问题的特殊性，从而帮助其找到问题解决的有效方法。还可以通过加深询问、举例说明的方式让问题具体化。

例如："你的意思是……""你说你觉得……你能说得更具体点吗？""你是怎么知道的？""你说他总是在攻击你，你能给我举个例子吗？"等等。

（六）参与性总结

参与性总结指心理咨询师把社区矫正对象的言语和包括情感的非言语行为综合整理后，以提纲的方式反馈给对方。参与性总结可用于一个阶段会谈后、一次面谈结束前进行总结性的阐述，有助于社区矫正对象回顾阶段性咨询的问题和效果。可起到促发探讨、澄清的作用，并使心理咨询师对社区矫正对象思想、感情反应易于接受。

三、影响性技术

（一）面质

面质也称为对质、对峙、对抗、质疑，是在社区矫正对象的前后言行、理想与现实等方面发生不一致时，心理咨询师指出其身上存在的矛盾。

面质需要在良好的咨询关系基础上进行，面质的目的是促进社区矫正对象的自我认知和觉察，而非心理咨询师情绪情感的随意表达。例如，心理咨询师提问："你之前讲你父母完全不关心你，只在意你哥哥。刚才你又讲了你父母当初为了照顾你上高中，专门在学校附近租住房子照顾你饮食起居，而你哥哥可没有过这样的待遇。通过这件事情看，你对父母对你的爱是不是存在认知偏差呢？"

（二）解释

解释是指运用心理学的某一理论来描述社区矫正对象的思想、情感和行为的原因和实质。解释不是在社区矫正对象的参考框架中说明实质性内容，而是在心理咨询师的参考框架中运用心理学相关的理论和人生经验来为社区矫正对象提供一种认识自我的思维与方法。

（三）指导

指导是心理咨询师直接地指导社区矫正对象做某件事、说某些话或以某种方式行动，是影响力最明显的一种技巧。当咨询进入到一个相对缓慢困难的阶段，社区矫正对象出现短暂的停滞自我成长的状态时，指导可以弥补进展上的缓慢或停滞，如咨询师告诉社区矫正对象如何行事。常见的指导方式有：特殊的建议或指示、自由联想式的指导、角色性指导、各种行为主义训练性指导等。

例如：某社区矫正对象曾经有过吸毒经历，戒毒成功之后，曾经的朋友频繁叫他出去玩，他不愿意出去，但是又碍于情面不好意思拒绝，为此他内心非常苦恼。该情况可以通过决断训练来对其进行指导。心理咨询师帮他分析利弊，为他示范如何以正确的方式拒绝其他人的邀请；接下来进行角色扮演练习，让他学习新的行为反应方式。每次训练完成之后，心理咨询师及时对训练结果进行反馈，肯定成绩，指出不足，并布置家庭作业或鼓励他把学习到的新的行为运用到实际生活中去。

（四）表达技术

表达技术是心理咨询师传递信息、表达情绪情感给社区矫正对象，可以分为内容表达和情感表达两种。

1. 内容表达。内容表达是指心理咨询师向社区矫正对象传递信息、提出建议、反馈、解释、指导、自我暴露，心理咨询过程的各项影响性技巧都离不开内容表达。内容表达与内容反应不同，前者是心理咨询师向社区矫正对象表达自己的意见，后者则是其反映社区矫正对象的叙述。

2. 情感表达。情感表达是指心理咨询师将自己的情绪、情感活动状况表达给社区矫正对象。情感表达与情感反应的区别在于，情感反应是心理咨询师反映社区矫正对象所叙述的情感内容，而情感表达则是表述心理咨询师的情感内容。

（五）自我暴露

自我暴露也叫自我开放，是心理咨询师将自己的情感、思想、经验与社区矫正对象分享。它与情感表达和内容表达十分相似，是两者的一种特殊组合。

治疗者的自我暴露有两种形式，一种是心理咨询师与社区矫正对象分享与自己过去有关的情绪体验和经历。例如，心理咨询师分享："你讲自己特别在意别人的看法，其实我以前也非常在意别人的评价，希望得到所有人的认可和喜欢……但是，当不被别人认可的时候你会有什么感受呢？"在这种形式的自我暴露中，心理咨询师简明扼要地讲述自己的经历，然后又回到社区矫正对象的问题上，通过提问进一步询问其感受。

另一种是心理咨询师向社区矫正对象表达在咨询过程中对其问题的观点看法、体验。例如，心理咨询师说："你面对别人的质疑，能够控制住自己的情绪，理性面对，我为你这种改变感到高兴。"心理咨询师通过这种自我暴露的方式表明对社区矫正对象改变的欣慰，从而强化其改变的再次发生。

自我暴露让心理咨询师变为一个有血有肉的人，可以促进良好咨询关系的建立。但自我暴露要适度，过多或过少都不适宜，心理咨询师几乎不做自我暴露，会减少社区矫正对象自我暴露的反应；自我暴露过多，会减少社区矫正对象可利用的会谈时间，可能会导致咨询中注意力转移到咨询师身上。适度的自我暴露为咨询开辟了有效的交流渠道，有助于心理咨询师和社区矫正对象之间建立开诚布公的沟通环境。

（六）影响性总结

影响性总结是心理咨询师对社区矫正对象所做治疗的总结，大多在会谈即将结束时进行影响性总结。心理咨询师将自己所叙述的主题、意见等经组织整理后，以简明扼要的形式表达出来，可使社区矫正对象有机会重温心理咨询师所说的话，强化咨询中的所得，亦可使心理咨询师有机会回顾讨论的内容，加入新的资料，并借此强调某些特殊内容，提出重点，为后续交谈奠定基础。

除了心理咨询师进行总结之外，也可以通过具体的发问引导社区矫正对象进行影响性总结，如："通过我们刚才的交谈，如果你不愿意做父母安排的事情，怎么办呢？"通过这样的问题，促进对方的回答。

（七）非言语技巧的运用

心理咨询在信息的传递中，信息收集效果7%与言语相关，38%与声音相关，55%与面部表情相关。当言语与非言语信息不一致时，其中面部表情影响最大，其次是音调，最后才是语言，说明非语言信息在交流中非常重要。非言语技巧在心理咨询中可以帮助心理咨询师更好地了解社区矫正对象的心理状态，也可以表达心理咨询师对其讲话的反应，丰富和加强言语意义，使得情绪色彩更鲜明。

1. 面部表情。面部表情与人的情绪密切相关，个体内心的喜怒哀乐往往会以面部表情的方式流露出来，面部表情是个体对外界传达情绪的重要渠道。它不仅是个体自身对外界的反馈，外界接收到个体的表情信号后也会受到它的影响。

首先，目光接触非常重要。心理咨询师对社区矫正对象的共情与理解、尊重与关注等信息均可以从其目光中传达给对方。目光接触的这一特点就要求心理咨询师注意目光在与社区矫正对象交谈时避免直视，以免造成对方心理负担，倾听时注视对方双眼，讲话时将目光从对方身上移开，讲话结束后重新将目光回到对方身上。其次，重视嘴部的肌肉活动。嘴部的微笑活动可以表达个体的心理活动，如：微笑、下定决心、蔑视、思考等。最后，眉毛也可以表示同意、理解、惊讶、不满等。

2. 身体语言。个体的身体、四肢、手部动作在信息的传递和交流的过程中，也起着重要作用。主要包括：手势语言和身体姿势。身体语言可以表达个体的愤怒、交流、惊奇、高兴等各种情绪，躯体的状态也可以反映个体的不同心理问题，如：退缩的个体双手会紧贴身体，焦虑的个体身体会微微颤抖，烦躁的个体会坐立不安等。

正确把握社区矫正对象的非言语行为，需要心理咨询师多加观察比较和分析思考，要关注到同样的行为在不同人身上所表达的含义不同；当非言语行为和言语内容出现不一致的情形时，要注意抓住其不一致的信息，由此可能会发现心理问题的真正根源。

除了目光的接触与身体语言之外，还有其他一些非言语性的技巧，如说话的语气、语调及速度、停顿等。通过言语技术和非言语技术，心理咨询师对社区矫正对象形成综合印象。

专栏 6 – 1　心理咨询过程片段

来访的社区矫正对象是一位 40 岁的女性，因销售假药罪被判处有期徒刑 1 年 6 个月，缓刑 2 年，判处罚金 5 万元。几年前，夫妻离异，儿子跟她生活，经济状况一般。在矫正过程中，出现情绪低落，不愿意出门见人，没有心情工作的情况。在儿子和社区矫正工作人员的鼓励下，与心理咨询师进行交流。

心理咨询师：你好，请问有什么可以帮到你吗？

来访社区矫正对象：我现在心情特别差，我的坏心情甚至影响了孩子，我想要变好一些，希望你能帮助我。

心理咨询师：嗯，你想要为了自己和孩子，努力改变自己，是这样吗？

来访社区矫正对象：对，就是这样（点点头）。但我总是心情不好，不想出家门，也不愿意参加社区的志愿活动，也不愿见亲友。

心理咨询师：你不愿意外出，是因为不想面对之前的熟人还是其他原因呢？

来访社区矫正对象：我觉得很丢人，不想出去（眼圈变红了，开始默默流眼泪）。

心理咨询师：是怕别人对你有看法，希望大家能像以前一样对你？

来访社区矫正对象：嗯，我特别后悔自己犯的错，以前和亲人、朋友相处都很好，现在我都不知道该怎么面对他们。

心理咨询师：你曾经跟亲友交往很好，那时候你们是怎样交往的呢，可以讲一讲吗？

来访社区矫正对象：以前和朋友会互相约着逛街、吃饭，亲人有事情我也会去帮忙，所以我们相处得都很好。我觉得是我自己无法面对他们，他们应该对我也还是像以前一样。只要我自己愿意走出去，会和以前一样的。

心理咨询师：所以问题的根源是你无法自己走出去，而不是他人对你有看法。

来访社区矫正对象：（想了想）是的呢。

心理咨询师：其实人的情绪和行为是一个互相影响的关系，良好的情绪会促进积极行为的产生，积极的行为又会强化良好的情绪，这是一个良性循环的过程。不如，我们也尝试着从改变行为开始，试一试当我们走出去参加志愿活动帮助别人时，会不会让我们的心情也有所改变，你愿意为了孩子和自己努力试一试吗？

社区矫正对象：（沉思了十几秒，抬起头）好的，那就试一试吧！

本案例中，来访的社区矫正对象讲出自己的情绪问题，心理咨询师采用内容反应、情感反应来引导来访社区矫正对象讲述宣泄，并获取更准确的信息，通过提问协助来访社区矫正对象找到问题的根源，在这个过程中，心理咨询师不轻易下结论。最后，心理咨询师通过解释情绪与行为的互相影响关系，来启发来访社区矫正对象思考自身负面情绪产生的原因和改变的可能性，在此基础上给予指导和建议。

任务4 （实训项目6）社区矫正对象心理咨询技能训练

请同学们通过角色扮演的方法，3位学生一组，1人扮演心理咨询师，1人扮演来访社区矫正对象，1人担任咨询记录与观察员角色，自编情境，进行心理咨询技能训练。通过心理咨询过程的演练，掌握社区矫正对象心理咨询的初诊接待、咨询会谈的技能，培养撰写心理咨询记录，进行心理咨询效果反思的职业能力。

附：实训任务书和实训考核表

实训任务书

实训项目	1. 模拟社区矫正对象心理咨询的接待、心理测评、初次面谈过程 2. 训练使用心理咨询技术 3. 撰写心理咨询记录，进行讨论反思，制定下一次咨询计划
实训课时	2 课时
实训目的	3 位学生一组，1 人扮演心理咨询师，1 人扮演来访社区矫正对象，1 人担任咨询记录与观察员角色。通过心理咨询过程的演练，掌握进行社区矫正对象心理咨询的初诊接待、咨询会谈的技能。培养撰写心理咨询记录，进行心理咨询效果反思的职业能力。
实训任务	1. 3 人分组，轮流扮演心理咨询师、来访社区矫正对象、咨询记录员角色 2. 进行一次完整的心理咨询接待、初次面谈 3. 撰写心理咨询记录、进行咨询后的讨论和反思及记录
实训要求	1. 学生应提前掌握社区矫正对象心理咨询的相关知识和方法。 2. 根据实训需要分为若干小组，采用小组讨论、角色扮演的方式完成实训任务。 3. 教师指导、带领学生完成实训任务，并且进行点评总结，学生根据教师点评总结找出不足。
实训成果 形式	1. 心理咨询过程实训练习总结 2. 撰写心理咨询记录、讨论反思记录
实训方式	在团体心理辅导室进行，3 人分组进行实训练习
实训进程	1. 教师讲解实训任务、注意事项 2. 3 人一组，进行分组讨论，做好角色设定 3. 开展模拟心理咨询活动，咨询记录员完成咨询过程记录 4. 以小组为单位进行咨询后讨论和反思 5. 完成心理咨询记录、讨论反思记录 6. 指导教师对咨询记录、讨论反思记录进行阅评、打分

实训考核表

班级 _____ 姓名 _____ 学号 _____

任务描述：通过实训，掌握社区矫正对象心理咨询接待、咨询会谈技术 项目总分：100 分 完成时间：100 分钟（2 课时）		
考核内容	评分细则	等级评定
一、实训过程与要求 1. 学生明确实训所要完成的任务 2. 根据实训 3 人分组进行社区矫正对象心理咨询过程模拟练习 3. 对心理咨询过程进行记录、讨论、反思 4. 指导教师进行指导 5. 撰写实训总结并提交 8. 指导教师对实训总结进行阅评、打分	分值：50 分 1. 实训过程与小组成员合作良好（15 分） 2. 实训演练认真、表现积极（15 分） 3. 能成功完成所有实训任务（20 分）	实训成绩评定为四等： 1. 优（100 分~85 分） 2. 良（84 分~70 分） 3. 及格（69 分~60 分） 4. 不及格（59 分~0 分）
二、实训表现与态度	分值：20 分 1. 无迟到（1 分） 2. 无早退（1 分） 3. 无旷课（3 分） 4. 实训预习、听讲认真（2 分） 5. 实训态度认真（5 分） 6. 实训中不大声喧哗（1 分） 7. 能爱护实训场所、设备，保持环境整洁（2 分） 8. 能完全遵守实训各项规定（1 分） 9. 实训效果好，基本掌握心理咨询接待、咨询会谈技术，并能撰写心理咨询记录和报告（4 分）	注意事项： 1. 实训期间做与实训无关的操作，不能评定为"优" 2. 有旷课现象，不能评为"优、良" 3. 旷课××节及以上，评为"不及格" 4. 实训内容没有完成，评为"不及格" 5. 报告出现雷同，评为"不及格" 6. 具体评分标准由教师根据实训项目具体要求规定

续表

| 七、实训成果
1. 能进行社区矫正对象心理咨询过程模拟练习
2. 能完成心理咨询过程记录、讨论、反思
3. 能完成本次实训总结撰写 | 分值：30 分
1. 按规定时间完成模拟咨询过程的实训练习（10 分）
2. 按规定时间完成心理咨询过程记录、讨论、反思，并提交实训总结（10 分）
3. 格式规范、字迹清楚（3 分）
4. 无抄袭现象（2 分）
5. 能提出合理化建议或有创新见解（5 分） | |
| 合计 | | |

评分人：　　　　　　　　　　　　　　　　　　日期：　　年　月　日

【课堂活动】

田某，男，17 岁，因涉嫌聚众斗殴被公安机关抓获，因情节较轻，认罪态度良好，犯罪时未满 18 周岁，未成年人保护部门建议进行分流，被法院受理，执行社区矫正。田某的父母都是农民，家中除了父母，还有姐姐和祖父，经济状况一般，通过调查发现田某在家和学校都很懂事听话，高中毕业后考上一所大专院校，等待上学的假期与好友外出玩耍，被另一相熟之人叫去帮忙，去了之后发现是对方与他人发生矛盾，叫田某等去助威，之后发生了打砸车辆事件。发生此事之后，田某情绪低落，非常懊悔，觉得自己的人生因为这件事情抹上了污点，不愿与人出去交往，担心此事影响未来的发展。

请根据案例所给资料，讨论如何开展未成年人社区矫正对象的心理咨询工作？

【思考题】

1. 如何正确理解社区矫正对象心理咨询的概念？其工作对象、工作原则是什么？

2. 社区矫正对象心理咨询的流程是什么？具体分为哪几个阶段？

3. 社区矫正对象心理咨询的技术有哪些？

4. 尝试完成一份社区矫正对象心理咨询的简要案例报告。

拓展 学习

回归正轨从"心"启航[1]

"请四唯街司法所开始点检。"

"报告指挥中心，四唯街司法所社区矫正对象应到……"

1 月 25 日清晨，《法治日报》记者走进湖北省武汉市江岸区社区矫正中心，恰逢例行远程视频点检。

当天也是心理咨询师李玮和杨巧为社区矫正对象进行心理咨询的日子，心理咨询的对象是王力（化名）。

王力今年 30 岁，原是某金融公司职员，因非法吸收公众存款被判缓刑。

"经过一个小时的心理咨询，我发现他心理状态比较稳定，家人也很支持他，再犯罪风险比较低。"李玮说。

有时并没那么简单。去年，杨巧就遇到一个"高风险"的女人。

因为婆媳关系不和，女人被迫和丈夫离婚，但双方依旧深爱着对方，一直想复婚。为给患有癌症的前夫挣医药费，女人走上了犯罪道路，但仍旧没能挽救他的生命。

"我第一次见到她时，她的状态特别糟糕，不服从管理，自罪感强，灾难化思维泛化，情绪呈现抑郁崩溃状态。"杨巧回忆说。

"对再犯罪高风险社区矫正对象，我们会请心理咨询师提出个案矫治的专业方案和建议，定期进行一对一心理矫治工作。"李书依说。

经过 5 次心理矫治，女人的情绪已逐渐平稳，自罪感减轻，行为也积极起来。

近年来，江岸区社矫局将心理矫正融入社区矫正全过程，由第三方专业机构协助开展心理咨询、心理教育和心理危机干预等工作，让回归正轨的人生从"心"启航。

---

〔1〕 法治日报："回归正轨从'心'启航"，载中华人民共和国司法部网，http://www. moj. gov. cn/pub/sfbgw/fzgz/fzgzxszx/fzgzsqjz/202202/t20220215_448088. html，最后访问时间：2022 年 8 月 29 日。

"进行心理'体检'，是开展心理矫治的第一步。"江岸区社矫局干警李书依说。

社区矫正对象入矫当天，江岸区社区矫正中心都会运用风险评估与心理矫正系统对入矫对象进行多维度再犯罪风险心理测评，包括入矫基本信息再犯罪风险评估，入矫心理及人格测评，入矫再犯罪风险自我测评。

"这个系统里有4套试题，供社区矫正对象自我评测。"李玮说，将心理测评结果与审前调查信息相结合，从而定位再犯罪风险较高的社区矫正对象，针对个案制定精准的监督管理与教育帮扶措施。

"有些人不认真答题怎么办？"

"针对心理测评时敷衍对待，具有掩饰性，心理测评结论中存在明显认知情绪和行为问题的可能再犯罪风险对象，我们将开展一对一心理咨询与高风险排查。"李玮说。

今年是杨巧从事心理咨询工作的第9个年头。

"2019年，我刚开始为社区矫正对象做心理咨询时，以为自己是拯救者。但深入接触后，发现他们和普通人没什么区别，只是曾经迷失了方向，边界感模糊。"杨巧说。

近年来，江岸区累计组织心理咨询1.2万人次，多维再犯罪风险评估775人次，组织对社区矫正对象开展团体心理疏导528人次，一对一开展心理疏导230人次，心理讲座10场次。

"通过心理咨询，走近他们，倾听他们，让他们试着敞开心扉悦纳自己。其实，社区矫正对象更期待得到平等对待。"杨巧说。

记者手记

社区矫正对象是一个特殊群体。

要想真正实现"管得住人、矫治得好"的目标，心理问题不容忽视。

近年来，武汉市江岸区在社区矫正对象的心理矫治方面做了许多有益探索。记者感到欣喜的同时，希望有更多社会力量参与进来，打造多元共治的特殊人群服务管理的良性格局。正如杨巧所说，社区矫正对象其实和我们一样，只不过曾经走错了一段路。

社区矫正对象心理治疗

知识目标：掌握解社区矫正对象心理治疗的概念、原则，了解心理咨询与治疗的异同；掌握社区矫正对象的行为疗法、合理情绪疗法、精神分析疗法、人本主义疗法（以人为中心疗法）、森田疗法的基本理论和基本操作技术。

能力目标：具备运用不同的心理治疗技术进行社区矫正对象的心理分析与治疗的能力。

思政目标：具备心理治疗的职业道德，培养对心理治疗的热爱之情和以人为本的职业精神。

知识树

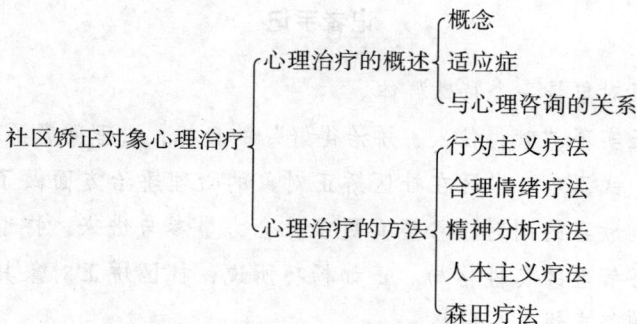

案例 7 - 1

郑某，女，1990 年出生，因犯故意杀人罪被判处有期徒刑 3 年，缓刑 3 年，接受社区矫正。郑某是家中老大，从小性格倔强、直率，成年之后外出打工挣钱补贴家用，在此期间结识一男子，两人相恋并与其同居，该男子在与郑某交往期间与其他女子交往，并向郑某提出分手，郑某十分不甘和气愤。某天，将酒精泼到该男子身上，欲与其同归于尽，被人阻止，未造成严重伤害。事件发生后郑某内心非常痛苦，对自己的行为痛心疾首、无比后悔，对前男友依旧心存怨恨，内心非常纠结，觉得没有办法再信任任何男性，感觉未来一片灰暗，消极对待社区矫正。

不同的心理学治疗理论对心理问题与心理障碍的治疗存在很大差异，行为主义认为治疗的关键是改变行为，合理情绪疗法认为需要建立合理的信念来解决情绪和行为问题，精神分析则认为治疗的着力点应该放在潜意识的分析上，人本主义相信人有自我发展的潜能，森田疗法认为面对心理困扰需要"顺其自然、为所当为"。此案例中的郑某存在较为严重的负面情绪，采用哪种心理治疗的方法更有助于郑某心理障碍的解决？实践证明，在心理治疗方法的选择上，可以针对性地使用一种，也可以多种方法综合使用。

任务1　社区矫正对象心理治疗概述

一、心理治疗的概念

心理治疗是在良好的治疗关系基础上，由经过专业训练的心理治疗师运用心理治疗的有关理论和技术，对来访者进行帮助的过程，以消除或缓解来访者的问题或障碍，促进其人格向健康、协调的方向发展。[1]

社区矫正对象的心理治疗是经过专业训练的心理治疗师、社区矫正工作人员，运用心理治疗的相关理论和技术，对社区矫正对象进行帮助，消除和

---

〔1〕　钱铭怡编著：《心理咨询与心理治疗》，北京大学出版社 1994 年版，第 3 页。

解决其心理障碍，促进人格健康协调发展的过程。

党的二十大报告指出："健全共建共治共享的社会治理制度，提升社会治理效能"，社区矫正对象心理治疗可以起到"心防"的作用，有成效的心理治疗必然会促进社区矫正对象顺利回归社会，最大限度预防重新犯罪。

二、心理治疗的适应症

心理治疗主要针对存在心理障碍的个体进行，适应的范围主要为某些神经症、应激障碍、身心疾病、性心理异常、人格障碍、康复中的精神病人等；心理治疗费时较长，治疗由几次到几十次不等，甚至次数更多。心理治疗强调人格的改造，问题行为的矫正，重视症状的消除。

三、心理咨询和心理治疗的关系

对于心理咨询与心理治疗之间的关系一直以来存在争议，有学者认为二者有区别，有学者又不赞成对二者进行区分，觉得没有必要进行详尽的区分。心理咨询和心理治疗有许多重叠之处，又存在一些难区分之处。

（一）心理咨询与心理治疗的相似之处

1. 心理咨询与心理治疗都以心理学的理论为基础，在技术的使用上差异也不大。如：心理咨询和心理治疗在采用人本主义"以人为中心"理论上没有差异。

2. 心理咨询与心理治疗都强调促进社区矫正对象人格的完善、心理的成长与改变。

3. 心理咨询与心理治疗都以良好的咨询关系和治疗关系为基础。

4. 心理咨询与心理治疗的工作对象常常相似。如：都可能面临社区矫正对象的人际交往恐惧问题。

（二）心理咨询与心理治疗的不同之处

1. 工作对象有差异。心理咨询的工作对象主要是正常人的各种心理问题，包括：成长发展中的情绪问题、生活中的人际交往问题、生涯管理和职业选择中的问题、婚恋家庭问题、教育发展中的问题等，或者各类心理障碍的愈后期。心理治疗主要工作对象是个体的心理障碍，包括：神经症、人格障碍、应激障碍、心理和行为障碍、身心疾病、精神疾病的愈后期。

2. 工作时程有差异。心理咨询用时较短，由一次到几次；心理治疗费时费力，治疗由几次到几十次，甚至持续数年才能完成。

3. 工作重点不同。心理咨询重视教育、支持、指导等功能，目的在于激发社区矫正对象的成长动机，助人自助；心理治疗重点在于重建社区矫正对象的人格。

4. 工作目标不同。心理咨询的目标更为具体，针对社区矫正对象当下困惑的心理问题开展工作；心理治疗的目标比较模糊，目的在于促进社区矫正对象的改变和进步。

任务2　社区矫正对象心理治疗的方法

对社区矫正对象开展心理治疗，要"把握好新时代中国特色社会主义思想的世界观和方法论，坚持好、运用好贯穿其中的立场观点方法"。结合我国国情和社区矫正对象的实际情况，运用相应的方法进行。

任务2.1　行为主义疗法

行为主义疗法是在行为主义心理学的理论基础上发展起来的心理治疗派别，是当代心理疗法中影响较大的派别之一。行为主义疗法又称行为治疗，是基于现代行为科学的一种非常通用的心理治疗方法，是根据经典条件反射理论、操作性条件反射理论、观察学习理论和心理学实验方法确立治疗的理论基础和原则，通过对个体的行为训练，达到矫正适应不良行为的一种心理治疗方法。

一、行为主义疗法的基本理论

（一）经典条件反射理论

俄国生理学家、心理学家巴甫洛夫（I. Pavlov，1849～1936）在对狗的消化过程研究中，发现了应答性条件反射，即经典条件反射。狗在食物出现时会分泌唾液，食物就是无条件刺激，该反射即无条件反射。巴甫洛夫通过实验发现，在给狗食物的同时给一个铃声的刺激，食物和铃声多次结合之后，狗一听到铃声（未给食物）也会分泌唾液，铃声就是条件刺激，该反射即条件反射。若多次给予条件刺激（铃声），而不给予无条件刺激（食物）强化，条件反射也可以被消退。

在经典条件反射作用的原理下，美国心理学家华生（John Broadus Watson，1878～1958）通过儿童恐惧实验建立了行为主义的基本理论。他找来一个本来喜欢毛茸茸小动物的 11 个月大的小男孩，在其每次与小白鼠玩耍时，用铁棒在小男孩背后猛烈敲击发出刺耳的声响，吓哭小男孩。将小白鼠与铁棒敲击的声音多次结合之后，小男孩对小白鼠产生了恐惧情绪，即使不敲击铁棒，每次看到小白鼠都会哭闹，此后这种恐惧泛化到其他有毛动物，甚至有毛物品。在此实验基础上他提出了人类的行为公式"S－R"，即：刺激－反应公式。华生过度强调环境的作用和影响，忽略人的主观能动性，该实验也引发了人们对心理学实验伦理的关注。

经典条件反射理论中一个刺激和另一个带有奖赏或惩罚的无条件刺激多次联结，可使个体学会在单独呈现该刺激时，也能引发类似无条件反应的条件反应。经典条件反射理论中主要有三个现象：条件反射的形成和建立、泛化、消退。泛化是个体将习得经验应用到其他情境，消退是条件反射建立之后，若不再给予无条件刺激，条件反射会逐渐消退，甚至消失。

（二）操作条件作用理论

美国心理学家桑代克（Edward Lee Thorndike，1874～1949）通过猫关迷笼实验提出了联结－试误学习理论。桑代克将饥饿的猫关进迷笼中，由于饥饿难耐，猫在迷笼中上下窜动抓挠，偶然碰到开门机关，笼门打开，猫逃出迷笼吃到放在笼外的食物。在多次试误之后，猫学会了触碰开门机关打开笼门。之后桑代克又开展了大量的人类学习实验，创立了"联结－试误"说。

斯金纳（Burrhus Frederic Skinner，1904～1990）在桑代克猫关迷笼的理论基础上改进实验设备，制作了"斯金纳箱"，箱内有一个外伸的杠杆，下面有一个食物盘，只要箱内的动物按压杠杆，就会有一粒食物滚到食物盘内，动物即可得到食物。由此斯金纳发现，有机体做出的反应与其随后出现的刺激条件之间的关系对行为起着控制作用，它能影响以后按动杠杆获取食物这一行为反应发生的概率。通过更为复杂的设计，动物还可以学会分化行为。

在操作性条件反射作用中，人和动物需要找到一个适应的反应，这个反应可以带来某种结果，环境对行为具有塑造和持续产生作用。操作性条件反射作用的基本规律如下：

1. 强化。强化是使得行为发生的概率增加的一切刺激和事件，分为正强化和负强化。正强化是某种刺激增加会增加行为反应发生的概率，例如：教师对于待人礼貌的学生进行表扬，父母对于成绩进步的孩子给予奖励，企业对于业绩优秀的员工提升薪水等。负强化是某种刺激减少会增加行为反应发生的概率，例如：用不做家务来激励孩子考试进步，用豁免迟到扣奖金的处罚来鼓励员工提前完成月工作量等。

2. 惩罚。惩罚是使得行为发生的概率降低或减少的一切刺激和事件，分为正惩罚和负惩罚。正惩罚是某种刺激增加会减少行为反应发生的概率，例如：教师批评学生的不良行为从而减少该行为发生的次数，对于在公共场所随意吐痰的人罚款从而减少吐痰的行为，企业对于迟到早退的员工进行通报批评减少迟到早退行为等。负惩罚是某种刺激减少会降低行为反应发生的概率，例如：孩子不按时完成作业父母就取消其看动画片的时间，从而减少孩子不完成作业的行为等。

3. 消退。消退是某种反应不再获得强化时，它最后就会回到原来的水平。消退是一种无强化的过程，目的在于降低某反应在将来发生的概率，从而消除某种行为。例如：当小孩子通过无理取闹的方式获得玩具、零食时，玩具、零食就变成了强化物，如果要矫正这种无理取闹就要不予理睬，不给任何玩具和零食的强化，无理取闹的行为不能得到强化就会逐渐消退。

根据操作性条件反射的理论，心理矫治工作人员应该多采用正强化的手段来增加良好行为的发生概率，通过消退的方法让不良行为逐渐消失，对于惩罚要慎重使用。

（三）观察学习理论

班杜拉（Albert Bandura，1925～2021）在对儿童攻击性行为的实验研究中发现，成人榜样对儿童有明显影响，儿童可以通过观看成人殴打波波玩偶的行为习得攻击性行为。在实验中，控制组的儿童观看非攻击性行为，实验组的儿童观看攻击性行为，结果显示实验组儿童的攻击性行为明显高于控制组，该实验在某种程度上揭示了特定的行为是如何通过观察、模仿而形成。

班杜拉及其研究者在大量实验研究的基础上提出了社会学习理论，认为人的行为是由个人与环境的交互作用决定的，大多数的行为通过观察模仿他人的行为而获得。一部分社区矫正对象所犯的罪行源于接触到不良的环境，或者家庭和社会环境发生剧烈变化，自身盲目的模仿、追随他人导致的结果。因而要加强和创新社会治理，深化改革、改善民生，促进社会秩序更加和谐有序，为社区矫正对象的心理治疗提供健康的外部环境。

二、行为主义疗法的治疗原理

（一）行为主义疗法的理论假设

行为主义疗法基于行为主义对于行为产生的 S－R（刺激－反应）模型、S－O－R（刺激－机体内部的变化－反应）模型的解释，认为个体的行为可以习得，因而个体的不良行为可以通过学习习得，新的适应性行为也可以通过学习习得。

（二）行为主义疗法的特点

行为主义疗法针对的是某种特定的行为，可以是外显的行为变化，也可以是内隐的心理过程。对于社区矫正对象而言，主要矫正的是外显的行为变化，其次是内隐的心理过程。

行为主义疗法只针对社区矫正对象当前有关的心理问题和心理障碍，几乎不涉及问题根源的潜意识探索、认知领悟的过程等因素。对于不同社区矫正对象心理问题及其个人特点，可以采用行为主义疗法的不同治疗技术。

三、行为主义治疗的过程

钱铭怡、伍新春提出成功的行为治疗过程分为基线阶段、处理阶段、跟踪阶段。[1]

（一）基线阶段

确认社区矫正对象存在的不良行为，让其对自身存在的不良行为有所了解，确定不良行为是应该予以消除、减少，还是限制，制定行为矫正的目标，选择具体治疗技术和方法；矫正后的目标行为必须是特定、客观、可观察、

---

〔1〕 伍新春、胡佩诚编著：《行为矫正》，高等教育出版社 2005 年版，第 55 页。

可测量的。

（二）处理阶段

针对社区矫正对象的具体行为问题，在确定的基线基础上，采用适应的行为治疗的技术方法对不良行为进行矫正，帮助社区矫正对象建立新的适应的行为方式。

（三）跟踪阶段

记录靶行为的基线水平及变化过程，以评价治疗过程。观察和记录适应性行为出现的次数、时间、地点、质量，对行为改变继续进行观察和评估。

四、行为主义治疗的主要技术

（一）基于经典条件反射理论的行为治疗

基于经典条件反射理论的行为治疗主要关注如何克服个体已习得的非适应性行为，主要包括系统脱敏疗法、冲击疗法、生物反馈疗法、厌恶疗法等。

1. 系统脱敏疗法。

（1）治疗原理。系统脱敏疗法（systematic desensitization therapy）又称交互抑制疗法、缓慢暴露法，由美国精神病学家沃尔普（Joseph Wolpe）创立，主要是诱导个体缓慢地、逐步地想象出或暴露在导致神经症焦虑、恐惧的情境，并通过心理身体的放松状态来对抗焦虑、恐惧情绪，小步子、渐进式推进，从而达到消除神经症焦虑、恐惧习惯的一种行为疗法。个体以"刺激 - 放松"的适应性行为反射替代"刺激 - 异常行为"的不适应行为反射，通过强化适应性行为，替代和克服不适应行为。它利用人的肌肉放松状态颉颃由焦虑或恐怖引起的肌电、心率、血压、呼吸等生理指标的变化。根据该原理，对社区矫正对象进行心理治疗时，应从能引起个体较低程度的焦虑或恐怖反应的刺激物开始进行治疗。一旦某一刺激不再会引起社区矫正对象焦虑、恐怖反应时，治疗师便可给处于放松状态的社区矫正对象呈现另一个比前一刺激略强一点的刺激，多次反复放松训练之后，社区矫正对象便不再感到焦虑、恐惧，治疗的目标便达到。该疗法对焦虑症和恐怖症疗效显著。

（2）系统脱敏疗法的实施过程。

第一步：准备阶段。由于放松是对抗焦虑、恐惧的心理和躯体性反应的主要方法，因而社区矫正对象必须先习得身体深度放松的技术。

专栏 7 - 1　三种放松训练方法

放松训练一：雅可布松渐进性肌肉松弛法。

雅可布松渐进性肌肉松弛法采用集中注意 - 肌肉紧张 - 保持紧张 - 接触紧张 - 肌肉松弛的步骤，紧张时间是 5 秒左右，放松时间是 20 秒左右，每一步至少重复一次，体验紧张与松弛的不同感觉。首先，握紧双拳，拉紧二头肌和前臂，放松；皱额，同时将头尽量向后靠，顺时针方向转圈。其次，使脸部肌肉似胡桃状皱缩起来，眼睛眯紧，唇并拢，舌抵上腭，肩膀下缩，放松。再次，深深吸气，同时弓起背，屏住气，放松，深深吸气，收缩胃，屏住气，放松。最后，将脚趾和脚向上拉，拉紧胫部，持续一会儿，放松，卷曲脚趾，同时拉紧腿肚、大腿、臀部，放松。

放松训练二：想象放松法。

想象放松法主要通过唤起宁静、轻松、舒适情景的想象和体验，降低被治疗的社区矫正对象紧张、焦虑的水平，增强内心的愉悦感和自信心。想象放松是心理治疗中最常用的技术之一，要求被治疗的社区矫正对象以舒服的姿势闭上眼睛坐好，身体保持放松的状态，治疗师通过语言指导社区矫正对象进入想象。如想象自己躺在温暖阳光照射下的沙滩，迎面吹来阵阵微风，海浪有节奏地拍打着岸边；或者想象自己正在树林里散步，小溪流水，鸟语花香，空气清新。想象某一种能够改变人的心理状态的情境，尽可能使被治疗的社区矫正对象有身临其境之感，身临其境之感越深，放松效果越好。

放松训练三：深呼吸放松法。

部分被治疗的社区矫正对象会对某种特定的场合易感到焦虑紧张，此时可采用深呼吸放松法，具体操作是让被治疗的社区矫正对象选择一个舒服的姿势做好或站定，闭上双眼，下垂肩膀，慢慢地深吸一口气，感觉腹部像气球一样鼓起来，稍作屏息，再慢慢地将气呼出去，感觉腹部像是气球松气一样慢慢地瘪下去……如此反复。一呼一吸掌握在 15 秒钟左右最好，吸气时控制在 4～6 秒，屏息 1～2 秒；呼气时控制在 2～4 秒，屏息 1～2 秒。该方法简单易操作，对于紧急场合下紧张、恐惧等身心反应具有较快速的调节作用。治疗师可将放松训练步骤写成指导语，用合适的速度，通过温柔而坚定的声音朗读，配上恬静优雅的背景音乐，录成音频，让被治疗的社区矫正对象能够自己练习。

第二步：建立焦虑、恐惧等级。通过访谈、问卷调查收集被治疗的社区矫正对象感到焦虑、恐惧的所有事件，并报告每个事件让他感到焦虑、恐惧的主观程度，可用主观感觉尺度（SUD）度量。在此基础上，治疗师和被治疗的社区矫正对象共同制定焦虑、恐惧等级，目的是确定系统脱敏的顺序。

专栏 7-2   一例人际交往恐惧社区矫正对象的恐惧等级建立方法

将恐惧情绪按照程度从 0~100 排列，代表从心情平静到极端恐惧，恐惧标尺见下图。一例人际交往恐惧的社区矫正对象的交往恐惧等级排列见下表，一般建立等级层次在 6~10 个为宜。完成此项工作之后，就可以开始具体系统脱敏治疗工作。

恐惧标尺

0	25	50	75	100
心情平列	轻度恐惧	中等程度恐惧	高度恐惧	极端恐惧

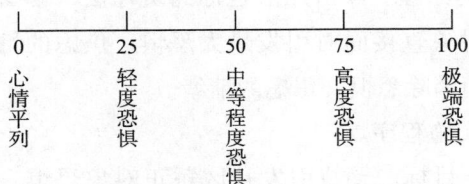

社交恐惧等级量表

焦虑、恐惧等级	刺激情境	主观感觉尺度
0	父亲	10
1	兄弟姐妹	20
2	其他亲人	30
3	同学朋友	50
4	工友	70
5	陌生人	90

第三步：系统脱敏实施步骤。首先，让被治疗的社区矫正对象按照所学习放松训练技术进行身心放松训练。

其次，想象脱敏。治疗师引导被治疗的社区矫正对象进入想象，从最低等级的焦虑、恐惧刺激开始训练，如上述例子中社交恐惧的社区矫正对象可从与父亲交往开始想象，当他能清晰想象出此刺激事件时，伸出右手向治疗师示意。让该社区矫正对象保持这一想象中的场景 30 秒。

最后，停止想象。让该社区矫正对象报告此时感受到的主观恐惧的等级分数。然后重复以上放松—想象脱敏—停止想象，直至该社区矫正对象对此事件不再感到恐惧、焦虑为止，再对下一个事件进行同样的脱敏训练。

系统脱敏疗法除了想象脱敏，还可采用真实情境脱敏、接触脱敏，比如上述案例中人际交往恐惧的社区矫正对象，可以让他先与父亲接触，直到他与父亲相处时不再恐惧，再与兄弟姐妹交往，逐层推进，直到与陌生人交往也不再恐惧为止。

2. 冲击疗法。

（1）冲击疗法的原理。冲击疗法也称满贯疗法、暴露疗法、快速脱敏疗法，是让社区矫正对象直接面对引发最大恐惧、焦虑的情境或事物，以图物极必反的效果，从而消除恐惧、焦虑的情绪。

（2）冲击疗法实施程序。

第一，确定治疗目标。寻找引发社区矫正对象恐惧、焦虑的人、物、情境，将冲击疗法的目标行为确定下来。

第二，做好身体检查。冲击疗法会引发剧烈的情绪和躯体体验，实施前必须做好详细的体检，排除严重心血管疾病患者、呼吸系统疾病患者、中枢神经系统疾病患者，老人、儿童、孕妇也不适合冲击疗法，否则会危及当事人的生命。

第三，签订治疗协议。冲击疗法可能会给被治疗的社区矫正对象带来巨大的痛苦感，因而易诱发其逃避反应，为了确保治疗顺利进行，需要告知被治疗的社区矫正对象冲击疗法的原理、操作过程、疗效，尤其要告知治疗过程中会出现的巨大痛苦，不能隐瞒、淡化，在征得被治疗的社区矫正对象的同意之后，签订冲击疗法的治疗协议。

第四，实施冲击疗法。签订治疗协议之后，治疗师布置好治疗场所后，被治疗的社区矫正对象正常进食，排空大小便，准备妥当后，进入治疗场所。治疗师向被治疗的社区矫正对象迅速、猛烈地呈现刺激物，此时，被治疗的社区矫正对象可能会出现逃避、惊叫、心悸、四肢震颤等植物神经功能的变化，治疗师在此过程中给予被治疗的社区矫正对象支持、鼓励，或者漠视、劝说，直至其情绪和生理反应度过高潮，逐步减轻。

（3）冲击疗法的注意事项。冲击疗法多适用于恐惧程度较轻而又身心状况正常的社区矫正对象，由于该疗法会给社区矫正对象带来巨大的痛苦体验和压力，实施较难，可能欲速则不达，要慎重使用。治疗过程中不允许社区矫正对象有回避行为，否则会加重恐惧，导致治疗的失败。

冲击疗法实施需要进行 2～4 次，1 天 1 次或 2 天 1 次，若社区矫正对象出现血压、心电指标等异常生理反应或者其家属和本人要求停止治疗劝说无效后，应该停止治疗，治疗师不能一意孤行。

3. 生物反馈疗法。

（1）生物反馈疗法。生物反馈疗法是在现代生理电子仪器的辅助下，将人体生理过程、生物电活动过程，经过特殊训练后，进行有意识的"意念"控制和心理训练，从而消除病理过程、恢复身心健康的新型心理治疗方法。生物反馈疗法可以通过有机体的脑电波、皮肤电、心率、血压、皮肤温度、肌肉紧张度等多项指标进行反馈。生物反馈疗法适用于不良行为或习惯的矫正，比如：毒瘾、酒瘾、咬指甲、手淫等行为。同时，对大多数的身心疾病和神经精神科疾病也有较好的疗效。

（2）生物反馈疗法的实施过程。向被治疗的社区矫正对象简要阐述生物反馈疗法的基本原理，观察非语言行为和情绪，建立良好的治疗关系。测定生理参数，如：肌电、皮温、皮电、脑电等生理基础值，选定其中一项或多项生理指标作为生理反馈仪信号。

帮助被治疗的社区矫正对象学习放松技术，并引导其对自己身体进行观察，学习三类感觉信息：①清晰把握生理状态；②应对内部身体感觉线索有所知觉；③理解从生理反馈仪所接受到的生理反馈信息的含义。练习结束后，让被治疗的社区矫正对象进行 1～7 级主观等级评定（1 是最放松，7 是最紧张），并布置家庭作业，要求社区矫正对象每次 20～30 分钟，每天 2 次进行放松训练，并填写放松训练表格。下一次练习前要讨论上次练习时遇到的问题及家庭作业的反馈。

生物反馈疗法由于需要借助生理反馈仪，大多在医疗设施健全的医院、精神专科医院、康复中心等机构进行。

4. 厌恶疗法。

（1）厌恶疗法的原理和形式。厌恶疗法是将需要矫正的不适应行为与某种不愉快的惩罚性刺激反复多次结合起来，形成厌恶性条件反射，从而达到减少、消除不适应行为的治疗方法。厌恶疗法的主要形式有电击厌恶疗法、想象厌恶疗法、药物厌恶疗法，通过电击、厌恶想象、药物催吐与不适应行为建立条件反射，达到治疗目的。如：对于情绪易失控的暴力型社区矫正对象，当其情绪失控时给予厌恶刺激，减少失控情绪发生的频率。

（2）厌恶疗法使用的注意事项。

第一，慎用和慎选厌恶疗法。厌恶疗法的实施需要合格的行为治疗专家操作，且由于其易产生副作用，尽量不用或者少用，倘若使用，首先选择想象厌恶疗法，最后才考虑药物和电击疗法。

第二，科学实施厌恶疗法。厌恶疗法操作中的关键因素是控制好施加厌恶刺激的时机，尽量让厌恶刺激和不适应行为同时出现。电击厌恶的时间易控制，而药物厌恶会因被治疗者的差异性反应而不同。另外，鼓励被治疗的社区矫正对象尽可能体验不良强化物的厌恶，停止厌恶刺激之后，应该用良好的强化物代替不良的强化物。

（二）基于操作条件反射的行为治疗技术

1. 强化疗法。强化疗法是指系统地应用强化手段去增加某些适应性行为，以减弱或消除某些不适应行为的心理治疗方法。

（1）强化的类型。通过正强化给予社区矫正对象好的刺激，增加适应性行为出现的概率。例如：社区矫正对象陈某担任图书馆临时管理员一职，工作认真，尽心尽力为社区居民服务，社区矫正工作人员在月评中通过评语表扬、加分等方式给予鼓励，陈某在工作和生活的各方面都表现得更为积极主动。

负强化是去掉一个坏刺激，增加目标行为出现的概率。如社区矫正对象吴某亲子关系恶劣，还有酗酒的问题，心理治疗师建议吴某的儿子不要跟父亲顶嘴吵架，从而让吴某愿意花更多的时间待在家里和亲人相处，而不出去和酒友厮混。

（2）强化的方法。

第一，塑造法。塑造法是通过矫正个体的不适应行为，使之逐渐形成适应性行为的一个强化疗法。在塑造的过程中，要采用正强化的手段，一旦出现适应性行为，立即予以强化。例如在塑造社区矫正对象的社会适应性行为时，想让社区矫正对象能够积极融入社区生活当中，与他人建立良好的人际关系时，当社区矫正对象出现亲社会行为，如：礼貌与他人打招呼、帮助他人做力所能及的事情等，就给予表扬、奖励，促进其亲社会行为的形成和建立。

第二，消退法。消退法是对不适应的行为不予注意，不给予强化，从而使得不适应行为逐渐削弱直至消失。例如：某社区矫正对象喜欢胡吹胡擂，有讲大话、撒谎等不良习惯，社区邻居都知道他的问题，社区矫正工作者建议邻居对他这样的言行不置可否、不予理睬，面对邻里这样的反应，他也觉得没什么乐趣，自然就不再吹牛皮了。

第三，代币疗法。利用强化原理，个体有适应性行为出现时，给予兑换物品的证券（小红旗、小铁牌、小票券等），通过这种有形的实物奖励促进适应性行为形成和建立。对于社区矫正对象可以给予其相应的代币强化物，促进其良好行为的建立，此法还适用于社区矫正对象的集体治疗。

（3）使用强化疗法的注意事项。强化物的选择要合适，当适应性行为出现时强化要及时，意义要明确。强化的标准要逐渐提高，强化的次数要逐渐减少，当一个适应性行为稳定地建立起来之后，应该消除物质的、具体的强化物，改用关注、认同、赞美等社会性强化物来维持适应性行为。

2. 惩罚。惩罚是个体做出某一行为反应的结果降低了该行为以后发生概率的过程。社区矫正对象张某被告知需要参加社区矫正机构组织的公益活动，并且每周到居委会社区矫正工作站签到，张某抵触情绪很大，认为社区矫正机构的监管是多余的，社区矫正工作者就相关的法律规定进行说明，成效甚微。社区矫正工作站与派出所沟通达成共识，如果他不服从管理就采取收监的处罚措施。张某终于认识到社区矫正对象必须服从社区矫正，否则会受到法律制裁，最终在心理、行为上都接受了社区矫正，从"抗拒矫正"转变为"积极矫正"。张某认识到抗拒矫正的行为会引发收监处罚结果，从而消除了抗拒矫正的心理和行为，这就是惩罚的机制在起作用。

（三）基于观察学习的行为治疗技术

1. 示范模仿疗法。示范模仿疗法在班杜拉社会观察学习理论的基础上发展而来，是指个体通过观察榜样及其示范的良好行为，习得良好行为，减少或消除不良行为的一种行为矫正疗法。

例如：某社区矫正对象有酗酒行为，常在周末与好友过量饮酒，每次喝酒在1斤左右，为了矫正他的酗酒行为，治疗师让其好友在与他饮酒时，每次只喝0.5斤，结果发现他的饮酒量也减少到0.5斤左右。

示范模仿疗法在矫正不良行为的过程中，既要重视社区矫正对象的观察过程，也要重视榜样的示范作用。该疗法包含了行为示范、行为获得、行为表现三个基本阶段。

阶段一：行为示范阶段。榜样示范和指导行为，榜样可以是真实性示范（榜样真实地存在于社区矫正对象的现实环境中），也可以是符号性示范（榜样存在于电影、电视、幻灯片、照片、录音、录像、文字说明等传播媒介中），榜样通过行为示范、言语指导，向社区矫正对象恰当描述所示范的特定行为。

阶段二：行为获得阶段。通过观察学习榜样示范的良好行为，将其以表象的形式储存于头脑之中。只有将良好行为的示范结果储存在记忆系统中，个体才能根据言语符号唤醒表象，做出符合要求的模仿行为。

阶段三：行为表现阶段。在观察示范行为之后，治疗师要求社区矫正对象对该行为进行仿效和实践，治疗师应该及时反馈，对良好的行为给予表扬鼓励，对错误行为进行纠正、指导和建议。通过以上三个阶段，示范模仿疗法就可以落实到行为的塑造上。

示范模仿疗法可用于治疗恐惧症、社会退缩行为、人际交往障碍、攻击性和犯罪性行为等行为或心理问题，尤其在恐怖症和训练人际交往技能方面效果显著。

2. 角色扮演或行为排演。角色扮演或行为排演是通过角色扮演对现实生活中可能出现的问题情境进行预演，多用于改变社区矫正对象不良行为，对其进行社会技能训练的一种行为治疗方法，在小组治疗、团体咨询中较为常用。

治疗师帮助社区矫正对象找出一个典型事例，社区矫正对象在治疗小组内详细地讲述该事情的经过，并扮演自己，小组内其他成员扮演配角，按照社区矫正对象遇到的真实事件进行扮演，结束后小组其他成员发表意见和看法，治疗师做总结，反馈的信息包括社区矫正对象做得好的地方和需要改进的地方。接下来进行角色扮演的第二遍，让社区矫正对象进行改进后的新行为的演练，治疗师可以中途暂停，为社区矫正对象示范新行为，并让其模仿。治疗结束时，治疗师对社区矫正对象习得的新行为进行鼓励和强化，引导其将新行为应用到生活中去，并布置家庭作业练习。

3. 决断训练。决断训练（assertive training），又称肯定性训练、自信训练和声明己见训练。决断训练适用于人际关系的情境，用于帮助社区矫正对象正确、适当地与他人交往，表达自己的情绪、情感。决断训练特别适用于那些不能表达自己愤怒或者苦闷、很难对他人说"不"字的人和那些很难表达自己积极情感的社区矫正对象。通过训练使他们能够表达或敢于表达自己的正当要求和意见，能够正常地倾诉自己内心的情感体验。

决断行为是在别人提出过分要求时进行拒绝或当自己感到自己做不到某事时说"不"字。每次训练完之后，治疗师应给社区矫正对象以信息反馈，肯定成绩，指出不足，并布置家庭作业鼓励社区矫正对象把学得的新行为运用到实际生活当中去。

任务2.2 合理情绪疗法

合理情绪疗法（Rational-emotive therapy，RET），又称理性情绪疗法，是20世纪50年代由美国心理学家艾利斯（Albert Ellis，1913～2007）创立，它结合了认知疗法和行为治疗的理论与实践，故又被称为认知行为疗法，作为一种简单而富有成效的治疗方法，被广泛地接受和应用。理性情绪疗法认为，人们的情绪障碍是由人们的不合理信念所造成的，因此简要地说，这种疗法就是以理性治疗非理性，帮助求治者以合理的思维方式代替不合理的思维方式，以合理的信念代替不合理的信念，从而最大限度地减少不合理的信念给情绪带来的不良影响，通过以改变认知为主的治疗方式，来帮助求治者减少或消除他们已有的情绪障碍。

一、合理情绪疗法的基本理论

（一）对人性的观点

1. 人都有活着并且幸福的目标，而幸福是由人对事件的认知决定的，而非事件本身。

2. 尽管存在社会上或生理上的局限性，人可以通过努力改变自己，选择如何生活。

3. 每个人都与众不同，会找到最适合自己的独特学习和工作方式。

（二）ABCDE 理论

理性情绪行为治疗中的 ABCDE 理论阐述了诱发事件和事件结果之间的联系，认为人们对诱发事件及其结果的信念发挥重要作用，心理问题源于这种信念的不合理性，因而用辩论的方式、新的理性的信念代替非理性理念，能够帮助人们建立健康快乐的生活。

A（Activating Event）代表诱发事件或不幸。个体要清楚地阐述所发生的事件。

B（Belief）代表对事件 A 的信念或信仰体系。这个信仰体系中包括理性信念和非理性信念。在这里要注意区分"良性"的负面情绪和"不良"的负面情绪："良性"负面情绪，如烦恼、挫败、后悔和失望，是对困境的正常反应；"不良"的负面情绪，如焦虑、抑郁、愤怒、羞愧、罪恶、嫉妒和伤害，则是不合理的情绪反应，非常折磨人。

C（Consequence）代表后果。其中包括行为后果和情绪后果。

D（Disputation）代表争论。人们通过与非理性观念进行积极的辩解争论，改变不合理信念，建立新的合理信念。重点是接受不能改变的，改变可以改变的。

E（Energization）激发。经过 D 争论之后，形成了对事情新的看法，激发新的行为。

合理情绪疗法认为引发个体情绪和行为反应的不是诱发事件本身，而是个体对诱发事件的认知。即：生活中的痛苦不仅来源于外部痛苦事件（A），也包括个体对痛苦事件的感受、信念（B），A 和 B 的结合造成了个体不良的情绪和问题的行为反应结果（C）。艾利斯认为每个个体都要为自己的情绪负责，通过对不合理信念的辩驳，改变不合理信念，建立新的合理的信念，从而激发适应性行为。

（三）不合理信念

艾利斯总结出"应该"和"必须"两种强迫性思维是非理性信念的固有特性；韦斯勒总结出不合理信念的三大特征：绝对化要求、过分概括化、糟糕至极。绝对化要求指人们以自己的意愿为出发点对某一事物怀有认为其必定会发生或不会发生这样的信念；过分概括化是以偏概全、以一概十的不合理思维方式；糟糕至极是一种认为如果一件不好的事情发生将是非常可怕、非常糟糕、是异常灾难的想法。每个人或多或少都有不合理信念，严重心理障碍的个体不合理信念更为根深蒂固，个体沉浸其中难以自拔。

二、合理情绪疗法的治疗原理

人生来就有理性和非理性的思维，个体倾向于做出理性的选择，而由于人的生物和习得特性，人也会做出非理性的选择。若人按照理性去思考、行动时，就会成为愉快有成效的人，合理情绪疗法承认环境和习得方面的影响。

理性思维建立在正确认识事物的基础上，不诅咒自己、他人、生活，抗挫力强；非理性思维是夸大灾难性后果，要求事物必须遵循自己意愿，对自己、他人、生活批评指责，抗挫力弱，产生不健康的负面情绪。

合理情绪疗法全面地看待思维、情绪和行为之间的关系，即：引发 C 的 B 中包括了思维、情绪、行为，共同导致了个体健康或不健康的行为结果。当人们把不幸的事件看作"不好的事情"，用理性的观念作合理的情绪反应，例如："我曾经因为一时冲动实施了犯罪行为，我希望自己从来没有做过这样的事情，但既然已经如此，我只能努力改变，好好面对未来的生活"，这时个体体会到了良性的情绪反应，如：后悔、难过、内疚等，可以帮个体应对不幸事件。而一旦个体认为这个不幸"可怕至极、受不了、人生没有任何希望"，这时会产生非理性的信念和情绪行为，就不能良好的处理诱发事件。

合理情绪治疗的三个基本点：无条件接受自我（USA）、无条件接受他人（UOA）、无条件接受生活（ULA）。无条件接受自我是总是接受自己的弱点；无条件接受他人是人无完人，坚决不要责怪他人的过失；无条件接受生活是当看到生活的不公、不道德现象时，在可能的情况下完善它，千万不要绝望或失望。治疗师向社区矫正对象示范无条件接纳自己和他人。治疗的主要目标是彻底改变为人们带来困扰的思想，帮助他人减少痛苦，更好地享受生活。[1]

---

〔1〕 ［美］阿尔波特·艾利斯、［澳］黛比·约菲·艾利斯：《理性情绪行为疗法》，郭建、叶建国、郭本禹译，重庆大学出版社 2015 年版，第 31～32 页。

三、合理情绪疗法的过程

（一）心理诊断阶段

这是治疗的第一个阶段，治疗师向社区矫正对象通俗易懂地阐述合理情绪疗法的基本理念，与社区矫正对象建立良好治疗关系，帮助社区矫正对象建立自信心，让社区矫正对象意识到改变是可能的。接下来评估问题，了解社区矫正对象的各种问题，获得社区矫正对象对问题的看法，评估问题严重程度，制定最佳治疗方案。

（二）准备治疗阶段

这一阶段治疗师与社区矫正对象商定治疗目标，评估改变的动机，签署行为治疗契约，协议中明确治疗目标、方法、频率、时间、各自责任义务、保密原则及保密例外原则。深入分析社区矫正对象不适当的情绪和行为表现或症状及产生症状的原因，找出导致心理障碍的非理性信念。

（三）执行治疗阶段

该阶段对治疗目标进行分析，辨别出社区矫正对象的非理性信念，与不合理的信念辩驳，通过合理情绪疗法的基本技术、认知技术、情绪技术、行为技术改变社区矫正对象的不合理信念，布置认知或行为治疗的作业，建立新的合理信念，这是治疗的最关键环节。

（四）评估与结束阶段

评估社区矫正对象完成治疗程序后有无发生积极改变，改变的原因是治疗的结果还是偶然因素，是否实现治疗目标。在结束时，做好治疗效果的巩固，告知社区矫正对象应对复发的方法，帮助社区矫正对象学会自己处理复发的情况。

这四个阶段完成，不合理信念及其引起的情绪问题即将消除，社区矫正对象将会以较为合理的思维方式代替不合理的思维方式，从而较少受到不合理的信念的困扰。在合理情绪治疗的整个治疗过程中，与不合理的信念辩论的方法一直是治疗师帮助社区矫正对象的主要方法，其他方法则是视社区矫正对象实际情况而选用之。

四、合理情绪疗法的主要技术

（一）合理情绪疗法的认知技术

1. 合理的伴随症状。当发生不幸事件时，可以自责并接受当前的失败，这并不意味着永远失败，允许合理的伴随症状出现。

2. 分散注意力。通过冥想、音乐放松、瑜伽、体育锻炼等技巧，帮助个体后退一步，振作起来，换个角度客观地分析问题和困扰。

3. 模仿。根据班杜拉的观察模仿学习理论，把认识的或不认识的人作为榜样与楷模，让社区矫正对象将之作为模仿的榜样，通过榜样的方式解决问题、帮助自己。

4. 问题解决。鼓励社区矫正对象解决实际问题，通过观察面临的逆境，罗列出解决问题的方案，并实施行动。

5. 哲理讨论。治疗师与社区矫正对象进行大量的哲理讨论。

（二）合理情绪疗法的情绪技术

1. 理性情绪想象。治疗师在帮助社区矫正对象找出问题情境中，希望出现的适当的合理情绪，并通过自我想象体验这一情绪，使社区矫正对象在逆境中可以获得适当的情境。

2. 幽默。鼓励社区矫正对象从健康、幽默的角度看待问题，不要将自己所犯的错误看得太严肃，不要把自己和他人的行为太当真，轻松对待自己和他人。

3. 无条件地接纳自我和他人。无条件接纳，要求治疗师不管来访的社区矫正对象有多不好，要给与无条件的接纳，并教授社区矫正对象如何做到无条件接纳自我和他人。

（三）合理情绪疗法的行为技术

合理情绪疗法的行为技术除借鉴了行为疗法中的系统脱敏疗法、强化疗法之外，还有以下技术：

1. 技能训练。鼓励社区矫正对象采取行动，完成家庭作业，训练某一项其想要发展的技能，例如：训练在公共场所讲话、进行自信心训练、读书疗法等。

2. 预防复发。鼓励社区矫正对象采取各项行动预防复发，并接受自己复发的可能性，进行自助心理训练。例如：通过阅读理性情绪治疗相关的书籍和录音进行自助改变，通过观看合理情绪疗法的视频等进行自助练习。

任务2.3 精神分析疗法

精神分析疗法是以弗洛伊德为代表的精神分析学派，以个体的潜意识为研究对象，把心理学的研究带入人的深层心理世界，聚焦于对个体潜意识心理过程的分析，探讨这些潜意识因素如何影响其行为模式、心理状态。通过对个体成长史的探索，探讨个体的既往经历，尤其是童年经历，帮助个体更好地应对当下的生活。

一、精神分析疗法的基本理论

（一）潜意识理论

精神分析理论认为个体一切意识行为的基础是潜意识的心理活动。弗洛伊德将人的心理分为意识和潜意识，二者中间夹着的很小的一部分为前意识。

潜意识（unconsciousness），又称无意识，是人类心理活动中未被觉察的部分，清醒的意识下潜在的心理活动。潜意识中压抑了各种为人类社会伦理道德、法律所不能容许的原始、动物性的本能冲动以及各种与本能有关的欲望。它们并不肯安分守己地待在那里，而是在潜意识中积极地活动，不断地寻找出路，追求欲望的满足。

意识（consciousness）是个体可以直接感知到的心理部分，是一个人心理活动有限的外显部分。

前意识（preconsciousness），介于意识与潜意识之间，其中的经验经过回忆是可以记起来的，不允许潜意识内容进入意识层次，担负着"稽查者"的任务。但是，当前意识丧失警惕时，被压抑的本能或欲望可能通过伪装而迂回地进入意识层次，如：梦、日常生活失误等。

弗洛伊德将人的心理结构比作冰山，海平面以上的冰山一角是意识，潜意识则是海平面下边那看不见的巨大部分。潜意识中的各种本能冲动或动机、欲望想要突破到意识层面时，个体会在意识中唤起焦虑、羞耻感和罪恶感，个体就会进行压抑。

（二）人格结构理论

弗洛伊德认为人格是由本我、自我和超我三个部分组成。

1. 本我。本我是指原始的、与生俱来的潜意识的结构部分，其中蕴含着人性中最接近兽性的一些本能性的冲动。它按照快乐原则行事。一味追求即刻的欲望与满足，是无理性、无意识的，受本能的驱使。

2. 自我。自我是指意识的结构部分，处于本我和超我之间，是现实化了的本我。自我监督本我，在现实的原则下，力争避免痛苦又获得适当满足。它按照现实原则行事，代表着理性，对内调节本我、本能欲望的适当宣泄，对外感受现实，让个体正确认识现实、适应现实。

3. 超我。超我是人格中道德的部分，是道德化了的自我，代表自我典范、良心、自我理想，处于人格的最高层次，它按照至善原则行事。精神分析心理学的研究对象相应地发展为研究这三部分的内容和相互关系。

弗洛伊德认为本我、自我、超我三者之间不是静止的，是不断交互作用着的。自我在超我监督和现实的要求下，允许本我的部分冲动和欲望有限地表现出来。一个正常的个体，本我、自我、超我与环境形成了平衡、协调的结构，本我是个体寻求生存的原动力，超我按照道德标准监督个体行事，自我吸收本我动力，同时按照超我标准做事，对外协调以适应外部环境，这时一切正常的心理活动得以完成。反之，本我、自我、超我以及环境之间的关系失衡，则会导致个体心理失常。

（三）性心理发展理论

1. 性本能。弗洛伊德认为人的精神活动的能量来源于本能，本能是推动个体行为的内在动力。人类最基本的本能有两类：一类是生的本能，生的本能包括性欲本能与个体生存本能，其目的是保持种族的繁衍与个体的生存；另一类是死亡本能或攻击本能，其目的是要摧毁秩序，回到前生命状态的冲动。

弗洛伊德一开始是泛性论者，在他的眼里，性欲有着广义的含义，是指人们一切追求快乐的欲望，性本能冲动是人一切心理活动的内在动力，当这种能量（弗洛伊德称之为"力必多"）积聚到一定程度就会造成机体的紧张，机体就要寻求途径释放能量。

弗洛伊德在后期提出了死亡本能，它是促使人类返回生命前非生命状态的力量。死亡是生命的终结，是生命的最后稳定状态，生命只有在这时才不再需要为满足生理欲望而斗争。只有在此时，生命不再有焦虑和抑郁，所以所有生命的最终目标是死亡。死亡本能派生出攻击、破坏、战争等一切毁灭行为。当它转向机体内部时，导致个体的自责自罪，甚至自伤自杀，当它转向外部世界时，导致对他人的攻击、仇恨、谋杀等。

2. 性心理发展的阶段。弗洛伊德将人的性心理发展划分为 5 个阶段：口欲期、肛门期、性欲期、潜伏期、生殖期。刚生下来的婴儿就懂得吸乳，乳头摩擦口唇粘膜引起快感，叫做口欲期性欲。1 岁半以后学会自己大小便，粪块摩擦直肠肛门粘膜产生快感，叫做肛门期性欲。儿童到 3 岁以后懂得了两性的区别，开始对异性父母眷恋，对同性父母嫉恨，这一阶段叫性欲期，也叫俄狄浦斯期，其间充满复杂的矛盾和冲突，儿童会体验到俄狄浦斯（Oedipus）情结（或称为恋母情结）和厄勒克特拉（Electra）情结（或称为恋父情结），这种感情更具性的意义，不过还只是心理上的性爱而非生理上的性爱。只有经过潜伏期到达青春期性腺成熟才有成年的性欲。成年人成熟的性欲以生殖器性交为最高满足形式，兼具繁衍后代的功能，这就进入了生殖期。弗洛伊德认为成人人格的基本组成部分在前三个发展阶段已基本形成，所以儿童的早年环境、早期经历对其成年后的人格形成起着重要的作用，许多成人的变态心理、心理冲突都可追溯到早年期创伤性经历和压抑的情结。

（四）神经症的心理病理学理论

精神分析认为神经症是被压抑到无意识中的欲望寻求满足的曲折表现，是压抑与被压抑的两种势力相妥协的结果。被压抑的本能欲望不能得到真正的满足，则以症状的形式得到某种替代性的满足；而由于症状不是本能欲望赤裸裸的重现，因此，超我亦不再干涉。由于病人本身并不能意识到症状的真实意义，是无意识的，因而治疗师必须通过长时间的释梦、自由联想和分析、日常生活中失误的分析等，病人才能意识到潜意识问题的根源。

二、精神分析法的治疗原理

在精神分析理论的基础上，通过精神分析的各种治疗技术发掘来访社区矫正对象的潜意识中存在的矛盾冲突或致病的情结，把这些潜意识内容带到意识层面，使社区矫正对象对潜意识的问题有所领悟，在现实原则的指导下得到纠正或消除，并建立正确与健康的心理结构，从而使心理障碍获得痊愈。

三、精神分析法的过程

（一）心理活动探索

广泛了解社区矫正对象的心理是治疗的基础，包括对家庭背景、亲子关系、早期性心理发展以及日后生活经验，分析病人的幻想、白日梦、日常错误、失言、梦等方面的内容，使用社区矫正对象的心理防御机制及反应模式。

（二）综合了解心理状况

在治疗过程中要全面了解社区矫正对象的过去，因为一个人的所作所为、思维、态度都与过去有关，了解目前的行为动机和理由，可以让其描述幼儿时的故事，帮助其思考如何影响到现在，并谈现在的事与过去的经验有什么联系，连接意识和潜意识，发掘理智与情感之间的关系。

（三）指导解释

对社区矫正对象的心理动态以及病情过程，均需要了解，可以用暗示或提问的方法形成心理暗示，让其自行领悟。如果社区矫正对象出现阻抗治疗，可提前向其说明治疗中可能出现的反应，同时可鼓励其说出治疗方法是否妥当，随后可向其作出指点与解释，达到情感上的吸收与转变。

（四）领悟与修通

精神分析疗法是一个长期的治疗过程，社区矫正对象对病情的了解，改变态度和做法，以及对心理困难的适应方式，在短时间内难以完成。治疗师要做好引导督促，鼓励重复训练，逐步改善心理态度，这是治疗中十分重要的过程，称为工作修通。

四、精神分析法治疗的主要技术

精神分析要研究潜意识现象，但是因为潜意识本身不能被直接认识，所以必须通过一些独特的方法才能对它进行研究。这些方法包括自由联想法、梦的解析法和日常生活的心理分析法。

（一）自由联想法

自由联想是一种不给予任何思想限制或指引的联想。精神分析心理治疗师让社区矫正对象在全身心都处于放松状态的情况下，进入一种自由联想的状态，即脑子里出现什么就说什么，不给其思路提供任何有意识的引导，但是社区矫正对象必须如实报告自己所想到的一切。精神分析心理治疗师对社区矫正对象报告的内容进行分析和解释，直到双方都认为找到发病的最初原因为止。

（二）梦的解析法

弗洛伊德认为，梦是被压抑的潜意识欲望伪装的、象征性的满足，梦的本质是潜意识愿望的曲折表达。他把梦分为"显梦"和"隐梦"两部分。显梦是指人们直接体验到的梦境。隐梦则指梦的背后隐藏的潜意识所表达的真正含义，是潜意识欲望的象征性表达。梦的解析就是从显梦中破译出隐梦来。通过对社区矫正对象隐梦中象征内容的分析来释梦，将其梦所代表的潜意识内容带到意识层面，引发社区矫正对象的觉察和醒悟，从而促进心理问题的解决。

（三）日常生活的心理分析法

弗洛伊德认为，潜意识与意识的斗争在日常生活中无处不在，有时候可以通过日常生活中经常出现的"过失"表现出来，比如口误、笔误、误读、错放、遗忘和误解等。弗洛伊德认为，导致过失产生的心理机制和做梦的心理机制类似，都是被压抑于意识中的愿望经过扭曲掩盖后的表达。通过对这种过失行为的分析，能够发觉深层的潜意识的内在动机。

（四）移情的分析

移情（transference）是社区矫正对象对心理治疗师的情感反应。移情有正移情（positive transference）和负移情（negative transference），正移情是社区矫正对象将积极的情感转移到心理治疗师身上，负移情是社区矫正对象将消极的情感转移到心理治疗师身上。借助移情，把社区矫正对象早年形成的病理情结加以重现，重新经历往日的情感，进而帮助他解决这些心理冲突。

任务2.4 人本主义疗法

人本主义疗法也称以人为中心疗法，是建立在人本主义心理学基础上的心理治疗理论，强调人的正面本质和价值，及人的成长和发展，而非集中研究人的问题行为。以人为中心疗法认为人都有独立的价值和尊严，人人都可以自己选择生活方向。在心理咨询中，来访者是解决自己问题的专家。

一、人本主义疗法的基本理论

（一）对人性的观点

1. 人的主观性。个体所得到的感觉是他自身对真实世界感知、翻译的结果。每个人都是其对现实的独特的主观认识，反对以单一的方式看待真实世界；人是有建设性、社会性的，值得信赖，可以合作，懂得尊重他人，能够对他人产生认同感，发展亲密的人际关系。

2. 人的实现的倾向。人有一种成长和发展的天性，心理咨询与治疗应趋向该天性；人是理性的，能够对自己负责，有积极的人生取向，有控制自己的能力，因而可以独立自主，促进自身成长，迈向自我实现。个体心理困扰产生源于实现倾向受阻。

3. 对人的其他的看法。人基本上是诚实的、善良的、可信赖的，这是与生俱来的。人某些"恶"的特性是由于防御的结果并非出自本性。每个人都可以自己作决定，都有实现的倾向；人有能力去发现自己心理上的适应不良，也可以通过改变自己来寻求心理健康。

（二）自我和自我概念

自我是一个人真实的自我，自我概念是一个人对他自己的知觉和认识。个体的自我与自我概念不一定一致。自我实现时，二者一致，与此同时自我概念可能向实现自我更深层次需要的目标努力。而当自我得到的经验、体验与自我概念冲突矛盾时，自我概念受到威胁产生恐惧。当自我概念产生恐惧时，防御机制通过歪曲、否认经验与体验，缓解恐惧与焦虑，从而获得心理的平衡。而防御机制失控时，心理失调，个体会出现心理问题与心理障碍。

二、人本主义疗法的治疗原理

人本主义疗法是通过为求助者创造无条件支持与鼓励的氛围，使求助者能够深化自我认识、发现自我潜能并回归本我，求助者通过改善自知与自我意识来充分发挥积极向上的、自我肯定的、无限成长和自我实现的潜力，以改变自我的适应不良行为，矫正自身的心理问题。

罗杰斯认为治疗师的主观态度影响着治疗关系的质量，而治疗关系对社区矫正对象人格的改变所产生的影响远远大于治疗师所采用的治疗技术的作用。社区矫正对象的心理治疗目的不在于操纵其外界环境或者消极被动的人格，而在于协助社区矫正对象自省自悟，充分发挥其潜能，最终达到自我的实现。

使用人本主义心理疗法对社区矫正对象进行心理治疗，通过挖掘社区矫正对象内在的自我实现的潜力，使其有能力进行合理的选择、治疗他们自己。不是咨询师治愈了社区矫正对象，是社区矫正对象在咨询师帮助下实现了自我治疗。促使社区矫正对象自我实现的三个基本条件：无条件积极关注、真诚一致、移情性理解。

三、人本主义疗法的过程

（一）社区矫正对象前来求助

主动求助是心理治疗的前提，有助于激发社区矫正对象的改变动机，促进良好咨询关系的建立。

（二）治疗师向社区矫正对象说明咨询或治疗的情况

治疗师要提前告知社区矫正对象，他们存在的心理问题没有现成的答案，治疗师为其提供有利成长的氛围和场所，协助社区矫正对象自己寻找解决问题的答案和方法，治疗师可以和社区矫正对象共同探讨解决问题的方法

（三）鼓励社区矫正对象情感的自由表达

治疗师需要采用友好、诚恳、接纳的态度，通过会谈技巧，促进社区矫正对象自由表达情感，打消他们的疑虑、敌意、羞愧等负面情绪。

（四）治疗师要能够接受、认识、澄清对方的消极情感

治疗师要深入社区矫正对象内心深处，发现对方深层的情感和情结，必要时对负面情绪进行澄清，不教训社区矫正对象。

（五）社区矫正对象成长的萌动

当社区矫正对象暴露出自己的负面问题时，模糊、试探性、积极的情感便开始萌生，治疗师要抓住这些积极点，促进他们的成长。

（六）治疗师对社区矫正对象的积极的情感加以接受

治疗师引导社区矫正对象进入真正领悟的境地，应该让社区矫正对象无防御地了解自己。

（七）社区矫正对象开始接受真实的自我

社区矫正对象在一个被无条件接纳的氛围中，重新考查自己的状态，达到领悟，进而接受真实自我，从而为实现心理整合奠定了基础。

（八）帮助社区矫正对象澄清可能的决定及应采取的行动

社区矫正对象在领悟的过程中，需要做出决定、采取行动，可能社区矫正对象可能会缺乏勇气，治疗师帮助社区矫正对象澄清选择的可能性，给予鼓励和勇气。

（九）疗效的产生

社区矫正对象通过自我领悟，实现对问题新认识，找回自信，尝试某种积极的行动，改变产生，疗效自然而生。

（十）进一步扩大疗效

治疗师帮助社区矫正对象发展更深层的领悟，引导社区矫正对象获得更大的勇气，激发行动。

（十一）社区矫正对象者的全面成长

社区矫正对象克服选择的恐惧，勇于探索自我发展的新行动，实现价值观和自我成长能力的发展，咨询关系达到了最融洽的程度，社区矫正对象会主动与治疗师讨论问题。

（十二）治疗结束

社区矫正对象已经没有问题再需要寻找帮助，认识到并接受治疗关系即将结束。

四、人本主义疗法的主要技术

（一）会谈技术

1. 真诚、统一。在治疗过程中，治疗师应该是一个真诚、统一、和谐一致的人。在治疗关系中表现得开放、诚实，不戴假面具、不伪装，他不是在扮演角色。治疗师要从角色中解放出来，不必隐藏在自己专业角色的背后。治疗师与来访社区矫正对象是自然的、非防御的交流，不应受技术的限制。治疗者应言行一致、表里如一，真实可靠地把真正的自己投入咨询关系当中，并以真诚的态度，通过言语和非言语行为表达情感，做自我暴露。

2. 无条件积极关注。治疗师对社区矫正对象表示真诚和深切的关心、尊重、接纳，无论社区矫正对象表现何种行为、何种情绪，治疗师都会对其无条件地投入积极关注的情感，不鄙视、不评价、不纠正，相信他们可以找到自己改正的途径和方法。

3. 同理心、理解。治疗师对社区矫正对象的各种体验感同身受，并将这种感受进行反馈。治疗师应敏感地倾听、设身处地地理解，让社区矫正对象在安全、接纳的治疗环境中，自由、充分地表达和宣泄，认识自己的问题，促进行为和人格发生良好的变化。

（二）非指导的治疗方式

1. 社区矫正对象有权为他自己的生活作出选择；

2. 社区矫正对象对自身问题有所领悟，会作出自己更明智的选择；

3. 重视社区矫正对象心理上的独立性和保持完整的心理状态的权力；

4. 着眼点在社区矫正对象，而不是社区矫正对象的问题，促进社区矫正对象的成长，具体帮助社区矫正对象进行自我探索，促进其自我概念向着更接近自我的经验、体验的方向发展。

任务2.5　森田疗法

森田疗法是20世纪20年代由日本精神科专家森田正马创立的，又叫禅疗法，是一种顺其自然、为所当为的心理治疗方法，它不提倡追溯过去，而是要重视当前现实生活，通过现实生活去获得体验性认识，顺应情绪的自然变化，努力按照目标去行动，着眼点在于陶冶疑病素质，打破精神交互作用，消除思想矛盾。该疗法带有浓厚的东方色彩，是神经症患者心理调适的良好方法。森田疗法也是一种积极的人生哲学，烦恼与幸福一样都是人生的一部分，想要消灭烦恼或与烦恼对抗都是不可能的，只有"顺其自然，为所当为"才能拥有健康的人生。

一、森田疗法的基本理论

（一）对人性的观点

森田认为人的存在是不断变化和流转的，所发现的每刹那之现象，具有绝对之意义。也就是现象即存在，他认为人的身心变化是自然现象，情感活动有自身的规律，不以人的意志为转移，既然是自然现象就要如实承受。人具有内省和关心自己身体的生存欲，也具有最大、最根本的恐惧，即死亡恐怖。

（二）神经质症论述

个体若过度追求完美，生存欲过强，死亡恐怖过大，容易形成疑病素质，轻微的创伤都可能造成自卑、疑虑、焦虑，个体会越来越敏感，形成恶性循环，即精神交互作用，从而形成神经质症，陷入不可解脱的思想矛盾。神经质症的根本原因在于想以主观愿望控制客观现实而引起精神拮抗作用。

二、森田疗法的治疗原理

（一）"顺应自然"的治疗原理

森田疗法让神经质症患者认识并体验自己在自然界的位置，体验到对超越自己控制能力的自然现实存在的抵抗是无用的，这样才能具备一种与自然事物相协调的生活态度。

顺应自然要求个体接受令人厌恶的感受、情绪、情感，意识到反抗、压制都是徒劳无用的。接受事物存在发展的客观规律，认清精神活动的规律，认清症状形成和发展的规律，接受症状，带着症状学习、工作、生活。具体的方法包括：不问过去，注重现在；不问症状，重视行动；生活中指导，生活中改变；陶冶性格，扬长避短。

（二）"为所当为"的治疗原理

森田疗法认为意志不能改变人的情感，但意志可以改变人的行为，通过改变人的行为来改变一个人的情感，陶冶一个人的性格。森田疗法要求神经质症患者通过治疗，学习以顺应自然态度的不控制不可控制之事，如：人的情绪情感；控制可控制之事，如：人的具体行动。在顺应自然态度的指导下，患者让症状听之任之，但顺应人生的欲望，努力做应该做、可以做的事情。把注意力放在行动上，打破精神交互作用，做到忍受痛苦，为所当为；面对现实，陶冶性格。

三、森田疗法的主要技术及治疗过程

（一）住院治疗

森田疗法的住院治疗主要分为四个时期：绝对卧床期、轻工作期、重工作期、生活训练期。

1. 绝对卧床期。4天~7天时间，有条件的地方可采用单人单间，无条件的地方应注意寻找一个安静的地方。期间禁止社区矫正对象会客、读书、谈话、抽烟、听收音机等，什么安慰也不进行，除洗脸、吃饭、上厕所之外，应保持绝对卧床、绝对安静。

2. 轻工作期。这一期为3天~7天时间，让社区矫正对象保持安静，此期禁止外出、看书、不允许其与别人过多交流。夜间卧床时间规定为7至8小时，白天可在室外做些轻微的劳动或从事工艺活动，以室外活动为主。这些活动社区矫正对象自我选择及治疗师指导相结合的办法确定。一般从第3天开始，可逐渐放宽对工作量的限制。

3. 重工作期。这一期一般为3天~7天，这期间仍不过问社区矫正对象的症状，只让其努力工作。此期劳动强度、作业量均已增加。此外，此期间可逐渐读书，每晚要坚持记治疗日记。该阶段的目的在于通过努力工作，使患者体验完成工作后的喜悦，培养忍耐力。

4. 回归社会准备期。该时期又称生活训练期，是为社区矫正对象出院做准备的，一般为1周~2周时间，目的是指导社区矫正对象恢复原有社会角色，回归社会环境。白天可以去参加工作或学习，晚上回到病房坚持记治疗日记，让其进一步体会顺应自然的原则。

（二）门诊治疗

门诊治疗通过治疗师与社区矫正对象一对一的交谈进行，1周一到两次，治疗师鼓励社区矫正对象面对现实生活，放弃对神经质的抵抗，接受心理症状的本来面目，意识到很多事件不以人的主观意志为转移，不去抵抗症状、不试图控制症状，承担起生活中的责任，症状自然会改观。治疗中，让其阅读森田疗法相关书籍。门诊治疗的关键是帮助社区矫正对象理解顺应自然的原理，对症状置之不理，让社区矫正对象自然淡漠。

森田疗法住院治疗的平均治疗周期为40天~50天，门诊治疗第一个月内1周一次，以后1周~2周一次，社区矫正对象主动求治的欲望越强，对治疗越有利。该疗法广泛应用于神经症、人格障碍、酒精药物依赖、精神病等治疗，同时对于正常人适应生活、提高生活质量有积极的作用。

任务3 （实训项目7）社区矫正对象心理治疗技能训练

案例 7 - 2

案例资料：张某，女，26 岁，未婚，因交通肇事罪被某人民法院判处有期徒刑 10 个月，缓刑 1 年，在户籍地执行社区矫正。某晚张某驾车回家，不小心撞死一名路人，交通事故发生后，张某极其害怕驾车肇事逃逸。事后，张某的精神状态发生了巨大的改变，严重影响到她正常的生活。主要表现为：头脑中反复闯入受害人被车撞的场景，不能乘坐车辆，甚至听到车鸣笛都会害怕和心慌，不敢看、不敢听与交通事故有关的任何报道，认为受害人因其而死，家人赔偿巨款，罪恶感和内疚感极深，对以往的爱好失去兴趣，回避社交活动，工作时常出错，感觉生活没有什么意义，症状持续了半年以上，张某在家人的陪伴下到司法所寻求心理援助。

根据心理评估与诊断的结果，张某在发生交通事故后不久出现的创伤后闪回、高警觉性、回避性、情绪低落、认知改变等明显症状，心理产生一系列不良反应，内心非常痛苦，严重影响到她的工作、生活、社区矫正效果，持续时间超过 3 个月，诊断为 PTSD（创伤后应激障碍）。

心理治疗过程：

一、建立良好的治疗关系

心理治疗师在司法所心理咨询室与张某进行初诊面谈，张某一开始很紧张，情绪非常低落，治疗师向她说明心理咨询与治疗的立场，用心倾听，给予她无条件的关注，充分尊重她，让她感受到治疗师的真诚。在这个过程中，心理治疗师与社区矫正对象建立了良好的咨询关系。

（一）心理治疗师的处理要点

1. 对社区矫正对象张某心理困扰的理解，介绍心理治疗的程序、双方的权利和义务；

2. 详细了解张某的童年经历、家庭状况、工作学习状况、社区矫正的状况等基本信息，掌握张某的心理状态；

3. 营造安全、包容的治疗氛围，让张某可以宣泄内心的负面情绪；

4. 协助张某了解 PTSD 症状，普及 PTSD 治疗的方案和步骤，增强治疗信心；

5. 确定心理治疗的目标和方案；

6. 签订心理治疗协议书，共同商定治疗方案。

（二）社区矫正对象的初诊状态

张某一开始对心理治疗非常紧张，看到治疗师真诚地对待她，理解她的感受，她逐渐放松，主动向治疗师倾诉心里的感受，她表示自己内心非常痛苦，感觉生活没有什么意义，内心充满了内疚感和自罪自责感，感觉自己什么都做不了，什么都做不好。当治疗师讲述有关 PTSD 的相关内容时，张某聚精会神地听，还向治疗师借了笔和本子来记录要点。张某有主动求助的态度，希望能够改变自己的心理状态，解除痛苦，这为之后开展心理治疗工作奠定了良好的心理基础。

二、心理治疗要点

（一）维护和巩固专业关系

心理治疗师与张某保持一周一次的心理治疗频率，关怀社区矫正对象的工作、生活等情况，以进一步加强专业关系并巩固专业关系。

（二）帮助张某觉察负面情绪和认知

治疗师引导张某讲述日常生活中所遇到的"痛苦"事件，鼓励她将这些事件描述出来，并记录下来，分析这些事件如何影响自己的心情。如：有一次张某带母亲去医院看病，看着母亲被疾病折磨的情境，她内心更加难受和内疚，觉得自己的事情增加了母亲的心理和精神负担，导致疾病的发生。张某向治疗师说明了总是控制不住想到受害者被压在车底的创伤情景。

在治疗师的帮助下，张某发现自从交通肇事之后，她将生活中大大小小不开心事情都归咎于自身原因。多次治疗之后，张某认识到：将所有错误都归咎于自己，这样的认知是不理智、不客观、不全面的。

（三）建立合理认知

基于理性情绪疗法的理论和实践，张某在治疗师的帮助下觉察到自己的不合理认知后，开始对不合理的认知进行辩驳，建立合理的认知体系。如："母亲的健康问题在自己出事之前就存在了，而且母亲的年龄也大了，并不完全是由于我的问题导致"、"我现在有时间对母亲内疚，不如多照顾她身体"、"母亲看到我调整心态积极矫正，应该会欣慰，健康状况也会改善的"等。

治疗师为张某布置家庭作业，让她在家里记录当不合理的认知出现时，如何进行认知的调整。在每次咨询开始之前，讨论家庭作业的完成状况，治疗师给予指导。

（四）倾诉宣泄式空椅技术

由于交通肇事发生之后，张某对受害者及其家属充满了内疚、后悔、歉意，但受害者家属对张某痛恨至极，不接受张某的忏悔，张某对这件事情耿耿于怀，总是希望有机会将自己的忏悔告知对方，但在现实中又不敢去做。治疗师采用倾诉宣泄式空椅子技术让张某将自己的想法表达出来，达到情绪释放的治疗目的。

治疗师在张某面前摆放了一张椅子，让张某想象椅子上坐的是受害者，张某情绪逐渐显现，掩面痛哭，并跪倒在椅子跟前，将自己的后悔、歉意全部哭诉出来，并表示虽然希望得到对方的原谅，但是自己不值得原谅，自己在交通事故发生时，如果有勇气承担，也许受害者就不会失去生命，这是她最后悔的事情。她不断地哭诉："我不是故意的，我就是太害怕了，对不起……"在长达20分钟的哭诉之后，她讲出来自己已经对一个家庭造成了致命的伤害，不能再颓废下去对自己的家庭再造成伤害，她唯一可以做的就是对受害者家人的弥补。

采用空椅子技术之后，张某表示自己终于讲出了最想说而又无处可说的话，内心的情绪释放了不少。并且她也有了新的生活目标，不能让自己的家庭雪上加霜，在不伤害受害者家人情感的前提下努力弥补自己的过错。

（五）家庭支持治疗

家庭的支持对社区矫正对象而言无比重要，治疗师联系张某的父母，在征得张某的同意下，一家三口一起来到心理咨询室，开展了一次家庭支持治疗。

张某面对父母非常内疚，由于她的事情给这个普通家庭带来了翻天覆地的变化，交通肇事的赔偿让本来就不是富裕的家庭雪上加霜，对受害者的内疚给父母平添了更多的精神压力，她感觉无颜面对父母。张某的父母表示事故发生之后，他们有过对女儿的埋怨，但是比起女儿未来的生活，他们更愿意和女儿一起面对，父母一定会站在她的背后，永远不会放弃她。

张某感恩于父母的付出，表示不会辜负父母，一定努力从阴影中走出来，努力工作，好好生活。

（六）行为作业

治疗师要求张某重拾以前的个人爱好（体育锻炼），将跑步等体育锻炼作为行为训练的作业，制定了计划，向治疗师报告作业完成情况。治疗师对张某在情绪调整、认知改变、行为训练等方面积极的变化给予肯定，鼓励其积极配合心理治疗，相信其有改变的潜能，并获得心理的成长。

三、治疗效果

经过心理治疗师十次干预之后，心理治疗师通过观察、自评和他评（张某的家庭成员）的方式对张某的心理状况进行评估。社区矫正对象张某的生活质量、心理状态有明显提升。表现如下：

（一）情绪的调整

张某的创伤性闪回发生的频率逐渐减少，且每次发生时，张某会采用合适的方法进行调整，减少它对生活的负面影响。情绪状况有所改善，更愿意与父母交流，有不良情绪时会采用正确的方法进行宣泄疏导。内疚、自罪自责的情绪舒缓很多，进行《症状自评量表》（SCL－90）心理测评，总分分值在正常范围内，整体情绪状态稳定。

（二）认知的变化

张某表示生活中不愉快的事有自己的错，但也有其他的很多原因，自己对问题的认知会影响之后的情绪和行动，她不想沉溺在负面事件当中。她建立了新的信念，要积极地面对，不能再伤害自己的家庭，自己的错误需要弥补，但弥补的方式不是自暴自弃，而是要积极地面对生活。

（三）行为的变化

张某增强对未来生活的信心，较大程度地恢复社会功能。积极参与家庭事务，参加了社区的志愿者活动，张某也很开心地告诉治疗师，感觉对家庭和他人有了存在的价值。她重拾了过去的兴趣爱好，不断调整自己的身心状态。她还找到了弥补受害者的"代偿"方式，为受害者祈福，以此获得心理上的补偿作用。

四、结束心理治疗

（一）心理治疗结束

心理治疗结束时，张某已有了明显的转变，心理治疗师进行心理治疗结案准备工作，肯定张某的改变，提前告知张某治疗结束的时间，减少跟进频率，并告诉张某若遇到困难或挫折可再次申请心理援助。

（二）治疗反思

心理治疗师在尊重、共情的基础上与来访社区矫正对象张某建立了良好的治疗关系。在治疗过程中，治疗师根据张某的实际情况，采用倾听、情绪疏导、空椅技术、认知改变、家庭支持治疗等心理咨询与治疗的技术与手段，对张某开展心理治疗，成效显著。在此过程中，心理治疗师不断反省，根据张某的 PTSD 症状进行适合的治疗，不急功近利，在治疗中循序渐进，协助张某走出 PTSD 的困扰，促进张某心理的最终成长。心理治疗师将治疗过程记录、心理测评及结果、治疗反思等资料整理存档。此次社区矫正对象心理矫治是张某所在辖区司法所联合社会多方力量参与的结果，涉及心理治疗、社会关系改善、法制道德教育等多种教育矫正途径，进一步落实了刑罚与教育相结合的刑法原则，体现了推进国家治理体系建设、落实依法治国方略的重要举措。

根据以上资料，请完成以下实训任务：

1. 以每 4 人组成一个小组的形式对案例 7-2 进行讨论和分析，在该案例中，社区矫正对象有哪些症状，治疗师采取了哪些方法对其进行了治疗。

2. 上述治疗方案中值得借鉴和需要改进的地方是什么？

3. 根据所学知识，还可尝试用哪些心理治疗方法对该案例进行治疗？

实训任务书

实训项目	1. 以每 4 人组成一个小组的形式对案例 7-2 进行讨论和分析，在该案例中，社区矫正对象有哪些症状，治疗师采取了哪些方法对其进行了治疗 2. 讨论上述治疗方案中值得借鉴和需要改进的地方是什么 3. 根据所学知识，讨论还可尝试用哪些心理治疗方法对该案例进行治疗

续表

实训课时	2 课时
实训目的	学生通过案例的讨论、分析，学会灵活运用不同心理治疗方法对社区矫正对象进行心理治疗；学会对治疗过程及效果进行评估和反思，从而具备对社区矫正对象进行心理治疗的职业能力
实训任务	1. 根据案例中所给的资料进行小组讨论和分析 2. 根据该矫正对象存在的心理问题给出更多的问题解决的方案
实训要求	1. 学生应掌握行为主义、合理情绪、人本主义、精神分析、森田疗法等不同的心理治疗理论和方法 2. 指导教师应具备心理治疗师的资格并能带领学生完成实训任务 3. 学生要积极配合指导教师的指导完成实训 4. 根据实训需要将学生分成若干小组，采用小组成员合作完成实训任务 5. 指导教师进行点评总结，每组学生根据教师的点评总结找出不足
实训成果形式	1. 案例分析报告 2. 小组讨论形成新的治疗方案
实训地点	团体心理活动教室或理实一体化教室
实训进程	1. 教师讲解实训要求 2. 阅读准备好的实训案例 3. 根据实训需要将学生 4 人一组分成若干小组 4. 根据所学的内容为该案例中的矫正对象及心理治疗师的操作过程进行分析和讨论 5. 小组进行讨论确定该案例中心理治疗的值得借鉴和需要改进的地方 6. 制定一个新的完整的心理治疗方案 7. 指导教师进行点评总结，每组学生根据教师的点评总结找出不足

实训考核表

班级＿＿＿＿＿＿＿＿＿　　姓名＿＿＿＿＿＿＿＿＿　　学号＿＿＿＿＿＿＿＿＿

任务描述：通过模拟实训，掌握行为主义、合理情绪、人本主义、精神分析、森田疗法等心理治疗的理论和方法 项目总分：100 分 完成时间：100 分钟（2 课时）

考核内容	评分细则	等级评定
一、实训过程与要求 1. 根据实训需要学生按照4人一组分组 2. 小组成员自行分配好所要完成的任务 3. 小组进行讨论确定该案例中心理治疗方法值得借鉴的地方、需要改进的地方 4. 小组讨论完成新的治疗方法 5. 根据任务书中的要求，制定新的心理治疗方案 6. 指导教师进行点评总结，每组学生根据教师的点评总结找出不足	分值：50分 1. 实训过程与小组成员合作良好（15分） 2. 实训演练认真、表现积极（15分） 3. 能成功完成所有实训任务（20分）	实训成绩评定为四等： 1. 优（100分~85分） 2. 良（84分~70分） 3. 及格（69分~60分） 4. 不及格（59分~0分） 注意事项： 1. 实训期间做与实训无关的操作，不能评定为"优" 2. 有旷课现象，不能评为"优、良" 3. 旷课××节及以上，评为"不及格" 4. 实训内容没有完成，评为"不及格" 5. 两份报告雷同，评为"不及格" 6. 具体评分标准由教师根据实训项目具体要求规定
二、实训表现与态度	分值：20分 1. 无迟到（1分） 2. 无早退（1分） 3. 无旷课（3分） 4. 实训预习、听讲认真（2分） 5. 实训态度认真（5分） 6. 实训中不大声喧哗（1分） 7. 能爱护实训场所、设备，保持环境整洁（2分） 8. 能完全遵守实训各项规定（1分） 9. 实训效果好，基本掌握了不同心理治疗的理论和方法（4分）	

| 八、实训总结
1. 实训中出现的问题及解决办法（对遇到的问题、问题产生的原因进行分析判断，把解决过程写出来）
2. 实训效果（本次实训有哪些收获，掌握了哪些知识、技能，存在哪些疑问等） | 分值：30 分
1. 按规定时间上交（5分）
2. 格式规范（5 分）
3. 字迹清楚（5 分）
4. 内容详尽、完整，实训分析总结正确（5 分）
5. 无抄袭现象（5 分）
6. 能提出合理化建议或有创新见解（5 分） | |
| 合计 | | |

评分人：　　　　　　　　　　　　　　　　　日期：　　年　月　日

【课堂活动】

张某，男，36 岁，因犯绑架罪被人民法院判处有期徒刑 11 年，后因患有椎管内占位性病变、神经鞘瘤导致高位截瘫，暂予监外执行，由执行地司法所负责其社区矫正期间的日常管理。黄某家庭经济十分困难，靠父母打工赚取微薄收入。他不愿与人沟通、情绪低落，觉得自己健康恶化，给家庭造成沉重负担，心理压力非常大，感觉生活没有意义。

根据案例，请完成以下任务：

1. 请制定一份科学、合理的心理治疗方案。

2. 如何综合使用不同心理治疗的方法用于该社区矫正对象的心理治疗？

【思考题】

1. 如何正确理解社区矫正对象心理治疗的概念？

2. 社区矫正对象心理治疗的主要理论及其操作技术有哪些？

3. 尝试完成一份社区矫正对象心理治疗的简要案例报告。

拓展 阅读

艾利斯总结了人们自己编造的 12 种不合理信念[1]

1. 迫切需要得到他人喜爱和认可，而不是自己认可和接纳；

2. 具有错误、恶劣、可耻行为的人坏透了、该死；

3. 事情没有按照他们预期方向发展时，就是糟糕的、可怕的、灾难的；

4. 不合心意的情况一定不能存在；

5. 如果有些事情是危险或可怕的，必须特别担心；

6. 一定不能有麻烦，逃避比面对生活中的困难和自我责任容易；

7. 需要依靠一个更强大的人或物；

8. 我们必须能够胜任、机智且有成就；

9. 有些事情曾经影响我们的生活，还会不断影响之后的生活；

10. 他们绝对不能那样做，我应该改变他们，让他们按照我的想法做；

11. 人们可以通过懒惰和无为取得幸福；

12. 人们不能控制自己的情绪，控制不了自己去想一些事情。

---

[1]　[美] 阿尔波特·艾利斯、[澳] 黛比·约菲·艾利斯：《理性情绪行为疗法》，郭建、叶建国、郭本禹译，重庆大学出版社 2015 年版，第 29～31 页。

社区矫正对象心理危机干预

知识目标：掌握心理危机干预的概念、方法和步骤以及心理危机预防的方法。

能力目标：具备开展社区矫正对象心理危机干预以及心理危机预防工作的能力。

思政目标：具备科学严谨、耐心细致的职业精神和理性平和、积极向上的社会心态。

知识树

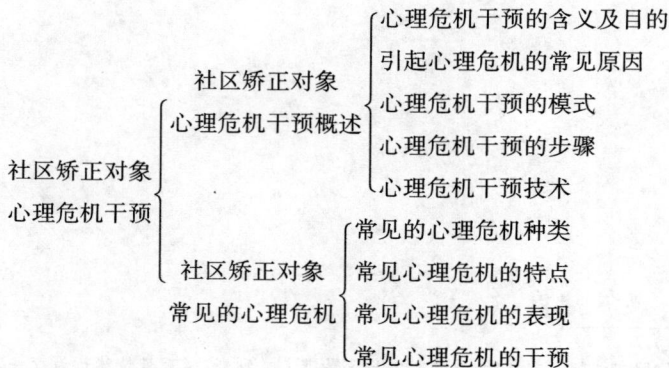

社区矫正对象
心理危机干预
├─ 社区矫正对象心理危机干预概述
│   ├─ 心理危机干预的含义及目的
│   ├─ 引起心理危机的常见原因
│   ├─ 心理危机干预的模式
│   ├─ 心理危机干预的步骤
│   └─ 心理危机干预技术
└─ 社区矫正对象常见的心理危机
    ├─ 常见的心理危机种类
    ├─ 常见心理危机的特点
    ├─ 常见心理危机的表现
    └─ 常见心理危机的干预

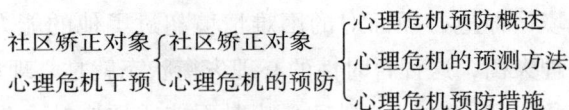

社区矫正对象
心理危机干预
$\left\{\begin{array}{l}\text{社区矫正对象}\\\text{心理危机的预防}\end{array}\right.\left\{\begin{array}{l}\text{心理危机预防概述}\\\text{心理危机的预测方法}\\\text{心理危机预防措施}\end{array}\right.$

案例 8 - 1

社区矫正对象刘媚（化名），女，42 岁，初中文化，未婚，无业，户籍地为广东省湛江市，在中山市生活多年，因犯走私普通货物、物品罪被法院判处拘役 1 个月，缓刑 2 个月，前往司法所接受社区矫正。社区矫正期间，社区矫正对象刘媚发生割腕的行为被女儿劝阻，不久后又欲跳楼轻生，被司法所工作人员及时发现、上报，并且通知社区矫正社会工作者紧急介入对其开展心理危机干预。如果你是社区矫正工作人员，你将如何对其开展心理危机干预?[1]

任务1　社区矫正对象心理危机干预概述

社区矫正对象除了一般人常见的心理危机外，更面临着特定的心理危机。如果出现了心理危机，必将影响社区矫正对象的矫正情绪，进而影响社会稳定，所以，必须做好社区矫正对象的心理危机干预工作，这也是贯彻落实"总体国家安全观"的具体体现。"坚持安全第一，预防为主。"

任务1.1　心理危机干预的含义及目的

一、社区矫正心理危机干预的概念

危机，危是危险，机是机遇。人的一生会遇见各种各样的危机，没有人能完全规避出现危机情况。如果一个人能以积极的心态去面对危机或者通过他人的帮助安然度过危机，并能在危机中汲取经验，危机还可能转变为机遇。但如果一个人面对困难情境时，先前处理危机的方式和惯常的支持系统不足

---

〔1〕　案例来源于社工中国实务探索网，http://practice. swchina. org/case/2022/0520/41308. shtml，最后访问时间 2022 年 5 月 20 日。

以应对眼前的处境,即他必须面对的困难情境超过了他的能力时,这个人就会产生暂时的心理失衡,这种暂时性的心理失衡状态就是心理危机。

人处在心理危机状态时,轻则身心状况不佳或适应社会生活困难,重则会导致严重心理失常、崩溃,乃致自杀,这时便需要心理危机干预。心理危机干预是指针对处于心理危机状态的个人及时给予适当的心理援助,使之尽快摆脱困难、战胜危机,重新适应生活。与一般的心理咨询和治疗相比,心理危机干预是一种在紧急情况下的短程心理治疗,特点是及时性、迅速性,它以解决问题为目的,不求根治,只是在短时间内帮助对方渡过难关。

针对社区矫正对象的心理危机干预是指社区矫正工作人员或心理危机干预工作者运用心理学的知识、技巧和方法,帮助和指导处于心理危机状态中的社区矫正对象,使其恢复心理平衡,减轻危机事件对其造成的损伤,并促使其情绪认知行为等回到危机前的水平或高于危机前的水平。这种心理危机干预过程是短期的提供帮助和支持的过程,目的是帮助社区矫正对象渡过心理危机状态,回归正常生活。

二、社区矫正对象心理危机干预的目的

干预是危机干预的基本目标,而预防则是危机前干预。通常心理危机干预的目的可以分为恢复、发展和预防三个层次。

第一层次:恢复。即帮助当事人恢复以往的社会适应能力,使其重新面对自己的困境,采取积极而有建设性的对策;

第二层次:发展。即帮助当事人把危机转化为一次成长的体验并提高当事人解决问题的能力。

第三层次:预防。即能够对当事人的心理危机早发现、早预防、早干预,以减少或避免心理危机产生的不良后果。

针对社区矫正对象的心理危机干预目的主要有以下几点:

1. 采取及时有效的应对措施,帮助处于心理危机状态中的社区矫正对象渡过心理危机状态,降低危机事件带来的影响程度。

2. 减少或避免心理危机引发的伤害行为,提高社区矫正机构及处于危机状态的社区矫正对象应对危机的能力。

3. 帮助社区矫正对象在危机中成长,学会应对心理危机,增加生活选择,拓展人生观。

4. 保证社区矫正机构日常工作顺利进行，提高教育矫正质量，达到预防和减少犯罪的目标。

任务 1.2　引起心理危机的常见原因

第一，人格特征。个人的人格特征影响着个体对于危机事件的应对方式和反应强度。例如，敏感内向性格者面对危机事件往往更容易发生心理危机。他们更倾向于将注意力指向自身，不容易获得外部支持，且往往情绪波动较大，因此在遭遇变故时可能更容易引发消极的心理应激反应。

第二，认知评价。即个体在面对重要的人生问题，如人生目标、责任感等出现的内部冲突和焦虑。例如，有的社区矫正对象认为自己被判刑后，人生目标无法实现，无法得到新的生活；有的社区矫正对象则为不能照顾家人，履行为人子女、为人父母的责任而过于懊悔；等等。人们常说："问题不在于发生了什么，而在于你如何看待它"，对待事物的认知影响着人们的心理反应。错误地将本不具有威胁性或者积极事件判断为具有威胁性，也会使个体产生危机反应。

第三，突发事件、重大心理压力事件。即出现强烈的、突发的且个人无法预测和控制的事件时所引起的危机，如自然灾害、交通意外、失业、身患重病、遭到劫持等。社区矫正对象常出现的重大事件，主要包括家人去世，配偶突然提出离婚，因社区矫正对象身份被辞退而导致失业，人际关系危机等。此类危机通常爆发强烈，容易导致灾难性的后果，需要社区矫正工作人员特别注意。

第四，日常生活事件。即社区矫正生活中日常繁琐事件容易造成消极心理长期积聚，导致心理危机的发生，造成打架斗殴甚至自伤自残等事件的发生。

第五，个人成长发展。即在人生发展历程中一般人都可能面对的诸如中年危机、退休引起的危机等心理事件。对于社区矫正对象来讲，除了一般人常见的危机外，在个人发展方面还面临着一些特定的危机。例如，社区矫正对象的身份会给他们生活、工作和人际关系都可能带来变化，这些变化如果不能很好地适应，就可能导致社区矫正对象心理危机的产生。此外，某些社区矫正对象在监狱长期服刑后，能否适应外面的社会环境，是否能得到人们的接纳，是导致其心理危机产生的重要诱因。

通常情况下，如果社区矫正对象出现以下情形，则需要社区矫正工作人员重点干预：①性格过于孤僻内向，缺乏家庭关爱的社区矫正对象。②家庭贫困、长期压力过大，有强烈的自卑感的社区矫正对象。③个人有严重心理疾病或重大疾病的社区矫正对象。④既往有自杀行为或者自杀未遂的社区矫正对象。⑤遭遇重大突发事件，例如亲人去世、突发重大疾病、个人情感受挫等危机事件的社区矫正对象。

如果同时满足以上几种特征，则应当格外引起关注，社区矫正对象甚至可能发生自杀等严重心理危机后果。

任务1.3　心理危机干预的模式

传统的心理危机干预模式有平衡模式、认知模式和心理社会转变模式。[1]这三种模式为许多危机干预策略和方法提供了指导。

一、平衡模式（equilibrium model）

平衡模式认为，心理危机的产生是由于个体原有的心理平衡遭到破坏，导致了失衡状态，而危机干预的本质就是要通过各种方法恢复危机前的平衡状态。

平衡模式适用于早期干预，此时个体面对危机事件不知所措，不能作出适当的选择。因此需要借助平衡模式，帮助个体重新回到危机前的状态。这个阶段社区矫正工作人员或者从事心理危机干预的社会工作者的主要精力应集中在稳定社区矫正对象的情绪上，应当给予心理支持，鼓励宣泄，稳定情绪，在社区矫正对象重新达到某种程度的稳定之前，不能采取也不应该采取其他措施。例如，在对有自杀倾向的社区矫正对象进行危机干预时，首先要让当事人认同活着是有意义的，并且这种活下去的意愿不是暂时的想法，否则挖掘其自杀的原因就是没有意义的，因为此时社区矫正对象正处于内心失衡的状态，无法做出适当的选择来解决问题，更不可能进行自我剖析和接受外界的调节与干预。

---

〔1〕　孙宏伟等：《心理危机干预》，人民卫生出版社2018年版，第136页。

二、认知模式（cognitive model）

认知模式认为，导致个体产生心理危机的原因是个体对危机事件的错误的评价，而不是事件本身或事件的有关事实导致了心理危机的产生。因此，危机干预工作的任务就是帮助当事人认识到自己认知中那些歪曲的、不合理的、消极的信念或思想，并纠正这些认知方面的偏差和失调，从而使当事人的情感和行为得到相应的改变，实现对危机的控制。例如，在社区矫正工作实务中，有的社区矫正对象存在明显的不良的认知和思维方式，如认为自己犯过罪，就一辈子抬不起头，没有任何希望了。消除这类心理危机，要使用认知模式，让当事人反复思考并强调积极思维，直到积极思维代替原本消极、歪曲的思维。

三、心理社会转变模式（psychosocial transition model）

心理社会转变模式认为，心理危机的产生既与内部心理困境等因素有关，也与外部社会和环境因素有关。因此，心理危机干预的目标不仅要帮助当事人评估内部因素对危机的影响程度，还应当同时考虑当事人以外的哪些外部因素需要做出改变才能解决危机，即考察当事人的同伴、家庭、社区等对当事人的影响。例如女性社区矫正对象面对家庭暴力危机事件，除非影响当事人的社会系统也随之改变，或者当事人能够适应危机情境各系统的动力过程，否则危机无法得到稳定或解决。

三种模式中，平衡模式主要是帮助当事人稳定心理；认知模式是帮助当事人矫正思维方式，使其克服非理性和自我否定意识，增强自我控制；心理社会转变模式是帮助当事人调动内在资源和外部社会支持，形成更多的解决问题的方式并获得对自己生活的控制。

任务 1.4　心理危机干预的步骤

虽然目前关于危机干预没有绝对固定的程序要求，但是大量的实践经验表明，社区矫正对象心理危机干预可以参照危机干预领域的奠基者 Gilliland 和 James 提出的心理危机干预六步法，即确定问题、保证当事人安全、提供支持、提出应对方式、制订具体计划和获得承诺。

一、确定问题

心理危机干预工作者要从当事人的角度，以共情、尊重、积极关注的态度，与当事人建立起良好的关系，取得当事人的信任，在此基础上确认当事人的状况和问题，了解困境对他们的影响，全面了解和评价当事人有关遭遇的诱因或事件以及寻求心理帮助的动机。

此阶段介入过程中可以让社区矫正对象使用如下心理评估问卷，以帮助其理清思路：[1]

专栏 8 - 1　确定问题步骤中使用的心理评估问卷

你遇到的问题或麻烦：

_____

_____

请使用以下步骤来处理这个问题：

步骤 1：停下来，想一想

我的感受和想法是什么？这些想法、感受和身体感觉是否已经告诉我正在面对麻烦？

_____

_____

我的这些感受和想法，是否会带来危险，是否会使问题更糟糕，给我带来更多的麻烦？

_____

然后，做 3 件事情：

- 先不要说话，　　　　　　　我应该：_____
- 找一个个人空间，　　　　　我应该：_____
- 使自己的大脑冷静下来，　　我应该：_____

步骤 2：对问题进行描述

- 我感到：　　_____
- 因为：　　_____
- 如果我：_____，这种行为可能导致不良后果，我的实际反应是：

_____

---

〔1〕　陈春安主编：《社区矫正专业方法应用指南》，法律出版社 2012 年版，第 120 ~ 121 页。

步骤3：收集信息，设定目标
信息：事情的真相？
_____

其他人的想法和感受？
_____

我的观点和信念？
_____

目标：我想达到什么目标？
我要 _____ ，我不要 _____

二、保证社区矫正对象安全

这里所说的"保证安全"是指当事人对自我和他人的心理和生理危险性降至最小可能性。心理危机干预工作者可以充分利用危机干预技术促进当事人安全感的建立。具体可以从以下几方面保证当事人安全：

1. 为当事人创造安静舒适的环境，这可以使当事人感到安全。

2. 从言语上、行为上表现出对当事人发自内心的、真诚的接纳，对于当事人的宣泄和强烈的情绪表达无须制止、建议、说教，而应当给予空间、接纳和尊重，从而建立起安全感。

3. 给当事人合理宣泄的机会，鼓励当事人将自己内心的想法表达出来，将负面情绪适当地宣泄出来，建立安全感。

4. 认真地倾听当事人的叙述，通过无言的倾听与陪伴，给予当事人心理上的支持。

三、给予社区矫正对象支持

加强与当事人的沟通与交流，使其对心理危机干预者产生信任，了解到干预者是能够给予其关心的人，从而使当事人情绪得以稳定。可以采取的方式有：

1. 运用好倾听技术，在与当事人沟通中耐心倾听并热情关注，用积极主动的接纳方式去了解当事人的心灵，建立同感，并用真诚的态度去觉察当事人内心世界，用理解去引发当事人情感上的共鸣。关于核心的倾听技术的具体运用，将在后续任务 1.5 心理危机干预技术中进行介绍。

2. 通过目光接触、语气语调、身体语言、空间距离等向当事人传递真诚友善的态度，让当事人相信心理危机干预工作者会以积极的、不偏不倚的态度来处理危机事件。

四、提出并验证可变通的应对方式

在这一步中，社区矫正工作人员或者心理危机干预者需要帮助当事人探索他可以利用的解决当前危机的方法，促使当事人积极地发现并确认还有其他适宜的选择，发掘其积极的思维方式。例如，帮助当事人分析自己的社会支持系统网络，如让重点人群确认自己的社会支持网络，如家人、朋友、同事以及可以利用的相关资源，明确自己可以从哪里得到帮助（信息、情感、物质帮助等）。明确自己能够从哪里得到怎样的具体帮助（如情感支持、建议或信息、物质方面等）。

五、制定具体的计划

在步骤 4 中，心理危机干预工作者与当事人已经充分探讨了积极的应对方式，接下来第 5 步就需要心理危机干预工作者与当事人共同制订行动步骤来矫正其情绪的失衡状态。注意在制定计划时，要发挥当事人的参与性，让他们自己做出选择并付诸行动。同时还要注意根据当时的具体问题以及当事人的心理需要，综合有关文化背景、社会生活习惯以及家庭情况等因素，具体、实用、灵活可变的制定计划。

六、获得承诺

在这一步中，心理危机干预工作者需要从当事人那里得到会明确按照计划行事的保证，得到当事人诚实、直接和恰当的承诺。一般可以让当事人复述一下计划："我们已经讨论了计划要做什么，请跟我讲一下你将采取哪些行动，避免危机升级。"对当事人来说，作出承诺可以驱使他按行动计划去执行。

需要强调的是，在实施以上危机干预六步法时，心理危机评估应当贯穿于全过程。在危机干预前，要结合社区矫正对象的背景资料，内在资源和外部资源，评估危机的性质、当事人的功能状况、危险性和应对机制等方面。在危机干预的过程中对当事人的心理变化、应对策略及社会支持系统的有效性等方面进行持续性判断与确定，以帮助心理危机干预工作者检验干预措施的效果并及时做出调整。

值得注意的是心理危机干预过程并非一蹴而就，有时可能是一个循环往复的过程，这就需要心理危机干预工作者保持耐心，及时调整干预策略，帮助社区矫正对象巩固矫正效果。

研究表明，一般经过 4 周~6 周的危机干预，绝大多数的危机当事人都能度过危机，情绪得到缓解，心理状态回归平衡。这时应该考虑是否需要中断干预治疗。心理危机干预工作者在确定社区矫正对象有一定的自我调节能力的时候，可以及时地中断干预治疗，以减少当事人的依赖性。在结束阶段，心理危机干预工作者要将心理干预的重心放在强化社区矫正对象运用新习得的处理危机的技巧，鼓励当事人在今后面临或遭遇类似应激或挫折时，学会举一反三地应用解决问题的方式和原理来自己处理问题和危机，自己调整心理平衡，提高自我的心理适应和承受能力。

任务 1.5　心理危机干预技术

针对社区矫正对象的心理危机干预技术和心理咨询和治疗所使用的技术有共通之处，这里重点介绍在社区矫正对象的心理危机干预中最为主要的技术：

一、心理危机评估技术

心理危机评估不同于心理评估，它是指临床心理学专家或经过培训的危机干预工作者利用相关理论和技术，对当事人心理危机的类型、严重程度以及干预过程中的反应进行鉴别、判断和预测的过程。[1]具体来说，心理危机评估贯穿于整个危机干预的全过程。在采取具体干预措施和干预策略之前，心理危机干预工作者需要评估当事人所处的情境、精神状态和社会功能，评估心理危机的严重程度，评估当事人的自杀风险，评估当事人的应对能力、支持系统以及可能的解决方案等，以帮助危机干预者确定干预的策略和所需要的资源；在心理危机干预的过程中，危机干预工作者还需要持续地对当事人心理的变化、应对策略以及社会支持系统进行有效的评估，以便及时调整危机干预策略。

对社区矫正对象进行危机干预前的评估，主要包括以下几个方面：

---

〔1〕　孙宏伟等：《心理危机干预》，人民卫生出版社 2018 年版，第 118 页。

1. 评估社区矫正对象的背景资料，包括其家庭关系、社会支持系统、犯罪情况、社区矫正管理情况等。

2. 评估社区矫正对象的功能水平。主要从认知状态、情感状态、行为表现、自杀风险四个方面，运用访谈法、观察法、心理测验等方法，对社区矫正对象进行全面的评估。

3. 评估社区矫正对象的内部资源与外部资源。主要包括本人的观点、能动性，以及家人、朋友对他的影响。

二、倾听技术

倾听技术是建立良好关系的基本环节，倾听的目的是鼓励社区矫正对象把自己的感受和想法表达出来。有效的倾听要将全部精力集中于当事人，不要随意地打断对方，要让对方觉得被尊重，对有疑惑的地方要澄清核实对方所说话的含义，注重领会当事人言语和非言语的活动，积极地对社区矫正对象所传达的信息做出反馈。通过有效的倾听，心理危机干预工作者可以了解到社区矫正对象的心理危机的内容和特点，捕捉到当事人内心世界的状态。

三、询问技术

在危机干预的过程中，不可避免地需要通过提问来收集信息了解情况。问题提得是否妥当直接关系到干预过程进展是否顺利。常用的询问技术可以分为开放式询问技术和封闭式询问技术。

1. 开放式提问。开放式的提问没有固定答案，当事人可以自由地描述和表达情感。一般而言，如果对社区矫正对象所遭遇的情况了解程度不深的话，则尽可能选择开放式的问题进行提问，以"什么""怎么样""能不能""是否愿意告诉我……"等开头，促使当事人更深入详细地表达。

2. 封闭式提问。封闭式提问通常用来澄清当事人的真实想法，收集必要的资料和特殊的信息，了解当事人对事物的认知。一般而言，如果需要向社区矫正对象了解具体的信息或者获得社区矫正对象承诺或保证时，可以采用封闭式提问。问话方式一般使用您同意吗？"是不是""要不要""可不可以？""有没有"等词，而回答也是"同意""不同意"或做某项选择等简单回答。例如："这是否意味着你想自杀？""你愿意与某某合作去做……吗？"

四、创立和谐的沟通氛围

心理危机干预工作者应当通过接纳、共情、真诚、热情等技术，与社区矫正对象建立起良好的沟通氛围，只有在信任、真诚、安全、接纳的氛围中，实施心理危机干预策略才更容易让当事人接受，效果也更好。

五、支持技术

支持技术是给处在心理危机中的社区矫正对象情感上的支持，缓解其不良情绪，给予其温暖与力量。可以用以下话语："我在这里，我会在这里陪伴您。""我会和您一起面对这件事。""发泄出来……那会好一些的。""来，做几个深呼吸，您会好受些！""这些情感很正常……我理解你。""你很优秀，你有很多优点"等。例如，当社区矫正对象对生活失去信心、自卑绝望时，危机干预工作者在此时可以采用支持技术，指出其优点，讲述一些榜样的事迹等，帮助其重建信息，振奋精神，重新燃起对生活的希望。

六、问题解决技术

问题解决技术通过"明确问题、制订计划、执行方案、处理问题"的方法，帮助社区矫正人员掌握解决问题的技能、增强解决问题的能力，并用其处理问题。[1]心理危机干预工作者通常通过解决问题的技术，让社区矫正对象了解到产生心理危机的原因，并帮助其找到解决危机的正确方法和社会支持系统的重要性。可以说，问题解决技术是危机干预实践中最为重要的一种技术。

任务2 社区矫正对象常见的心理危机

现实生活中"各种'黑天鹅'、'灰犀牛'事件随时可能发生"。社区矫正对象的各种心理危机事件也随时可能发生。

任务2.1 常见的心理危机种类

一般来说，心理危机可以分为发展性危机、境遇性危机和存在性危机三种。

---

〔1〕 陈春安主编：《社区矫正专业方法应用指南》，法律出版社 2012 年版，第 121 页。

一、发展性危机

发展性危机是指在正常成长和发展过程中，急剧的变化或转变导致的异常反应。每个人的成长过程中都会面临特殊的困境与变化。例如，怀孕、分娩、婴儿时期与儿童早期、青少年时期、中年危机、退休危机等。一般来说，不需要专业的干预也能平稳度过。但对于少数缺乏适应能力的人或者特殊的对象，则需要干预。对于社区矫正对象来讲，他们被判刑后，生活、工作、人际关系都可能发生一些变化，如果无法适应这种新的变化，就可能导致社区矫正对象心理危机的产生。对于刚获假释而进入社区矫正的人员，在监狱长期服刑后，无法适应外面的社会环境，是导致其心理危机产生的重要诱因。

二、境遇性危机

境遇性危机是随机发生的、事出突然的、令人震惊的、情绪激动的、变动激烈的事件引发的心理危机。例如，交通意外、突然的疾病和死亡、分居和离婚、失业等都可以导致境遇性危机。对于社区矫正对象来说，常见的境遇性危机包括家人去世、患重大疾病、离婚、失业、人际关系危机等，此类危机通常爆发强烈，容易导致灾难性的后果，需要社区矫正工作人员特别注意。

三、存在性危机

存在性危机是指伴随着重要的人生问题，如关于人生目的、责任、独立性、自由和承诺等出现的内部冲突和焦虑。例如，对于社区矫正对象来说，会认为自己被判刑之后人生没有希望、人生目标无法实现或者因为自己被判刑之后不能照顾家人子女而懊悔等。

任务2.2　常见的心理危机特点

一、危害性

由于社区矫正对象是有犯罪经历的特殊群体，容易产生自卑、孤独、沮丧消沉、焦虑、忧郁等负面心理，有些社区矫正对象在心理和行为方面有明显的偏激。同时，由于社区矫正对象具有一定的人身自由，受到的监管程度有限，一旦出现心理危机，往往不易及时发现，更难采取心理危机干预措施，这对社区矫正对象本人及所在社区都会产生危害性。

二、复杂性

由于导致心理危机发生的原因复杂，有社会、个人、家庭的原因，也有直接的、间接的原因，有浅层次的原因，也有深层次的原因，而且这些原因往往交织在一起，需要危机干预工作者从多方面实施干预。

三、普遍性和特殊性

心理危机具有普遍性，每个人都要经历危机，无论是发展型危机还是境遇型危机，所以社区矫正对象也会有心理危机。特殊性是指每个个体所经历的危机都有个性特点，不同的个体有着不同的个性和人格特征，个体对危机的感受和反应模式也是不同的，因而适用的危机干预策略也是不同的。

四、与社会支持系统相关

社区矫正对象不同于监狱服刑人员，平时直接与社会接触，因此其心理危机的产生常常与社会支持系统有关。如果家人、朋友、社会能够给予社区矫正对象充分的社会支持，则有利于他们缓解心理压力，减少发生心理危机的概率和危机的影响程度。反之，如果社区矫正对象因其犯罪行为的影响而被社会排斥，周围人都带着偏见对待他们，社会支持系统不能理解和接纳他们，则很容易诱发社区矫正对象的心理危机。

任务2.3　常见的心理危机表现

由于心理危机具有危害性和复杂性，正确区分和识别社区矫正对象的心理危机，对社区矫正工作具有重要意义。通常心理危机会以情绪、言语、认知、行为、性格等方面表现出来。

一、强烈的情绪波动

与一般的情绪变化不同，心理危机引起的情绪波动往往较为强烈，表现为紧张、易怒、不安、烦躁、焦虑、持续担忧、情绪低落或不稳，惊慌失措等。这些表现说明个体失去了心理平衡的状态。例如，平时能够积极参加社区矫正活动的社区矫正对象，突然变得情绪低落，态度消极，平时活泼开朗的社区矫正对象，突然变得闷闷不乐、眼神游离、烦躁不安等，这些现象都可能提示社区矫正对象发生了心理危机。

二、言语方面

沉默寡言，或者言语本身带有特定的意义令人费解，如常说生不如死，打听什么自杀方式没有痛苦，或者询问什么剂量的药物可以致死等。

三、明显的怨恨或自卑

社区矫正对象往往存在着怨恨或自卑的心理。怨恨表现为对自己被判刑改造不满和抵触心理，对社区矫正工作人员怀有敌意。自卑表现为对于自己身份、地位的重大变化产生消极的情感体验。但是处在心理危机中的社区矫正对象，这种怨恨与自卑往往更明显，例如表现出强烈的仇恨情绪，怒目相对、冷漠仇视，或者强烈的自贬、自责和羞愧等。

四、生理反应

处在危机中的个体，可能会表现出某种生理反应。例如肠胃不适、缺乏食欲、疲乏、头痛、失眠、感觉呼吸困难、做事注意力不集中等。社区矫正对象一旦出现此类症状，则应当引起足够的重视。

五、认知方面

心理危机状态中社区矫正对象内心处于失衡状态，问题的解决能力与应对机制暂时受到打击，此时他们的认知水平明显下降，不能正确认识和判断事物，表现出逃避、内疚、孤独、无用感等想法，从而产生自杀及攻击他人的行为等。

六、存在危机诱因

社区矫正对象的心理危机的产生往往是源自生活中的重大负面危机事件，及时掌握可能引起社区矫正对象心理危机的重大负面危机事件或者易感因素，可以帮助社区矫正工作人员及时了解社区矫正对象心理危机。引起社区矫正对象心理危机的常见现实诱因主要有：①不被家庭成员接纳，难以得到家庭成员的关心与支持；②社会对社区矫正对象的"污名化"现象；③经济贫困，生活压力大；④感情生活受挫，如遭遇失恋、配偶提出离婚；⑤人际关系受挫；⑥嫡亲重病、违法、出走或意外死亡；⑦其他，如遭遇天灾人祸等。[1]

---

〔1〕 刘邦惠等：《社区服刑人员的心理矫治》，科学出版社2015版，第184页。

任务 2.4 常见的心理危机的干预

一、自杀危机干预

当前，自杀已经成为全世界共同关注的公共卫生和社会问题。自杀危机干预一直都是心理危机干预研究和实践过程的重要议题。社区矫正对象作为特殊群体，也存在着较大的自杀可能性。众多研究成果对自杀有关的危险因素已达成基本共识，例如曾有自杀未遂史；不良生活事件造成的严重急性或慢性应激反应；生活质量低、失业等巨大社会生活压力；近期内患有严重的抑郁症；有严重躯体疾病的人，而且生病时间长、治疗效果差、并伴随长期的疼痛和心理痛苦，从而对生活带来巨大影响的病人；还有那些在生活中遭受负性生活事件，如失去亲人、失恋、离婚等导致心理创伤与挫折的人。[1]对比这些自杀有关的危险因素，社区矫正对象相对于一般公民，因为其身份、地位的变化，更易产生较大的社会生活压力，也更容易产生自卑、失落、悔恨甚至绝望的情绪，家庭矛盾、离婚、失恋等负面事件等更有可能发生。因此，在社区矫正工作中，对社区矫正对象自杀的危机干预应该引起相当的重视。

在社区矫正实务中，可以采取以下措施进行自杀危机干预：

1. 做好心理危机评估。在刚入矫时，社区矫正工作人员可以通过心理测验等形式评估其自杀风险和可能性。同时在社区矫正对象定期汇报及参与社区矫正教育活动时，注意对有高危因素的社区矫正对象进行调查了解，确定其近期心理状态及生活中是否发生重大负面事件，通过谈话和心理量表测试，筛查出有自杀倾向的社区矫正对象。

2. 运用危机干预技术，对具有自杀倾向的社区矫正对象进行有效的干预。一是倾听。对于社区矫正对象来说，倾听可以达到情绪宣泄和疏导的效果，社区矫正工作人员要专注地倾听，在倾听的过程中了解当事人的危机产生的原因及严重程度。二是共情。对于有自杀倾向的社区矫正对象，需要心理危机干预工作者能够设身处地、准确地理解危机当事人，充分把握其内心世界，使当事人感受到自己是被理解、被接纳的，不要斥责当事人"不应该这样做"

---

〔1〕 张胜洪、胡胜："自杀高危人群的识别及预防研究"，载《医学与哲学》2013年第7期。

"不应该那样说"，而应该充分表达共情。三是给予支持。社区矫正工作人员要给予处在危机中的社区矫正对象真诚的情感支持。如创造良好的沟通环境，鼓励社区矫正对象以倾诉、哭泣、呐喊等方式宣泄情绪，通过讲述励志故事等方法，指导其正确面对危机和挫折。四是探讨问题解决的方式。有自杀倾向的社区矫正对象往往较为被动，依赖性强，缺乏解决问题的灵活性。此时，社区矫正工作人员要与处在危机中的社区矫正对象探讨他可以利用的解决问题的途径，引导他找到可以获得的社会支持和应对的方式，如果有解决当前危机的其他方法，大多数人会放弃"只有死路一条的想法"。五是放松训练。对于表现出极度紧张，惊恐不安等情绪障碍的社区矫正对象，可以帮助其学习简单的放松技巧，如肌肉放松训练，自我催眠、静默等。六是寻求专业心理专家的帮助。目前社区矫正工作人员专业化还有待加强，当面临难以解决或者危机程度严重的社区矫正对象时，应当及时向心理专家求助或者转介给心理专家。七是发动社区矫正对象的社会支持系统。对于有自杀倾向的社区矫正对象，要发动起他的家人、朋友多多关心和开导，一旦发现异常情况要及时向社区矫正机构报告，鼓励其寻求专业的帮助。

二、家庭矛盾冲突的危机干预

在社区矫正心理矫治实践中发现，家庭矛盾是引发社区矫正对象心理危机的重要诱因。一方面，社区矫正对象犯罪前就具有较为严重的家庭矛盾，如家庭关系不和谐、家庭缺少关心关爱、亲子关系紧张等，而犯罪之后，家庭矛盾进一步激化，家庭成员之间互相指责，对社区矫正对象感到失望痛心，这些因素都可能诱发心理危机等，特别是在未成年社区矫正对象中尤为常见。另一方面，有些社区矫正对象的家属对社区矫正对象不但不关心支持，反而对其产生强烈的抱怨和不满，因为自己是社区矫正对象的家属而感到丢人，这些态度会使得社区矫正对象自暴自弃，产生心理危机。

对于家庭矛盾危机，可以采取的危机干预措施主要有两方面。一方面，社区矫正工作人员要运用倾听、共情、支持等技术，让社区矫正对象感到被接纳、被尊重和被关心。同时通过与其交谈，引导其对自己行为做出反思，改变与家人的相处方式，对待家人可以换位思考，多理解体谅家人而不是一味地愤怒。另一方面，社区矫正工作人员要取得矫正对象家属的配合，让家属认识到家庭环境对社区矫正对象的重要影响，帮助其寻找具体的改善家庭关系的方法。通过家庭的力量可以使社区矫正对象感到家庭对自己的支持，坚定改过自新的信心。

三、人际关系紧张干预

人际关系紧张是引发社区矫正对象心理危机的常见诱因之一。良好的人际关系，有助于社区矫正对象获得心理上的安全感，矫正效果也更好。而社区矫正对象一旦出现严重的人际关系障碍，离群索居，往往会产生孤独、焦虑等不良情绪，甚至会引发心理危机。社区矫正对象往往存在人际关系敏感、自卑等负面情绪，社区矫正工作人员应当做好人际关系方面的知识教育，可以在入矫初期举办讲座和课堂教育等方式，帮助社区矫正对象掌握处理人际关系等方法和技巧。针对人际关系紧张到已经引起社区矫正对象心理危机的情形，应当及时对其进行危机干预。可以采取的危机干预措施主要有：

1. 宣泄与疏导。通过倾听、共情等心理危机干预技术，让社区矫正对象把内心的痛苦宣泄出来，进而对其进行心理疏导。

2. 寻求社会支持系统的协助。社区矫正工作人员可以争取到社区矫正对象朋友、同学、同事的帮助，以便及时地掌握社区矫正对象的动态，在社区矫正对象与他人发生冲突时，也能及时劝阻、安慰、疏导，当社区矫正对象发生严重的心理波动时，能及时向社区矫正机构报告。

3. 解决问题技术。社区矫正工作人员可以帮助社区矫正对象掌握解决人际关系紧张的方法，增强其解决问题的能力，并应用于处理现实问题。例如可以教给人际关系紧张的社区矫正对象人际交往的方法和技巧，控制情绪的方法等，帮助他们更好地学会与人沟通。

4. 团体辅导。社区矫正工作人员可以采用行为训练、角色扮演等团体辅导方式，让社区矫正对象在团体活动中宣泄不良情绪，在团体中获得信任感和归属感，锻炼人际交往能力和沟通技巧。

四、社会适应不良的危机干预

社会适应能力是个体与他人及社会环境相互作用，具有良好的社会关系和实现社会关系的能力。如果个体的社会行为能力受损，不能按照社会认可的方式行事，则容易出现社会适应不良的心理危机。对于假释人员和暂予监外执行的社区矫正对象，其多年的监狱服刑经历，易使其形成自卑、顺从、社会适应能力差等性格特征，同时外界社会的发展，使其与社会脱节，无法较好地适应社会生活。而对于被判处管制和宣告缓刑的社区矫正对象，由于其身份和地位的改变，无法面对刑罚的后果，也容易产生自卑、焦虑、逃避社会交往的性格特征，使其正常的生活和工作受到影响，进而引发心理危机。对于此类心理危机干预，可以采取的措施主要有：

1. 入矫教育。在社区矫正对象刚入矫的时候，社区矫正工作人员就可以针对社会适应问题展开心理危机预防，可以通过授课的方式开展社会适应方面的专项教育和训练，并开展职业技能培训和推荐就业。

2. 支持技术。社区矫正工作人员可以通过疏泄、暗示、改变环境等方式帮助社区矫正对象获得情感上的支持，帮助他们释放情绪，得到心理慰藉。

3. 认知改变。社区矫正对象之所以会产生社会适应不良，往往是因为其本身的不合理的信念，如对自己身份的认知偏差，认为自己低人一等、无法获得社会的接纳。这时，社区矫正工作人员可以帮助其认识到自己不合理的信念，并改变不合理的信念，建立新的正确的信念，增强其融入社会的信心。

4. 解决问题技术。社区矫正工作人员可以帮助有社会适应心理危机的社区矫正对象掌握社会适应能力的技能，帮助其提高社会适应能力，例如鼓励其学习职业技能，积极参加就业培训和社会实践活动等。

任务3　社区矫正对象心理危机的预防

党的二十大报告指出，"必须增强忧患意识，坚持底线思维，做到居安思危、未雨绸缪，准备经受风高浪急甚至惊涛骇浪的重大考验"。在社区矫正对象心理危机干预的工作中，我们必须增强忧患意识，坚持底线思维，做到居安思危、未雨绸缪，才能有效应对在社区矫正工作中出现的各种风险。因而，不仅要追求危机干预的效果，还要主动、预先地做好心理危机的预防工作。社区矫正工作者要有意识地提高识别社区矫正对象心理危机信号的能力，重视对社区矫正对象的心理危机的预防工作。

一、心理危机预防概述

社区矫正对象心理危机的预防，是指在对心理危机进行预测的基础上，通过控制、减弱或消除心理危机诱因，提高社区矫正对象自身的抗挫力，以防社区矫正对象产生心理危机的一系列活动。[1]心理危机预防有利于提高社区矫正对象心理健康水平，及早发现和识别社区矫正对象所遭遇的各种危机因素，尽早采取干预措施，避免危机事件产生更大影响。因而，不仅要追求危机干预的效果，心理危机的预防也同样重要。对社区矫正对象的心理危机预防工作是十分重要的。

相较于监狱服刑的罪犯，社区矫正对象的心理危机预防往往更加困难。这是由于社区矫正对象具有相当大的人身自由，社区矫正工作人员难以对其活动进行有效的监控，对其心理变化也难以及时发现，同时社区矫正对象也面临着比监狱服刑人员更多的不可控的心理危机诱发因素。尽管如此，对于社区矫正对象的心理危机预防也并非无计可施，可以开展心理危机预防教育，帮助社区矫正对象正确认识心理危机，也可以根据心理测验或谈话筛选出容易产生心理危机的社区矫正对象，对其进行有针对性的监管，还可以发动社区矫正对象的家庭和社会支持系统，关注社区矫正对象心理变化，及时给予关怀和帮助，发现问题及时向社区矫正机构汇报。

二、心理危机预测方法

（一）直接预测法

所谓直接预测法，是指有心理学素养和丰富实践经验的社区矫正工作人员，根据心理危机的表现特征，综合社区矫正对象入矫时的心理测评结果、矫正活动中的表现等，对社区矫正对象是否可能发生心理危机做出推测和判断。直接预测法的判断法主要依赖于社区矫正工作人员的心理危机知识素养、工作中积累的实践经验以及观察能力。

（二）心理测验法

心理测验法又称心理测量法，是指采用标准化的心理测验量表，对社区

---

〔1〕　刘邦惠等：《社区服刑人员的心理矫治》，科学出版社 2015 版，第 184 页。

矫正对象的心理特质进行定量评价的方法，以发现其心理和行为的变化情况。常用的心理测验量表有艾森克人格问卷（EPQ）、90 项症状清单（SCL－90）、生活事件量表（LES 量表，是对精神刺激进行定性和定量评估的自陈量表）、抑郁自评量表（SDS 量表，适用于具有抑郁症状的成年人）、焦虑自评量表（SAS 量表，适用于具有焦虑症状的成年人）、社会支持评定量表（SSRS 量表，是对社会支持情况的客观测定）等。心理测验法可以避免直接预测法的主观性，且可以大范围施测，能够实现对社区矫正对象迅速有效的评估。

（三）诱因调查法

诱因调查法是指通过对社区矫正对象心理危机的易感性因素预测，推测出该社区矫正对象发生心理危机的可能性。例如，对于失业的社区矫正对象，社区矫正工作人员可以帮助参加就业培训和就业招聘，避免因此产生心理危机。对于有人际关系障碍的社区矫正对象，可以鼓励其参加集体实践活动，锻炼其沟通能力，以避免因此产生心理危机。

三、心理危机预防措施

有效的心理危机预测措施能够将心理危机的危害降到最低，最大限度地保证社区矫正对象的心理健康，从而保证社会的安定和谐。

（一）建立心理危机预防评估体系[1]

当前，对于心理危机干预效果的评估体系已经具备，但是关于心理危机预防的评估体系则探究匮乏。只有建立起心理危机预防效果的评估体系，才能使心理危机预防更加科学化、完整化和独立化。可以以心理危机事件的发生率、心理危机事件的复发率、心理危机预防知识的知晓率等为评估标准。

（二）建立心理危机的三级预防机制

根据社区矫正工作的整体目标，结合社区矫正对象心理危机产生的原因，可以采取一般预防、重点预防和特殊预防相结合的三级预防体系。

1. 一般预防。一般预防是针对所有社区矫正对象开展的预防措施。主要的预防措施有，针对社区矫正对象常见的心理危机类型，开展心理卫生知识

---

〔1〕 高坡、齐新艳、闫纯苏：“我国大学生心理危机预防研究综述”，载《长江丛刊》，2018 年第 17 期。

宣传普及，加强社区矫正对象对心理健康和心理危机的认识，帮助他们正确看待心理危机，学会调节和控制情绪的方法，以及如何寻求心理帮助；开展不同类型的社区矫正教育活动，着重对社区矫正对象进行挫折教育、社会适应教育、人际关系教育、应激教育等，提高他们抵抗挫折的能力，增强其自我调节能力和社会适应能力；社区矫正工作人员应当尽可能地争取社区矫正对象的社会系统参与到社区矫正工作中，通过邀请其亲属或者朋友、同事参加讲座，让他们也了解心理危机的表现和心理危机的干预措施，并在日常生活中关心关注社区矫正对象身心健康，在危机事件发生时及时提供帮助和支持。

2. 重点预防。重点预防是以筛查出来的需要重点关注的社区矫正对象为预防对象，以减缓预防对象的心理危机症状，防止其症状进一步恶化为目标，对预防对象进行有效的咨询和帮扶。重点预防需要以快速而准确的心理危机预测为前提，需要社区矫正工作人员在社区矫正对象入矫时做好档案调查和心理测验，以便筛查出需要重点预防的社区矫正对象。特别是在重大突发事件、重大自然灾害，乃至重大活动的前后、节假日前后、家庭变故期，都是社区矫正对象思想波动的时期，加强对这些特殊时段的控制，有利于减少心理危机的产生。[1]此外，有抑郁心理的、长期患病的、遭遇不幸事件等都可能诱发心理危机的产生，因此对于有上述情形的社区矫正对象需要进行跟踪帮助，采取必要的咨询和治疗，帮助其正确面对生活中的危机事件。

3. 特殊预防。特殊预防是针对有可能发生心理危机的社区矫正对象，通过准确的心理危机预测方法，以减轻或消除其潜在的心理危机倾向，降低心理危机的影响，防止严重心理危机后果的产生。特殊预防主要以个别咨询和治疗为主，结合预防对象的潜在心理危机，有针对性地对其进行帮助。

（三）建立家庭、社会的预防支持系统

由于社区矫正对象具有较大的人身自由度，其心理危机的产生也常与家庭和社会人际交往有关，而社区矫正机构无法对其人身及活动进行有效的监控，这就需要家庭和社会的积极参与，配合好社区矫正机构，及时发现社区矫正对象不良的情绪反应，及时提供支持和帮助并及时报告给社区矫正机构，

---

〔1〕 柳维主编：《罪犯心理矫治》，暨南大学出版社 2009 年版，第 234 页。

这对心理危机的预防具有重要意义。从家庭的角度来讲，社区矫正机构应尽量让社区矫正对象的家属参与到心理危机干预工作中，对家属进行心理健康和心理卫生普及和宣传，让家属也了解心理危机干预的方法，鼓励家属对社区矫正对象给予支持和关心，帮助其寻求正确的心理援助。从社会的角度来说，社区矫正机构应当致力于普及社区矫正政策法规宣传，消除公民对社区矫正对象的偏见，宣传一些先进社区矫正对象的案例，提高全社会对社区矫正对象的接纳程度，这有助于缓解社区矫正对象回归难、就业难、接纳难等局面，进而有利于社区矫正对象的心理健康。

党的二十大报告提出，要"健全共建共治共享的社会治理制度"，"建设人人有责、人人尽责、人人享有的社会治理共同体"。这不仅回应了新时代社会治理实践的深刻变革和人民群众对美好生活的殷切期盼，更对社会治理现代化提出了新要求。社区矫正作为法治建设和社会治理现代化的一项重要工作，让公众参与社区矫正，不仅在为社区矫正对象回归社会提供帮教服务的行动和过程中，也在促进家庭、社会对社区矫正对象的接纳，提高社区矫正对象的心理健康水平的心理矫治工作中。建立心理危机的三级预防机制，正是社会治理观念和重视社区矫正工作中公众应有地位的一种举措。

任务4　（实训项目8）社区矫正对象心理危机干预技能训练

案例 8-2

小赵，男，23岁，初中文化，家住上海市某区。因抢劫被判处有期徒刑3年，缓刑3年，成为社区矫正对象。

小赵从小生活在农村，后随父母迁居到上海市，和一家四口人蜗居在不足15平方米的房子里，心情很压抑，自卑感强烈，逐渐产生自己不如别人的想法。小赵父母都没有文化，对小赵家教严格，希望小赵能努力学习改变命运，只要小赵学习成绩不理想或者犯了错误就恶语相向，非打即骂，企图通过暴力促使他改正错误。在这样的管教方式下，小赵渐渐对学习失去了兴趣，成绩越来越差，甚至厌学、逃学，跟社会上一些不良少年混在一起。案发前小赵整天泡在网吧里，沉迷于网络游戏。游戏中的暴力情景，使小赵潜移默化，深受其害，由此产生犯罪动机，最后因手头缺钱，小赵以非法占有为目的，唆使同伴采用暴力胁迫的方法劫取他人财物，构成抢劫罪。

小赵在接受矫正期间，在有关部门的帮助下，曾获得一份工作。但是，工作期间小赵与同事及领导的关系不是很融洽，小赵总是认为领导和同事戴着有色眼镜看他，看不起他，排斥他，总是觉得自己遭受到不公正的待遇，甚至有好几次与领导和同事发生激烈争吵，最终小赵以公司没有发展前途为由与公司解除了劳动合同，失去了工作。

个人感情方面，小赵近期遭受严重挫折，恋爱8年之久、感情深厚的女友跟他提出分手。小赵内心知道女友并没有错，问题主要出在自己身上，心里很自责，认为自己不争气还不珍惜对方，跟对方赌气，最终伤害了对方的自尊心。失恋后，小赵先是懊悔不已，责怪自己没有好好珍惜这份感情，认为再也找不到像前女友那样单纯善良、善解人意的女孩了，之后便陷入深深的绝望中，茫然不知所措，整日无所事事，以上网玩游戏来打发时间，不愿出去找工作，也不愿跟朋友交往，将自己封闭在家中，精神恍惚，萎靡不振。父母为此非常担忧，某天，经苦口婆心劝说无效后，父母采取剪断网络线的强制方法以阻止其沉迷游戏，由此激怒了小赵，小赵对父母出言不逊，此后双方一直处于冷战状态，彼此隔阂加深，继而造成亲子关系紧张。

在社区矫正工作人员和小赵接触过程中，社区矫正工作人员也发现小赵一些心理与行为的异常。比如，与社工约好个别教育的时间，小赵却经常不守时，而且时常在言谈中流露出对自己的前途缺乏信心，对于社工的帮教缺乏主动性，敷衍了事，对目前的生活缺乏积极的态度，有时会出现自暴自弃的消极情绪。社区矫正工作人员对小赵进行EPQ测试，结果显示：小赵性情较孤僻，对别人关注较少，对事情爱挑剔，环境适应性稍有不足；情绪欠稳定，有时伴焦虑紧张，易烦恼。通过90项症状清单（SCL-90）的测试，小赵抑郁分值、焦虑分值两项超过正常范围，属于中度抑郁和中度焦虑状态。经过进一步交谈发现，小赵有明显的抑郁和焦虑体征，如失眠早醒、食欲减退、体重下降、手心出汗等。小赵自己也坦言，最近自我评价非常低，经常处于悲观、沮丧、烦躁不安的状态，有时控制不住自己的情绪，忍不住哭泣，甚至出现憎恨社会的心理。[1]

请根据案例所反映的小赵的情况，结合所学知识，完成以下实训任务：

1. 分析小赵心理危机产生的原因。

2. 根据心理危机干预技术和策略，运用心理危机干预六步法，为小赵制定心理危机干预实施方案。

附：实训任务书和实训考核表

实训任务书

实训项目	1. 分析社区矫正对象心理危机的成因 2. 结合心理危机干预技术和策略，运用心理危机干预六步法为小赵制作心理危机干预实施方案
实训课时	2 课时
实训目的	学生通过模拟实训，学会分析判断心理危机的成因并选择适合的心理危机干预策略；学会运用心理危机干预六步法，解决案例中小赵的心理危机，从而具备心理危机干预工作职业能力
实训任务	1. 根据案例中所给的资料判断心理危机的成因 2. 根据心理危机干预六步法，对社区矫正对象进行心理危机干预
实训要求	1. 学生应提前掌握心理危机干预的技术和步骤 2. 指导教师应具备心理咨询师的资格并能带领学生完成实训任务 3. 学生要积极配合指导教师的指导完成实训 4. 根据实训需要将学生分成若干小组，采用小组合作的方式完成实训任务 5. 指导教师进行点评总结，每组学生根据教师的点评总结找出不足
实训成果形式	1. 实训总结 2. 心理危机干预六步法具体应用
实训地点	多媒体教室
实训进程	1. 教师讲解（利用多媒体教室介绍实训步骤和注意事项） 2. 阅读准备好的实训案例 3. 根据实训需要将学生分成若干小组 4. 小组进行讨论确定该案例中矫正对象心理危机的成因 5. 制定心理危机干预的实施方案 6. 指导教师进行点评总结，每组学生根据教师的点评总结找出不足

---

[1] 张昱主编：《社区矫正社会工作案例评析》，华东理工大学出版 2013 年版，第 91~92 页。

实训考核表

班级＿＿＿＿＿＿＿＿＿＿　姓名＿＿＿＿＿＿＿＿＿＿　学号＿＿＿＿＿＿＿＿＿＿

任务描述：通过模拟实训，掌握制定心理危机干预实施方案的技能，从而具备对社区矫正对象开展心理危机干预的能力。

项目总分：100 分

完成时间：100 分钟（2 课时）

一、实训过程与要求 1. 根据实训需要将学生迅速分成若干小组 2. 小组成员自行分配好所要完成的任务 3. 小组进行讨论确定该案例中社区矫正对象心理危机产生的原因，讨论可以采取的危机干预技术和策略 4. 根据任务书中的要求，制定心理危机干预的方案 5. 指导教师进行点评总结，每组学生根据教师的点评总结找出不足	分值：50 分 1. 实训过程与小组成员合作良好（15 分） 2. 实训演练认真、表现积极（15 分） 3. 能成功完成所有实训任务（20 分）	实训成绩评定为四等： 1. 优（100 分～85 分） 2. 良（84 分～70 分） 3. 及格（69 分～60 分） 4. 不及格（59 分～0 分） 注意事项： 1. 实训期间做与实训无关的操作，不能评定为"优" 2. 有旷课现象，不能评为"优、良" 3. 旷课 1 节及以上，评为"不及格" 4. 实训内容没有完成，评为"不及格" 5. 两份报告雷同，评为"不及格" 6. 具体评分标准由教师根据实训项目具体要求规定
二、实训表现与态度	分值：20 分 1. 无迟到（1 分） 2. 无早退（1 分） 3. 无旷课（3 分） 4. 实训预习、听讲认真（2 分） 5. 实训态度认真（5 分） 6. 实训中不大声喧哗（1 分） 7. 能爱护实训场所、设备，保持环境整洁（2 分） 8. 能完全遵守实训各项规定（1 分） 9. 实训效果好，基本掌握了心理危机干预的方法和所要完成的工作任务、具备了心理危机干预的工作技能（4 分）	

续表

| 三、实训总结
1. 实训中出现的问题及解决办法（对遇到的问题、问题产生的原因进行分析判断，把解决过程写出来）
2. 实训效果（本次实训有哪些收获，掌握了哪些知识、技能，存在哪些疑问等） | 分值：30 分
1. 按规定时间上交（5 分）
2. 格式规范（5 分）
3. 字迹清楚（5 分）
4. 内容详尽、完整，实训分析总结正确（5 分）
5. 无抄袭现象（5 分）
6. 能提出合理化建议或有创新见解（5 分） | |

评分人：　　　　　　　　　　　　　　　　　　日期：　　年　月　日

【课堂活动】

小王是个 20 多岁的姑娘，因犯有轻微罪行，在社区矫正机构进行矫正，近日，因事业爱情诸多不顺，情绪抑郁，切断一切联络离家出走，想选择一种自杀的方式结束自己的生命，司法所工作人员得知后，上报了社区矫正管理中心。社区矫正机构了解情况后立即指派专业心理咨询师、执法干警、矫正管理人员组成 3 人心理危机干预小组前往介入。

请同学们根据案例材料，为小王制定一个科学有效的心理危机干预实施方案。

【思考题】

1. 如何科学、合理地制定心理危机干预实施方案？
2. 在心理危机干预中应当注意哪些问题？

拓展 学习

心理危机干预六步法的应用

一例对患抑郁症并有自杀倾向的社区矫正对象的危机干预

基本情况：社区矫正对象刘某，男，45 岁，因危险驾驶罪被判处缓刑 3 个月，判刑前就有十几年的失眠和抑郁史，曾经有自残自伤的经历。进入司法所后情绪非常不稳定，不善言谈交际，喜独处静坐，没有明显的特长和爱好。最近妻子与其离婚，14 岁的儿子随母亲，离婚后随着妻子与儿子离开，该社区矫正对象再次流露出轻生的念头。

一连串的生活变故，让刘某内心十分痛苦、绝望，但始终没有主动要求咨询。社区矫正工作人员发现刘某的情况后上报社区矫正机构，矫正中心心理咨询师决定主动对刘某进行危机干预。[1]

通过心理咨询师和刘某的访谈，心理咨询师了解到刘某目前对自己十分绝望，认为自己的社区矫正对象身份让他很自卑，不愿意与外人交往，总认为别人会带着歧视看待自己。妻子带走儿子之后，家也没有了，人到中年，工作和生活都毁于一旦，内心非常绝望和痛苦。

通过当事人的讲述，结合当事人诱发心理危机的事件，心理咨询师认为刘某心理危机的表现有：

1. 生理方面。刘某被判刑后一直食欲不佳，对他平时喜欢的菜品也提不起兴趣；睡眠质量有所下降，常常难以入眠。

2. 情绪方面。刘某一方面表现出自卑、绝望情绪。认为自己的社区矫正对象身份会受到他人歧视，抬不起头，对未来生活很绝望。另一方面表现出后悔情绪。刘某十分后悔自己一时糊涂的犯罪行为，同时也恨自己为父母带来的痛苦和困扰，认为自己无颜面对家人，连妻子和儿子都看不起自己，因而难以原谅自己。

3. 行为方面。担心自己因社区矫正对象的身份被歧视，不愿意别人知晓自己社区矫正对象身份，不愿工作和参加社交活动。常常感受到孤独，会一个人流泪，打自己。

根据案例可以分析得出刘某心理危机的产生原因：一是因为自己正处于中年危机，又遭遇自己被判刑，社会地位的变化使得刘某很难适应，出现认知偏差。二是离婚事件给刘某带来的心理冲击，失去家庭的温暖，让刘某倍感绝望，失去活下去的勇气。

---

〔1〕　刘丹福、李芳主编：《社区矫正人员心理矫正》，中国政法大学出版社 2015 年版，第 178 页。

心理评估：

该社区矫正对象 EPQ 心理测试的结果是：E = 41；N = 69；P = 50；L = 45。据此结果分析：该社区矫正对象的性格特征为内向不稳定型，具有明显的变态心理倾向。为进一步诊断心理状态，心理咨询师又对他进行了有关心理健康方面的测查。结果显示，他在 4 项重要心理健康指标方面都有问题，而且总分超过了健康警戒水平。调查还获悉，该社区矫正对象入矫前有过自杀行为倾向，目前又遇重大生活事件，流露出较强的轻生绝望念头。

心理危机干预实施流程：

1. 明确问题。心理咨询师首先翻阅刘某入矫的档案，了解其入矫后的动态。随后到刘某父母家中家访，了解刘某的成长经历和家庭关系情况，最后用真诚、尊重、热情的态度与刘某进行访谈，借助心理测试量表，通过倾听，了解刘某内心的想法，明确其发生心理危机的原因。借助前文提到的专栏 7 - 1 对刘某进一步访谈。

● 我遇到的问题或麻烦：

我不想出门，更怕见到熟人，因为我觉得现在这个身份，很丢人，也不敢出去找工作，害怕别人嘲笑我歧视我，我觉得自己糟糕透顶了。我觉得生活一点意义没有，我对不起家人。

请使用以下步骤来处理这个问题：

步骤 1：停下来，想一想

● 我的感受和想法是什么？这些想法、感受和身体感觉是否已经告诉我正在面对这些麻烦？

我现在就感到十分后悔，我酒后不听劝，怀着侥幸的心理，醉酒驾车，结果被判刑，工作也没有了，家庭也散了。我十分后悔，十分自责，我很恨自己当初犯下的过错。我也很迷茫，不知道将来能干什么，这辈子或许就这么完了吧。

● 我的这些感受和想法是否会带来危险，是否会使问题更糟糕，给我带来更多的麻烦？

这些感受已经让我吃不下睡不着，整天什么也不想干，每天都活在痛苦和绝望中，这给我带来很多麻烦，使我变得越来越差劲，可是我也不知道我该做些什么改变自己这样的状态。

然后，做3件事情：

●先不要说话，我应该：深呼吸，让自己现在不要这么激动；

●找一个个人空间，我应该：个人空间就是我自己的卧室吧，我想对着墙壁喊出我心中的痛苦；

●使自己的大脑冷静下来，我应该：深呼吸，或者听点放松的音乐，或者让你们帮助我。

步骤2：对问题进行描述

●我感到：很痛苦绝望，人到中年，工作也没有了，家人也离我而去，我一事无成，还犯罪了，真的很丢人，我感到前路漆黑一片，感到社会已经没有我的立足之地了。

●因为：我是社区矫正对象身份，这是我的一个污点，我永远都要背负这个污点，让我在家人朋友面前抬不起头，被人歧视和嘲笑，没有办法交到朋友。没有办法获得光明的未来。

●如果我：一直害怕自己社区矫正对象的身份被大家嘲笑，被大家不信任，并且不再见任何熟人，不再继续工作，这种行为可能会导致不良后果。

●我的实际反应是：我确实因为害怕被他人轻视，不参与任何社交，也不再和好朋友们联系，我辞去了工作，也不愿走出去找工作。

步骤3：收集信息，设定目标

●信息：事情的真相？

我就是社区矫正对象，这个身份为我带来了很大的困扰。我现在工作没了，也不敢出门。

●其他人的想法和感受？

我知道我的家人，我的父母和姐姐都很关心我，他们一直安慰我，鼓励我重新振作起来，给我温暖。我的几个好朋友也给我打过电话，询问我近况，我知道他们都很关心我。

●我的观点和信念？

社区矫正对象的身份让我抬不起头做人，我觉得我这辈子毁了，未来我也不知道我要干什么，我真的没有勇气去面对外人的眼光，我真的很害怕别人的嘲笑和歧视。

● 目标：我想达到什么目标？

我要有勇气走出去，克服因他人态度而造成的恐惧感，我不要一直在家，我要为家里人做点事，承担我应负的责任，也要为我自己的人生负责。

2. 保障安全。心理咨询师将刘某的轻生念头告知了负责管理的社区矫正工作人员，同时联系其家中的父母和姐姐，告知其情况，让他们看好该社区矫正对象，将其身边的危险工具拿走，并且随时注意刘某的动向，不让其到危险的地方去。

3. 提供支持。心理咨询师在访谈中了解到该社区矫正对象的姐姐和父母对其都很关心，刘某也时常与他们倾诉，所以此次危机干预心理咨询师请求刘某的父母和姐姐的配合，让父母和姐姐多多关心刘某，让刘某能够感受到来自家人的关怀。同时，让家人鼓励刘某多和朋友交往，参加社会实践活动，让其体会到自己并没有被社会抛弃，体会到来自朋友的支持，让其重新燃起生活的希望。

4. 提出应对方式。①帮助刘某宣泄情绪。心理咨询师首先向刘某表示理解和关心，使用尊重、热情、共情的技术，让刘某感受到来自心理咨询师的关怀。鼓励刘某说出目前的感受，心理咨询师在聆听过程中全身心投入，并通过眼神关注和点头的方式予以适当回应。当刘某说到激动之处时，心理咨询师轻拍其肩膀，给予支持。这对刘某来说也是一种宣泄的过程。在刘某宣泄的过程中，心理咨询师通过倾听、安慰，以及讲述励志故事，来安抚和鼓励刘某重拾生活的信心。②放松训练。针对刘某心理测验的结果，心理咨询师决定先教刘某一些放松训练的技巧，以缓解其焦虑和抑郁情绪，防止更恶劣的事情发生。心理咨询师现场示范了呼吸放松和肌肉放松的方法，并将想象放松的录音交予刘某，让刘某在感到痛苦或焦虑时，自己学着进行放松训练。③理性情绪疗法，调节不良认知。当刘某情绪恢复平静后，心理咨询师开始采用此项技术。首先，让刘某认识到自己的信念——成为社区矫正对象后就没有前途和美好未来是一种糟糕至极和绝对化的不合理信念，妻子仅仅因为自己的罪行与自己离婚也是一种不合理的信念。说服刘某认识到自己的信念是不合理的，并鼓励其树立合理的信念———定程度上社会上确实存在对社区矫正对象的污名化现象，但只要通过努力，还是有希望取得事业成功和家庭幸福的。

5. 制定计划。心理咨询师与刘某共同商讨制定计划来改变刘某的失衡状态。发挥刘某的充分参与性、主动性及自主性。在制定计划的过程中，每一步都先征得刘某的同意，确实是完全可以实施和做到的，才写到计划里面。

6. 获得承诺。让刘某签订自己愿意按照计划进行改变的承诺书，之后的大多数时间要靠刘某自己来完成任务，如果有需要可以联系社区矫正工作人员或者心理咨询师。

效果及反馈：在干预结束阶段，心理咨询师对其进行了心理测验，结果如下：抑郁自评量表（SDS）测验结果：总粗分为 35 分，标准分为 44 分。

可见，刘某的抑郁指数达到了比较正常的水平。在干预结束 15 天后对其进行回访，心理咨询师发现刘某的精神状态有所好转，与姐姐、父母能够有良好的沟通。干预 1 个月后再次对其进行回访，工作人员了解到刘某积极参与了一起社区的公益活动，不再排斥与熟人见面，并且打算去找新的工作。

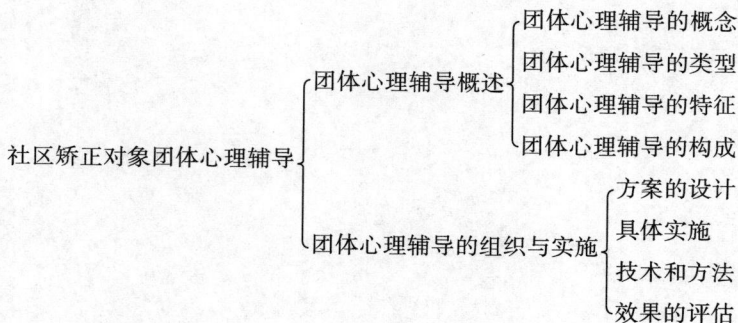

项目九

社区矫正对象团体心理辅导

知识树

社区矫正对象团体心理辅导
- 团体心理辅导概述
  - 团体心理辅导的概念
  - 团体心理辅导的类型
  - 团体心理辅导的特征
  - 团体心理辅导的构成
- 团体心理辅导的组织与实施
  - 方案的设计
  - 具体实施
  - 技术和方法
  - 效果的评估

🔍 **案例 9 - 1**

为提升社区矫正对象的心理健康水平，增强社区矫正对象的社会适应能力，消除其负面情绪，帮助其以全新的面貌和健康的心态更好地融入社会与生活。2021 年 6 月 16 日，青海省共和县司法局邀请了青海欣驿心理咨询服务中心赵老师组织社区矫正对象开展了以"风雨同舟"为主题的团体心理辅导活动，由赵老师带领大家做了滚雪球、情绪复印机、风雨同舟等游戏，在一个多小时活动中，会议室内不时响起欢声笑语，现场互动热烈，妙趣横生。通过这几个小游戏，一方面让社区矫正对象彼此之间有了互相的了解和信任，另一方面，让社区矫正对象用自己的行动，有力诠释了"团结就是力量"的道理，只要大家劲往一处使，遇到事情有效沟通，就没有什么不能克服的困难。游戏结束后，赵老师鼓励社区矫正对象以积极乐观的态度面对生活，同时强调其在生活中遇到冲突后，要理智地解决问题，不要过于激动而再一次犯罪。此次活动，不仅使社区矫正对象的心理压力得到了充分的释放，进一步提高了他们对他人的信任感和责任感，而且还培养了团队意识、团结协作精神，为他们今后更好地融入社会和生活打下了良好的心理基础。[1]

任务 1　社区矫正对象团体心理辅导概述

任务 1.1　团体心理辅导概念

团体心理辅导是指在团体情境中提供心理帮助与指导的一种心理辅导形式。它是通过团体内人际交互作用，促使个体在交往中通过观察、学习、体验，认识自我、探讨自我、接纳自我，调整和改善与他人的关系，学习新的态度与行为方式，以发展良好的适应性助人过程。社区矫正对象团体心理辅导是团体心理辅导技术在社区矫正对象群体中的应用，成员在团体带领者的

---

〔1〕 "共和县司法局组织社区矫正对象开展心理团体辅导活动"，载青海普法百家号，https://baijiahao. baidu. com/s？id = 1702782616827303675&wfr = spider&for = pc，最后访问时间：2022 年 8 月 20 日。

帮助和指导下，通过各种活动的体验，成员间的交流分享，学习与感悟，以达到自我改变、自我成长的过程。

调查研究发现，社区矫正对象普遍存在焦虑、抑郁、内疚、自责、愤愤不平、感到委屈等不良情绪，对于这些不良的心理问题，需要及时化解，以提高社区矫正教育改造工作的质量和效果。由于目前我国从事社区矫正工作的专职人员相对较少，具有心理学专业知识背景的人员更是少之又少，需求和供给存在明显矛盾。为保证社区矫正对象心理矫治工作既有一定的覆盖面，又能更好地达到教育改造的目标，矫正工作人员可以采取团体心理辅导的方式，在相对轻松、温暖的氛围里，团体成员在带领者的指导下，体验各种心理活动，自由交流分享，获得新的人生感悟，并把学习到的知识和方法运用到实际生活中。由于团体心理辅导活动形式新颖，内容贴合社区矫正对象实际生活，因而更容易提高团体成员参与的积极性和主动性，从而达到心理辅导的预定目标，并将社区矫正对象心理矫治工作更好地落到实处。团体的带领者一次可以处理多个成员的心理问题，大大提高了工作效率，也为更多有心理需求的矫正对象提供了专业的服务。

这里需要注意的是，由于团体心理辅导对带领者的要求相对较高，在实际工作中，我们还需加强团体心理辅导带领者队伍建设的专业化培训，努力培养更多的高技能人才，更好地深入实施"人才强国战略"。

任务1.2 团体心理辅导类型

团体心理辅导，要"透过现象看本质，把握好全局和局部、当前和长远、宏观和微观、主要矛盾和次要矛盾、特殊和一般的关系"，因此要根据不同的团体类型开展心理辅导工作，以达到事半功倍的效果。

根据划分标准的不同，可以把社区矫正对象团体心理辅导划分为不同的类型。以下介绍几种常见的划分类型。

一、根据性质和功能分类，可分为发展性团体辅导、训练性团体辅导和治疗性团体辅导

（一）发展性团体心理辅导

发展性团体心理辅导主要是通过团体成员的主动参与、自我探索，从而促进个人素质的发展，以自我成长与完善为重点。参加者主要是健康的正常人或存在某些烦恼的正常人。该类型辅导应用广泛，主要针对社区矫正对象的个人成长及适应不良等心理问题。

（二）训练性团体心理辅导

训练性团体心理辅导的主要功能在于为团体成员提供一个实验环境，通过团体成员相互作用的体验，学习对自己、对他人、对团体的理解和洞察，并掌握如何处理这些人际关系的技能。着重帮助成员去学习新的行为，改变不适应的行为，并通过练习使新的行为得到巩固。参加人数一般在 10～15人，针对社区矫正对象团体的主题活动有提高自信心、提高沟通能力和表达能力等。

（三）治疗性团体心理辅导

治疗性团体心理辅导主要是通过团体中所提供的支持、关心、感情宣泄等特有的治疗因素，以改变成员的人格结构，使他们达到康复的功能。该团体往往针对社区矫正对象的某些异常行为，如焦虑、抑郁、性心理问题等，治疗持续时间较长，对带领者的要求也相对较高。

二、根据成员的构成分类，可分为同质性团体辅导和异质性团体辅导

（一）同质性团体心理辅导

同质性是指团体成员自身的条件、背景或问题具有相似性。该团体的好处是成员的相似性使他们容易彼此认同和沟通。常见的团体形式有未婚青年团体、压力适应团体、情绪调控训练团体等。这里需要注意的是，对于同质性的矫正对象，在开展团体心理辅导活动时，要注意团体名称的设置，避免成员被他人"贴标签"，不利于团体的发展。

（二）异质性团体心理辅导

异质性是指团体成员的条件或问题差异大，年龄、经验、地位等不同的人组成的团体辅导。由于该团体成员具有不同经验和不同适应模式，便于团体成员学习建立新的行为模式。这里需要注意的是，由于异质性团体成员之间差异较大，在沟通交流和信任关系的建立上需要带领者更多的耐心。社区矫正对象中出现行为偏差的成员人数比例不能太大，要确保团体正向力量要大于负向力量，以便于团体更好的发展。

三、根据结构化程度分类，可分为结构式团体辅导和非结构式团体辅导

（一）结构式团体心理辅导

结构式团体心理辅导是指事先做了充分的计划和准备，安排有固定程序的活动让成员来实施的团体辅导。该类型辅导比较注重团体所要达到的目标，带领者身份明确，常采用较多的互动技巧，促进团体发展。人数可以是数十至数百人；时间上有短程的，如开展一两次的，也有长程的，如开展数十次的；交流层次有浅有深，一般适合年轻团体成员。这种方式在社区矫正心理矫治工作中应用广泛。本项目内容主要针对结构式团体心理辅导进行详细介绍。

（二）非结构式团体心理辅导

非结构式团体心理辅导是指不安排有程序的固定活动，带领者配合成员的需要并根据团体动力的发展状况及成员彼此的互动关系来决定团体的目标、过程及运作程序。带领者身份不易被察觉，多以非指导的方式来进行。团体成员人数一般在 10 人左右，时间可长可短，交流层次较深，一般适合年龄较大、心智成熟、表达能力较强的人。

四、根据团体成员固定程度不同，可分为开放式团体和封闭式团体

（一）开放式团体

开放式团体是指团体成员具有流动性，不固定，其加入或退出相对自由，团体尊重个人的意愿和实际情况。

（二）封闭式团体

封闭式团体是指团体成员固定不变，从团体辅导的开始到结束，成员保持不变，中途不能随意退出，也不允许新的成员加入团体。

五、根据成员人数划分，可分为大型团体、中型团体和小型团体

大型团体的人数一般在 40 人以上，中型团体的人数为 15～40 人，小型团体的人数一般为 8～12 人。

在实际工作中，社区矫正工作人员需要根据社区矫正对象的实际需求和团体心理辅导的具体主题目标开展不同类型的团体心理辅导活动。团体心理辅导活动的带领者需要经过专业的培训，具备基本的职业技能和职业规范，

具有健康的人格特征，以帮助社区矫正对象调节不良情绪状态，改善不佳的人际关系等心理问题。

任务1.3　团体心理辅导特征

对社区矫正对象开展团体心理辅导，要引导矫正对象"冲破思想观念束缚"，积极互动、营造和谐的团体氛围，使矫正对象在生动有趣的活动中有针对性地完成辅导。

团体心理辅导不同于一般的心理健康教育课，也不同于个别心理咨询，具有以下几个方面的特征：

一、团体活动的互动性

团体心理辅导中的各个环节是由不同心理活动构成的。互动性是团体心理活动的最基本特征，也是团体达成目标的重要条件。在团体心理辅导中，每个团体成员认知的改变、新行为的建立和强化，都依赖于团体成员间的交流和互动。互动的前提是团体成员的共同参与。带领者需要促使每个成员都有话说，让每个成员都想说话。互动的过程也是一个多向沟通的过程，体现在领导者和成员之间，成员与成员之间。在团体的情境下，成员可以向不同人学习，也可以从多个角度观察和认识自己的问题或烦恼。

二、矫正对象的主体性

社区矫正对象团体心理辅导就是在团体动力的影响下，通过成员之间的活动的体验，交流和讨论，获得感悟，并不断成长。这里需要强调的是带领者在团体活动中要突出辅导对象的主体地位，在了解团体成员的具体情况后，尊重每位成员的个性特点，对团体进行有针对性的教育、指导与帮助，激发团体成员的进取心与内在力量，运用启发式问话方式，鼓励团体成员学会独立地分析问题和解决问题。通过成员之间相互支持、集思广益，共同探寻解决问题的办法，既减少了对领导者的依赖，也增强了每个成员解决问题的能力和信心。

三、带领者的引导性

由于目前国内社区矫正工作人员数量相对较少，工作任务繁重，矫正对象的团体心理辅导的带领者组成比较复杂。既有社区的司法行政人员，也有各行各业的志愿者以及做某些调查研究的专业工作者。社区的司法行政人员作为团体心理辅导的带领者，还需不断提高其专业化的训练技能。对于专业的团体心理辅导带领者需要提前熟悉社区矫正对象的情况及相关法律知识。无论哪种人员作为带领者，都需要和团体成员建立良好的信任关系，在合适的时间用适当的方式引导成员自我探索，发现自己的问题，分析这些问题产生的原因并掌握解决这些心理问题的方法和技巧。团体心理辅导一般情况下避免对团体成员作否定性评价。

四、团体氛围的和谐性

团体心理辅导是每个团体成员自我认识、自我探索、不断成长的一个历程，它需要在温暖、安全，彼此尊重、接纳、理解、信任的氛围中，放下个人的防卫意识，与其他成员进行深入的讨论与分享，彼此给予回馈、鼓励和建议。因此，团体心理辅导的带领者要转换"教育者"的角色，努力营造一种平等、和谐、共融的气氛。要建立这种和谐的团体氛围，就需要带领者具备良好的人格特点和专业的咨询技能，对团体成员做到尊重、真诚、共情、积极关注等，同时具备爱岗敬业、一丝不苟的职业精神及诚实守信等基本的职业道德规范。

五、活动形式的趣味性

在结构式团体心理辅导中，精心设计好的活动内容和活动形式是团体辅导成功的关键。团体成员往往从情境体验开始，通过不同的活动感悟，引发他们的情感共鸣。因此，团体活动的设计要生动有趣，使成员喜闻乐见，专注投入。辅导过程中可采用角色扮演或小品演绎的方式，也可采用头脑风暴法激发成员集思广益，充分参与，最大限度地发挥成员参与的积极性和主动性。

六、辅导内容的针对性

团体心理辅导虽然需要注意活动的设计要生动有趣，但它并不是各种心理游戏的简单堆砌，需要考虑团体心理活动的总体宗旨和各阶段目标。团体心理辅导是否成功，并不是看成员在活动过程中是否开心，团体氛围是否轻松愉快，而是看团体是否实现了活动目的，因此团体心理辅导的内容选择要有针对性，根据矫正对象的不同特点，有目的地选择。例如，针对不良情绪的矫正对象，要开展以情绪调适能力培养为主题的团体心理辅导活动；针对自卑的矫正对象，要开展以正确认识自我、接纳自我为主题的团体心理辅导活动。

相对于个体心理咨询而言，社区矫正对象团体心理辅导具有以下优势：①参与度高，互动性强，感染力大，影响广泛；②辅导工作的效率高，省时省力；③辅导效果容易巩固，学习结果容易迁移；④适用范围广，特别适用于人际关系适应不良的矫正对象。

矫正对象团体心理辅导虽然优点很多，但也存在一定的局限性，主要体现在以下几个方面：

第一，个人深层次的问题不易暴露。由于团体心理辅导面对的是多个矫正对象，在信任关系没有良好建立时，其个人的深层次问题不易暴露。

第二，个体差异难以照顾周全。由于团体成员较多，团体心理辅导主要解决的是大多数矫正对象存在的共性问题，领导者在团体辅导过程中很难顾全到每个成员。一般而言，同一团体中，往往是投入快、积极参与的成员收获更多些。

第三，有的成员可能会受到伤害。团体成员要想获得成长，都需要进行自我暴露。然而在其他成员面前暴露自己痛苦的经历或者隐私，可能存在一定的风险，如果这些隐私被其他成员无意间泄露，或者被其他成员作为攻击的话题，这将会给该成员造成伤害，领导者需要保持高度的警惕。

第四，对领导者要求高。矫正对象团体心理辅导对领导者的人格特质、专业训练、技术方法、临床经验和伦理道德等方面有更高的要求，不然的话，很容易因个人能力而给团体成员带来负面影响。因此，一个优秀的团体心理辅导活动的领导者，应具备丰富的辅导经验，接受过严格的专业培训以及专业督导，不断自我觉察、学习成长，才能胜任该工作。

任务1.4　团体心理辅导功能

通过团体心理辅导丰富矫正对象的"精神世界"，提高其道德水平，"弘扬诚信文化"实现"讲信修睦、亲仁善邻"。从而起到矫治其不良心理，预防其重新违法犯罪的作用。

团体心理辅导对矫正对象的心理矫治及教育改造工作起到积极的促进作用，并具有教育、发展、预防及治疗四大功能，这些功能相互联系，相互渗透，在整个辅导过程中共同起作用。

一、教育功能

矫正对象出现心理问题，很多时候是适应不良造成的，如何提高他们的适应能力，建立和谐的人际关系，是社区矫正对象团体心理辅导中教育功能的重要体现。通过团体心理辅导中人际相互作用的积极体验，引导团体成员习得如何有效交往、如何解决问题、如何做决定、怎样表达自己的意见等。同时也有助于培养其社会性，习得社会规范及适应社会生活的态度与习惯，明白人际交往中要相互尊重、相互了解，从而形成更为有效的应变能力。可以说团体心理辅导是通过团体成员的相互作用，协助个体增进自我了解、自我评估、自我发展与改善的一个自我教育的过程。

二、发展功能

团体心理辅导十分重视人的心理成长与发展。我们每个人在成长过程中，都会遇到各种困难和成长性烦恼，这些问题如果得到合理的解决，人就能够得以成长。通过团体心理辅导，帮助矫正对象学习解决心理问题的方法，提高其问题解决的能力，充分发挥潜能，培养健全人格。在团体心理辅导过程中，通过成员的主动参与和自我探索，改变认知中的偏差，转变不合理的行为方式，增加矫正对象对自己、对他人、对生活、对未来的信心和希望，从而达到促进个人发展的目的。

三、预防功能

团体心理辅导的预防功能，体现在既可以预防心理问题的发生，也可以有效预防社区矫正对象重新违法犯罪。在团体中，成员之间相互交流探讨遇到的心理问题及可行的解决办法，培养问题处理的能力，同时成员之间彼此接纳与支持，可以满足人们内心的归属感和相互关爱的需要，这些都可以预防再犯罪或减少出现心理问题的概率，提高个体的心理健康水平。

四、矫治功能

团体心理辅导通过对成员所存在的心理问题进行分析，制订有针对性的团体辅导方案，实现对不良情绪、认知与行为的矫正。该矫治功能可以通过多种途径实现。由于团体心理辅导的情境比较接近日常生活与现实状况，通过设置有针对性的团体活动，对处理矫正对象的情绪困扰和心理偏差行为，有良好的效果。成员在团体中多次的行为训练，通过观察学习等行为的模仿，均可以促进个体不良行为的矫正，培养新的行为。

🔍 **案例 9 – 2**

2012 年 7 月，北京市昌平区司法局，在北京市昌平区城北司法所选取管辖区内 15 名社区矫正对象，开展了前后共 3 周，每周一次，每次持续两个半小时的团体心理辅导活动。团体带领者由中国政法大学心理咨询中心的专职心理咨询师担任，所内几名司法干警和司法助理全程参与了整个过程。本次对社区矫正对象团体心理辅导效果评估采用问卷调查法，根据自我主观评价量表和成员参与活动的自我总结，发现通过团体心理辅导，社区矫正对象在心理上产生了积极感受，主要体现在：①提高自我认知能力，缓解紧张情绪，增强情绪调控能力；②缓解心理压力，增强应对挫折的能力和信心；③强化了对自身错误的认识，激发起积极改造自己的自觉性和主动性；④感受到了各级政府的关怀，懂得了感恩。

任务 2　社区矫正对象团体心理辅导的组织与实施

任务 2.1　团体心理辅导前的准备工作

开展社区矫正对象团体心理辅导，带领者需要在辅导开始前进行大量的准备工作，做到"未雨绸缪，防患于未然"。

一、团体心理辅导前的工作内容

（一）了解服务对象的潜在需要

通过对社区矫正对象实际生活的观察，与社区矫正工作人员的访谈，了解矫正对象常见的心理困惑及有待解决的问题。

（二）确定社区矫正对象团体的性质、主题与目标

根据社区矫正对象和社区矫正工作的实际需求，确定该团体心理辅导的性质、团体活动的主题、活动的总目标和每次活动的具体目标。

（三）搜集相关文献资料

当团体性质和目标确定后，带领者需要查阅资料，搜集相关文献，为团体设计提供理论支持。同时也要了解类似团体以前是否有人带领过，有哪些可以借鉴的经验及需要避免的问题。

（四）完成社区矫正对象团体心理辅导计划书

当有关资料准备充分后，领导者及其助手需要考虑活动的时间、地点、规模、效果评估、道具及费用等问题，完成团体心理辅导计划书。

（五）规划团体心理辅导整体流程及实施情况

详细规划出社区矫正对象团体心理辅导的整体流程，如何招募成员，怎样甄选成员，活动具体组织和实施的细节，当出现特殊情况时，根据团体的需求，要提前准备一些备用活动及所需材料，视团体发展的具体情况来灵活调整原先的辅导计划。

（六）对团体心理辅导计划书进行讨论或修订

设计好的团体心理辅导计划书可先在同类型组成的小团体中实践一次，与同行、督导讨论试用结果后，再加以修改完善。

二、评估和甄选成员

一般而言，社区矫正对象团体心理辅导的效果与团体成员是否乐于参加，是否积极投入有关，团体与成员要相互配合得宜，才能产生积极效果。团体带领者需要对团体成员进行筛选，针对有特殊情况的矫正对象，需要通过观察、面谈或收集其相关信息资料后，再决定其是否适合参加，以避免对其他成员造成伤害，不利于团体的发展。为使团体有更好的成长动力，团体心理辅导带领者在甄选成员时，存在行为偏差的成员人数不能过多，确保团体中始终具有积极的正向力量。

（一）团体成员甄选常用标准

团体心理辅导甄选团体成员需要从成员的个性特点、心理健康状况、过往经历、动机等多方面考虑，以下列出了一些甄选成员的常用标准。[1]

1. 优先参加团体的条件。基于团体动力和功能等方面考虑，具备以下条件的成员应予以优先选择：自愿参加；成长动机强；与他人相处自在；无明显身心疾病；参加动机与团体性质相符；过去未曾参加同类型的团体；具有一般表达能力；没有与其他成员明显差异的特质（如唯一的女性，唯一的未成年人等）。

2. 不适合参加团体的成员。不适合参加团体的成员，自身不能通过团体获益，反而会给团体带来不良影响，一般包括：极端的自我中心者、自恋狂、过度怀疑他人、极度依赖者、具有分裂和怪异行为倾向者。有脑伤、妄想症、精神疾病、社会功能障碍、极度躁狂症或忧郁症、自杀倾向等心理不健全者，处于危机状况中的人也不适合马上加入一般团体。概括而言，五种人不适合参加团体：丧失对现实知觉的精神病患者；严重程度的精神官能症者；情绪明显不稳定的人；面对压力会有身心症状的人；正处于危机状态的人。

但是对于治疗性团体，出于特殊的治疗目标，人格方面有障碍的人、神经症患者、康复期精神病患者却是合适的人群。

（二）团体成员甄选常用方法

1. 面谈法。带领者与潜在团体成员的面谈，可以评估该矫正对象是否适合参加团体心理辅导，对其背景、精神状况、个性特点、参加动机、问题类型、个体需求等有初步了解。同时也可以对其介绍本次团体的目标、内容、辅导过程、带领者的实务经验和专业背景、团体成员须配合的事项、是否可以中途退出、是否收费、是否录音录像等内容，一般面谈时间为 15 分钟~25 分钟。这里需要注意，面谈对象不仅限于团体潜在成员，带领者也可以通过对矫正对象的帮教小组成员面谈，以便更全面地了解他们。

2. 心理测验法。团体带领者可以采用心理测验来评估矫正对象是否适合参加团体心理辅导，测验主要关注个体人际关系方面的三个层面：一是成员能否与其他人建立良好的关系；二是个人对权力的态度；三是个人坚持自己原则的程度。利用测试结果，不仅可以评价该矫正对象是否适合参加团体，而且可以决定将有同类型倾向的人组成团体还是不同类型的人组成团体。

---

〔1〕　樊富珉、何瑾编著：《团体心理辅导》，华东师范大学出版社 2010 年版，第 13 页。

3. 书面报告法。成员甄选还可以采用书面报告法，即要求矫正对象书面回答一些问题作为甄选成员的依据。常见问题有：你为什么想参加这个团体？你有什么问题希望在团体中得到帮助和解决？你认为自己可以为团体做出哪些贡献？同时可以简单写一份自我介绍，说明自己生活中的重要事件与人物。（如表9－1所示）

表9－1　　团体成员报名资料

姓名		性别		年龄	
矫正单位		文化程度		婚姻状况	
职业		罪名		刑种	
矫正类别		矫正期限		刑期起止时间	
自我介绍					
自我评量	（请根据个人情况，于下列问题中填入1~7的点数，1代表非常不同意，7代表非常同意） 1. 我想参加团体（　） 2. 与人相处感到自在、自然（　） 3. 我喜欢通过别人的经验来促使自我成长（　） 4. 我会全程参加各次团体活动（　） 5. 我会配合遵守团体的有关规定（如完成作业）（　） 6. 在团体中，我愿意用心参加，适当自我开放，分享经验（　）				
团体经验					
备注					

填表时间：

说明：

1. "团体经验"一栏填写个人过去参加团体的经验，如无则填"无"，如有则注明参加团体的名称、日期、领导者、地点、个人感受等内容。

2. "自我介绍"简要描述个人的个性、兴趣、专长、人际关系、成长经验、犯罪原因、参加动机、对团体的期望等。

3. "备注"：填其他有关对本团体或团体带领者的意见。

任务2.2　团体心理辅导方案的设计

设计团体心理辅导方案必须不忘团体心理辅导的初心和使命，使团体心理辅导方案具备实用性和可操作性，以实现团体心理辅导的最终目的。

方案的设计是社区矫正对象团体心理辅导顺利进行的有效保证，也是团体带领者的必备技能。

一、社区矫正对象团体心理辅导方案的设计内容

完整的团体心理辅导方案一般包括10项内容：

（一）团体性质与团体名称

团体性质要说明该团体结构化程度，该团体是发展性、训练性还是治疗性的。团体名称可以包括团体学术名称和宣传名称。学术名称体现团体的真实目的和服务对象，而宣传名称需要具有新颖、生动，有吸引力等特点。这里需要注意团体的名称尽量用正面的词语，切忌使用负面的语言。例如对社区矫正对象不良情绪调适的辅导，宣传名称可以是《我的情绪我做主》。

（二）团体目标

团体目标包括总目标、阶段目标、（单次）活动目标。总目标是团体辅导的总方向，阶段目标是根据团体发展的历程而设定的，活动目标是指每一次团体活动的具体目标。例如，针对社区矫正对象的人际关系团体，总目标可以是提高社区矫正对象的人际沟通水平；阶段目标分别可以是让社区矫正对象认识沟通的重要性，找出自己人际沟通存在的问题，学习人际沟通技巧等；活动目标可以是在"盲行"活动中感受信任和相互帮助，在"倾听练习"中学习如何倾听等。

（三）团体带领者

团体带领者包括带领者的学术背景以及带领团体经验。在带领过程中最好有经验丰富的专家进行督导，以提供专业性的指导。

（四）团体对象与规模

在团体计划书中要明确团体对象的具体特征，成员的人数等。一般来说，以教育或发展为目标的团体，参与的成员可以相对较多，可达30人左右，在

活动时可以分成 3~4 个小团体，并且需要配有助手。咨询或治疗性团体人数不宜过多，一般 6~8 人；训练性团体一般 10~12 人。

（五）团体活动的时间

包括计划总时间、次数、间隔时间以及每次活动的时长。根据社区矫正工作的实际情况和矫正对象的现实特点，来确定团体活动的次数和间隔。每次活动时间要适宜，一般一周一次，一次 90 分钟~150 分钟。如果活动时间过短，会影响成员的参与程度，而活动时间过长又会造成领导者和团体成员的负担，影响团体活动的效果。

（六）团体活动场所

包括活动场所要求、环境布置、座位排列等。活动场地尽量安静且不受干扰，并且有足够的活动空间，让成员感到环境舒适、温馨，使人情绪稳定、放松。

（七）团体设计理论依据

包括理论名称、主要观点。

（八）团体单元执行计划

包括活动的具体单元、单元主题、单元活动目标、每个单元活动的具体内容、时间分配或准备的道具等。这部分内容是团体计划书的核心部分，常用表格的形式呈现。（参见表 9-2）

表 9-2　团体单元执行计划表

单元	主题	目标	活动内容及时间	所需材料
1				
2				
……				

（九）团体评估方法

包括团体评估的方式、评估时间和评估内容等。

（十）其他

包括宣传方式、经费预算、所需材料和活动说明资料等。

二、社区矫正对象团体心理辅导方案设计原则

(一) 方案的设计要有针对性

带领者在设计方案时，要考虑到矫正对象的实际需求以及他们的个性特征，要根据团体的活动目标和团体性质，设计出有针对性的团体活动。

(二) 方案的设计要实际、具体可行

方案设计需要包括整个团体的方案及每次团体的活动计划。这些活动不能过于理想化，要根据矫正对象的现实情况，具备实际可操作性，避免对矫正对象的身心伤害，达到具体可行的效果。

(三) 方案的设计要符合心理认知规律

活动方案的设计要基本符合由浅到深、由易到难、由人际表层互动到自我深层探索的原则，循序渐进地引导社区矫正对象有效开展活动。

(四) 方案的设计要和领导者相适配

带领者在设计方案时要"知己知彼"，了解自己的带领风格以及矫正对象团体的特质，选择自己熟悉并擅长的活动，以减少或避免特殊情况的出现。如果根据活动主题，需要设计新活动，带领者必须在团体活动进行之前，先实际预演一遍，以积累经验，如效果不理想，可及时调整设计方案。

专栏 9 - 1　一例社区矫正对象团体辅导设计方案展示[1]

1. 团体名称

根据本团体的性质和目标，将本团体的学术名称定义为"社区矫正对象自我提高训练营"。为了避免参与成员对"社区矫正对象"这个词汇过于敏感，在实际开展团体心理辅导活动时，我们将团体名称确定为"昌平区城北司法所团体心理辅导夏令营"。

2. 团体性质

本团体属于教育改造型团体，以疏导成员的不良情绪、转变不合理认知和不良行为习惯、预防重新犯罪和促进个人健康发展为主要目标；团体成员均为社区矫正对象，从这个身份层面上可以将其划分为同质群体。

3. 团体目标

①缓解成员在生活中体验到的压力感和焦虑感。

②促进成员客观地认识自我，提高自信和自尊。

---

〔1〕　刘邦惠等：《社区服刑人员的心理矫治》，科学出版社 2015 年版，第 127～137 页。

③培养合理的认知方式，正确认识挫折与困难，学会调节和管理情绪。

④帮助成员掌握一些能与社会生活接轨的实用技能，如职业生涯规划、学习适应、时间管理等。

⑤预防重新犯罪。

4. 团体带领者及其专业背景

本团体确定团体带领者 1 名，为中国政法大学心理咨询中心专职心理咨询教师、副教授，十多年来一直从事大学生心理咨询与心理健康教育工作，在个别心理咨询与团体辅导方面具有丰富的经验；团体助手 1 人，为中国政法大学社会学院应用心理学专业大三女生；团体观察员 2 人，为昌平区司法局从事社区矫正工作的司法警官。

5. 团体对象

接受本次团体心理辅导的对象为北京市昌平区城北司法所辖区内的 15 名社区矫正对象，其中男性 12 名，女性 3 名，他们的犯罪类型多为妨害社会管理秩序、破坏经济秩序等。

6. 团体活动开展时间

本次团体心理辅导本来设计了 10 个单元的活动，考虑到社区矫正对象居住地分散、生活工作节奏不统一、难以召集，以及城北司法所租借活动场地等实际困难，经过反复考虑与协调，将 10 个单元的活动压缩为 3 个单元，定于 2012 年 7 月 16 日 ~ 7 月 28 日的每周三下午进行，每次活动时间设定为两个半小时，前后共开展 3 次活动。

7. 团体活动场所

本次团体心理辅导活动的场所确定在北京市昌平区城北司法所，为一间封闭、安静的屋子，有可以移动的椅子。

8. 团体设计整体计划

该团体活动方案共分为 3 个单元，每个单元的活动都有自己的分目标和活动内容，3 个单元的内容呈由浅入深的逐渐递进的逻辑关系，但均为团体总体目标服务。团体活动：设计的整体计划如表 9 - 3 所示。

表 9 - 3　团体活动设计的整体计划

单元	目标	活动流程
1	团体成员之间初步认识，建立团体凝聚力和信任感，阐明团体契约，引导成员认识自我，理解他人	1. 团体热身（放松拍打） 2. 阐明团体契约 3. 连环自我介绍 4. 名字的故事 5. 小小动物园 6. 生活关系中的我

续表

单元	目标	活动流程
2	在进一步探索自己的基础上，引导团体成员正确地认识挫折与困难，培养合理的认知方式，学会调节和管理情绪	1. 成长三部曲 2. 独特的我 3. 情绪自我觉察 4. 寻找非理性 5. 我的压力圈 6. 脑力激荡：大家来支招（为缓解压力、解决困难支招；为调整不良情绪支招）
3	引导成员感悟生命存在，珍惜自己和他人的生命，热爱生活	1. 同舟共济 2. 人生最重要的五样 3. 生命线 4. 墓志铭 5. 团体成员表达感受，结束团体活动

9. 团体评估方法

采用自编的团体效果评估问卷进行评估。

10. 团体 3 次活动的具体内容及相关材料

①第一次活动——今天我们相聚相识

活动名称：今天我们相聚相识

活动目的：团体成员初步相识；培养团体凝聚力和信任感；建立团体契约；引导成员探索和认识自我，理解和接纳他人。

活动内容：如表 9－4 所示。

表 9－4　团体心理辅导第一次活动内容

目的及时间	活动内容
目的：暖身活动，有助于消除成员紧张、焦虑的情绪，有助于成员相互消除陌生感，在以后的活动中相互配合、支持和协作。 时间：约 10 分钟。	1. 轻松拍打。 操作：团体成员进入活动场地，找位子就座后，由助手分发一张胸卡，在上面写下自己的姓名，以便于大家能够迅速地互相认识。活动正式开始后，全体成员先围成圈，手拉手站立，感受团体氛围。然后，请大家向右转，每人两只手搭上前面一人的肩，拍打穴位，沿着肩膀，到脊椎，一直拍打到臀部，帮助前面的成员放松。

目的及时间	活动内容
目的：实现团体带领者与成员之间的相互尊重与配合，建立团体成员需要共同遵守的契约和规范，保证团体正常发挥功能。 时间：约5分钟。	2. 阐明团体契约。 操作：由团体带领者阐明团体契约，包括：①关掉手机，在活动中集中注意力；②在活动中尽可能坦诚地开放自己，如果不想说可以选择不说，但如果要说的话，请尽可能说自己真心的话，因为真心的话可以换来别人对自己真心的回报、真心的回应；③暂停评价，我们常常习惯于对生活中出现的一些现象用我们自己的价值判断去给人以评价，认为好或者不好，但在活动中请暂时放下自己的评价体系，不管别人说什么，都请用敞开的心扉去尝试着理解别人，暂停评价，尤其是暂停批评；④因为团体活动是心与心的沟通和交流，会开放我们内心的世界，所以希望大家能够保守秘密，以便给每个成员营造一个安全、温暖、踏实的交流和沟通的氛围。
目的：让成员彼此认识，引发个人参与团体的兴致。 时间：约15分钟。	3. 连环自我介绍。 操作：团体成员组成8人一组，每人用一句话来向大家介绍自己，内容包括自己的姓名和个人特征，可以是性格特征，可以是习惯特征，也可以是爱好特征。小组成员自行决定谁先说，其余的人按顺时针顺序说，先重复前面几个成员说过的信息，然后再介绍自己。在活动中不能用笔和纸，要用心，当然，对第8个人的挑战稍大一些，但是只要用心做，一定可以做得到。
目的：让成员彼此进一步加深印象，促进理解与沟通，建立互动关系。 时间：约30分钟。	4. 名字的故事。 操作：每个团体成员向大家介绍自己名字的故事，包括家族的渊源，父母对自己的期望，出生的时间或地点，以及特殊的寓意等。
目的：帮助成员认识自我，了解他人。 时间：约40分钟。	5. 小小动物园。 操作：给每位团体成员发放1支笔和1张白纸，请他们在白纸上画一只动物来代表自己，等大家都画好后，给出时间供成员彼此交流，分享经验。

续表

目的及时间	活动内容
目的：促进成员从多个角度来探索自我，更深入全面地认识自己。 时间：约50分钟。	6. 社会关系中的我。 操作：给每个成员发1张表（内容见表9-5），要求成员认真思考后填写，填写完毕后大家一起交流。团体带领者要特别注意：成员对哪一个人的看法最重视？为什么？最难填写的是什么？成员填写的内容多是正面的还是负面的？然后引导成员作出探索。

社会关系中的我：如表9-5所示。

表9-5　社会关系中的我

项目	内容
父亲眼中的我	
母亲眼中的我	
兄弟姐妹眼中的我	
孩子眼中的我	
爱人（恋人）眼中的我	
朋友眼中的我	
自己眼中的我	
自己理想中的我	

②第二次活动——我的情绪我做主

活动名称：我的情绪我做主

活动目标：在进一步探索自己的基础上，引导团体成员正确地认识挫折与困难，培养合理的认知方式，学会调节和管理情绪。

活动内容：如表9-6所示。

表9-6　团体心理辅导第二次活动内容

目的及时间	内容
目的：暖身活动，增进团队感情，让成员体会人生路上并非一帆风顺，挫折和艰辛是难免的。 时间：约10分钟。	1. 成长三部曲。 操作：所有成员就地蹲下，模仿小鸡成长。成长有3种状态：鸡蛋、小鸡和大鸡，鸡蛋要抱着膝盖蹲着往前蹦，小鸡要半蹲着往前蹦，大鸡可以直立行走。最

293

续表

目的及时间	内容
	初大家都是"鸡蛋"，可以自由活动，与其他的同类玩"石头，剪刀，布"，赢了就进化为"小鸡"，输了仍作为"鸡蛋"继续找其他同类；进化后的"小鸡"再与自己的同类（只能是小鸡）玩"石头，剪刀，布"，赢了就进化为"大鸡"，输了就退化成"鸡蛋"；"大鸡"再与同类（只能是大鸡）玩"石头，剪刀，布"，赢了就可以回到座位上，输了就退化成"小鸡"。以此类推，直到绝大多数成员都成功回到座位上才能结束游戏。团体带领者引导大家分享感受，每个人在人生成长的过程中都不是一帆风顺的，可能会经历许多挫折，但是只要坚持不懈，在经历了无数次失败后一样可以取得成功。
目的：引导成员发现一个与众不同的自己，发现与众不同的别人，增强自我接纳，学会理解与欣赏他人。 时间：约30分钟。	2. 独特的我。 操作：准备"独特的我"习作纸（见材料1），将习作纸发给每位成员1张，要求成员认真思考后填写，填写完毕后大家一起交流。
目的：让成员觉察自己常见的负性情绪。 时间：约20分钟。	3. 情绪自我觉察。 操作：给每人发放1张情绪自我觉察分析表（见材料2），在"烦心事"一栏写出3～5件生活中比较困扰自己的事情，在第二栏填写事件所引发的不良情绪，在第三栏填写自己对事件所持的观念，然后大家互相交流分享。第四、第五栏内容放在本单元第4个活动"寻找非理性"中去做。
目的：帮助成员觉察自身存在的非理性观念，学会寻找替代性的合理认知方式。 时间：约20分钟。	4. 寻找非理性。 操作：给每人发1张包含"非理性观念三大特征"和"非理性观念十大表现"的阅读材料（见材料3），由团体带领者做简单阐述。学习完材料之后，引导成员拿出未完成的情绪觉察习作纸，根据自己遭遇的烦心事，在自己所持的观念中寻找非理性观念，并尝试着用"积极的"理性观念取代它们，以达到情绪的改善。

续表

目的及时间	内容
目的：让成员理性分析自己当前所面临的压力，探寻压力源。 时间：约20分钟。	5. 我的压力圈。 操作：给每人发放1张"我的压力圈"习作纸（见材料4），让大家填写，并在小组内交流：自己当前承受的压力主要有哪些？压力都带给了自己哪些感受？压力较大时是否会出现躯体症状，以及通常出现哪些躯体症状？打算如何处理压力？等等。
目的：促进大家，让每个成员都感受到来自团体其他成员的支持，开阔解决问题的思路。 时间：约50分钟。	6. 脑力激荡：大家来支招。 操作：在"我的压力圈"活动的基础上，每个人将自己当前承受的压力，以及期待解决的问题呈现在团体成员面前，由团体成员脑力激荡，针对这些问题，纷纷出谋献策，为缓解压力、解决困难支招。团体带领者引导大家把握4个原则：一是全体参与；二是对每个人支的招不做好与坏的评价；三是要在限定的时间内，限制主题与目标解决问题；四是团体成员支的招越多越好，重数量，不重质量。

附：第二次活动的书面材料

材料1：独特的我

当我再一次看清楚自己的长处和限制之后，我感到：

材料2：情绪自我觉察分析表（表9－7）

表9－7 情绪自我觉察分析表

烦心事	引发的不良情绪	对时间所持的观念	找问题	"积极的"新观念
例如：工程款被拖欠	憎恨	我的工程已经通过验收了，应该给我工程款	1. 我太情绪化了；2. 也许对方单位逐层审批需要时间	我的工程已经通过验收了，我希望对方尽快给我工程款，但我也能再等一等

材料3：非理性观念的三大特征（表9－8）及十大表现

表9－8 非理性观念三大特征

分类	关键词	举例
绝对化要求	必须，应该、一定、绝对	别人应该喜欢我
过分概况化（以偏概全）	丢尽了人…… 天生如此…… 绝对不好…… 绝不可能…… 总是……	他总是这样子对我
灾难化（糟糕至极）	彻底失败了…… 全完了……	我的人生彻底没指望了

非理性观念的十大表现：

（1）每个人都应该获得周围人的喜爱和赞许。

（2）有价值的人应该是一个各方面都出色的人。

（3）世界上有些人可恶至极，对他们应严惩不贷。

（4）如果事与愿违，那将是极为可怕的。

（5）不愉快和痛苦的事件是可怕并无法改变的。

（6）面对困难和挫折只有逃避。

（7）对危险可怕的事应随时警惕。

（8）人必须要依赖他人，尤其是比自己强的人。

（9）一个人过去的经历对他现在造成的影响是不可改变的。

（10）对人生的每一个问题，都应有一个唯一的答案。

材料4：我的压力圈

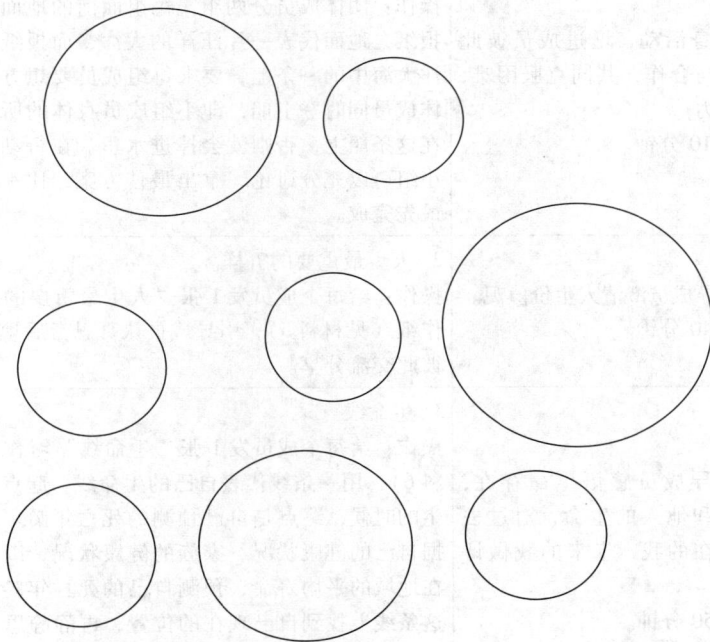

（1）请在大小圆圈内写下最近生活中的各种压力（大圆圈代表大压力，小圆圈代表小压力）。

（2）请思考：

a. 你的压力来源有哪些？

b. 每个圆圈给你的感觉是什么？

c. 压力很大时你身体的感觉如何？哪一部分不舒服？

d. 你如何处理这些压力？

③第三次活动——珍惜自己，积极生活

活动名称：珍惜自己，积极生活。

活动目标：引导成员感悟生命存在，珍惜自己和他人的生命，澄清人生价值观，远离犯罪，积极生活。

活动内容：如表 9－9 所示。

表 9－9　团体心理辅导第三次活动内容

目的及时间	内容
目的：暖身活动，增进成员彼此间的信任与合作，共同克服困难，增强凝聚力。 时间：约 10 分钟。	1. 同舟共济。 操作：团体成员分两组，每组面前的地面上放一张报纸，地面代表一片汪洋的大海，而报纸则代表汪洋大海中的一条船，要求每组成员要想方设法使全体成员同时登上船，即小组成员身体的所有部位要在这条船上，否则就会掉进水里。在行动之前，每小组可以充分讨论，拿出最佳方案，比一比，哪组最先完成。
目的：引导成员澄清人生价值观。 时间：约 40 分钟。	2. 人生最重要的五样。 操作：给每个成员发 1 张"人生最重要的五样"习作纸（见材料 5），引导成员认真思考后填写，然后彼此交流分享。
目的：引导成员感悟生命存在，珍惜自己和他人的生命，对过去的我、现在的我、未来的我做评估与展望。 时间：约 50 分钟。	3. 生命线。 操作：给每个成员发 1 张"生命线"习作纸（见材料 6），用一条线代表自己的生命线，起点是自己出生的时候，终点是自己预测的死亡年龄。让成员根据自己的健康状况、家族的健康状况，以及自己所在地域的平均寿命，预测自己的死亡年龄，然后在这条线上找到自己现在的位置，再静静思考自己在过去的日子里最难忘的 3 件事，以及在今后的日子里自己最想达到的 3 个目标。
目的：协助成员反省自己的生命价值观，避免重新犯罪。 时间：约 30 分钟。	4. 墓志铭。 操作：给每个成员发 1 张"墓志铭"表格（见材料 7），内容包含生卒年、一生目标、不同年纪时的成就、对社会及家庭和他人的贡献、自己是怎样的人等内容，让成员填写后彼此交流分享，完毕后，开始讨论，讨论大纲包括：①听完这么多墓志铭，你觉得哪些人的人生目标吸引你并值得尊重？为什么？②哪些人的成就是真正的"成就"？为什么？③你认为对社会或者他人最有贡献的人是谁？④假若你要替自己重写墓志铭，你会怎么写？你打算怎么做？

续表

目的及时间	内容
目的：通过成员总结与发表感谢，在温馨的氛围中结束团体活动。 时间：约 20 分钟。	5. 团体成员表达感受，结束团体活动。 操作：团体带领者总结 3 个单元的团体心理辅导活动，发表心得，每位成员自由发表意见，谈感想。团体带领者发放设计好的关于团体心理辅导的问卷，以便团体结束后评估团体效果。然后，大家互道珍重再见。

附：第三次活动的书面材料

材料 5：人生最重要的五样

请认真想一想，你个人生活中什么最重要，依次写下来，并思考为什么这样写。

你生活中最重要的五样及选择他们的理由：

1.

2.

3.

4.

5.

材料 6：生命线

生命线

0 ——————————————————————▶ 预测死亡年龄

预测死亡的年龄依据：

（1）本人的健康状况。

（2）家族的健康状况。

（3）生活地域的平均寿命。

找出今天你的位置：

（1）写上今天的年龄。

（2）写上今天的日期。

思考过去的我与未来的我：

（1）列出过去对你的影响最大或令你最难忘的 3 件事情

（2）列出今后你最想做的 3 件事情或最想实现的 3 个目标。

过去的 3 件事情　　　　　未来的 3 个目标

a.　　　　　　　　　　　a.

b.　　　　　　　　　　　b.

c.　　　　　　　　　　　c.

材料 7：墓志铭

（1）因为某种原因，你即将离世，现在请你为自己写墓志铭，反映自己的一生，墓志铭将会被刻在墓碑上，供人凭吊。

（2）墓志铭除了生年，卒年，至少要包括以下几点：

a. 一生最大的目标是什么？

b. 自己在不同的年纪时的成就。

c. 自己对社会、家庭及其他人的贡献。

d. 自己是一个什么样的人。

任务2.3　团体心理辅导的实施

开展团体心理辅导，必须"全面贯彻新时代中国特色社会主义思想"，"广泛践行社会主义核心价值观"，让"社会主义核心价值观成为凝聚人心的强大力量"，并将其融入社区矫正对象的日常生活中，融入社会发展中。

当团体心理辅导的各项准备工作就绪后，团体活动开始具体的实施。一般而言，团体心理辅导的过程可分为四个阶段，分别是初始阶段、过渡阶段、工作阶段和结束阶段。每个阶段都有各自的特征，带领者及团体成员在各阶段也有不同的工作任务。

一、社区矫正对象团体心理辅导的初始阶段

初始阶段也称创始阶段或定向探索阶段。该阶段是团体心理辅导的开始，一群素不相识的人聚在一起，不知道接下来会发生什么，不同个体内心有不同的情绪体验，有的矫正对象会出现担心和焦虑，如果是被社区矫正工作人员强迫安排来的，他们常会出现抵触和厌烦的情绪，有的会好奇并对即将开展的活动表示期待。

在团体开始之初，带领者需要进行简要的自我介绍，并向矫正对象阐明辅导活动的具体目标，帮助成员真正了解整个团体心理辅导的目的和意义。良好的开端是成功的一半。带领者要以尊重、平等、接纳、包容的心态面对团体中的成员，语言表达通俗易懂，便于社区矫正对象的理解，能够体现出团体带领者的真诚态度和专业性最为恰当。

同时带领者需要开展有效的团体活动，让成员相互之间尽快认识并熟悉，也可以通过各种有趣的相识活动，充分调动成员参与的积极性和主动性，营造轻松愉快的团体氛围。

二、社区矫正对象团体心理辅导的过渡阶段

过渡阶段也称为转换阶段。在该阶段，团体中会出现各种不同的焦虑和自我防卫心理。有些成员也会出现矛盾心理，一方面担心自己不被他人接纳，为追求安全而把自己包裹起来；另一方面又想冒险说出自己心中的困扰而跃跃欲试。同时他们也会仔细审视团体带领者是否值得信赖，甚至公开挑战，以试探带领者是否处理得当。

过渡阶段最主要的目标是促使成员形成接纳与归属感，建立成员间的相互信任和团体凝聚力。这一阶段是团体发展从创建到成熟的过渡，各种矛盾大量涌现，可能是带领者在领导团体过程中最为艰难的阶段。因此，领导者必须沉着冷静地面对，在恰当的时机采取介入措施，鼓励成员承认和表达自己真实的感受，对于成员出现的负性情绪要给予抱持和接纳，而不是批评和指责。当矫正对象对团体不信任会出现防卫行为——对自我问题有逃避倾向，注意力重点放在其他成员身上，对团体不投入，说话不着边际，行为上不合作等。例如，团体中的小李说道："我感到团体里的每个人都不会说出自己的真实想法，也没有人会为别人着想。"针对这样的成员，领导者可以用直接对话或者邀请他们谈在团体里的真实感受的方法，而不是用批评或面质的方法去调整他们的防卫和抗拒。领导者可以用"能不能说说此时此刻你在这个团体里的真实感受"这样的语气，而不是用"你说的每个人是不是太绝对化了，这是不是也包括你在内"等带有批评的语气。

在团体人际互动的过程中，不可避免地会出现观点不一致或情绪反应对立的冲突情形。领导者首先要有充分的心理准备，并正确看待这一现象。很多社区矫正对象在加入这个团体之前就存在个性上的种种缺陷，在团体内的行为正是反映了成员在团体外的行为，妥善处理这些矛盾冲突，可以更好地帮助成员提高自我认识，学习互相接纳。当冲突出现时，去了解冲突行为的意义，以及对团体的影响。例如，当团体中有成员说："大张看上去很霸道，我最讨厌这类人。"这时带领者可以直接回应："能不能具体说说你为何有这样的想法，以及在你说讨厌这类人之前，你的情绪感受是什么？"或者让其换位思考，先让其他成员谈谈此时此刻的感受。同时要引导成员，参加团体是为了探索自己，而不是为了改变他人。如果问题比较复杂，带领者也可以在本次团体活动结束后单独会见了解双方冲突的原因，在获得成员愿意为解决问题而做出的承诺后，再在团体中提出和解决问题。

在团体的过渡阶段，成员各自的个性特点也会逐渐体现，对于团体中出现的特殊成员，如长篇大论者、沉默者、哭泣者、喜欢引人注意者、活动不投入者等，带领者首先要分析这些成员特殊表现的原因，再根据具体原因，做出合理应对，而不是过多关注这些特殊成员而忽略了团体的整体进程。对这些特殊人群的应对，也是为了团体整体的良性发展。

三、社区矫正对象团体心理辅导的工作阶段

工作阶段也称凝聚力阶段。由于团体辅导的过程是连贯的，各个阶段存在许多重叠交叉的部分，界限其实并不明显，难以严格区分。在过渡阶段与工作阶段之间，这一点体现得更为明显。在过渡阶段的矛盾冲突得到较好的处理后，团体进入了创造性的工作阶段。在该阶段团体的信任感和凝聚力达到很高水平，成员之间更加开放自我，相互接纳，互诉衷肠，愿意尝试改变自我，真正面对并解决自己的问题。该阶段也是团体工作的核心、关键阶段。

该阶段带领者的任务是协助成员解决问题。带领者要在充满信任、理解、真诚的团体氛围中鼓励成员探索自我，通过团体成员的交流分享，共同寻找问题的解决对策。这里需要强调的是，带领者要推动成员积极参与到团体活动中，促使成员对团体活动进行分析讨论，表达自己的真实观点，讨论分享是团体工作中最主要和重要的部分。带领者也可以利用自身作为资源，开放自己，分享对成员此时此地的感受，同时对成员提出要求，把在团体内的领悟转化为行动，并在团体之外积极尝试新的行为。

另外在工作阶段，团体成员有可能会出现一些特殊情况，带领者不必拘泥于固有的设计方案，应根据具体情况，选择合适的、更具普遍性和针对性的辅导内容，灵活应对。遇到自己无法解决的问题，可以暂时搁置，留为作业，给成员和自己一个思考时间，本次辅导结束后请教督导，在下一次聚会时再集中处理。

四、社区矫正对象团体心理辅导的结束阶段

在团体的结束阶段，团体成员间会表现出分离的伤感和焦虑情绪，可能会相互表达祝福和关心，也会思考自己接下来该怎么办的问题。有些成员知道团体即将结束，可能变得不像原来那样积极投入，团体结构也会有松散。

在该阶段，带领者要回顾与总结团体经验，协助成员对团体经历做出个人的评估，对成员作出的改变给予鼓励，让他们感受到支持力量。提供机会让成员表达对彼此的祝福和对未来的展望，帮助处理分离情绪。检查团体中未解决的问题，激励成员更加深入地思考自己的问题，自主地寻求解决问题的方案，并对团体的效果做出评估。鼓励并帮助成员将新的行为运用到团体外的生活当中，必要时帮助他们制定具体行动计划与措施。

虽然团体心理辅导四个阶段的特点各不相同，团体带领者在各阶段都具有不同的任务，但在团体心理辅导的实施过程中，四个阶段不能完全割裂开，它们之间既有区别又有联系，每一个阶段的活动都是为下一个阶段做铺垫，每一阶段的活动也都具有一定目的性。

任务2.4 团体心理辅导的技术和方法

团体心理辅导要坚持不懈用创新理论武装头脑、指导实践、推动工作，以更加积极的历史担当和创造精神为社区矫正对象的团体心理辅导工作作出新的贡献，"既不能刻舟求剑、封闭僵化，也不能照抄照搬、食洋不化"。要灵活运用各种方法和技术为团体心理辅导服务。

一、社区矫正对象团体心理辅导的一般技术

社区矫正对象团体心理辅导有许多技术，既有个别辅导技术，也有团体辅导特有的技术。与个别辅导共用的技术有：倾听、同情、具体化、澄清、

复述、解释、支持、询问、面质与自我表露等。因此，带领者在开展团体心理辅导时，最好要有个别心理咨询的经验。

团体心理辅导过程中领导者需要具备的技术可以分为反应的技术、互动的技术和行动的技术。反应的技术有倾听、复述、反映、澄清、共情、提问、摘要、评估、总结；互动技术有解释、连结、促动、阻止、保护、支持、反馈、自我表露、折中、聚焦、引话、运用眼神、观察；行动技术有起始技术、询问、面质、调停、示范、建议、结束技术。

二、社区矫正对象团体心理辅导不同阶段常用技术

社区矫正对象团体心理辅导的技术和方法有时很难区分，下面根据辅导的不同阶段介绍几个常用的技术方法以供参考。

（一）初始阶段常用技术

1. 相识的技术。相识技术也称开启技术，就是指尽快地、轻松地、有效地使团体成员相识，建立对团体的信任所采取的方式与技术。相识技术有言语和非言语两种形式，活动方式可根据团体结构和成员特征等选取，言语交流常见的活动内容有自我介绍、相互介绍、滚雪球式的介绍，非言语交流常用活动有"轻柔体操""你做我学"等。

2. 分组的技术。如果团体成员较多，为保证小组讨论的有效性，常将团体分为 6~8 人一组，常见的划分方式有活动随机组合法、报数随机组合法、抓阄随机组合法、同类组合法等。

3. 激发成员积极参与的技术。在团体建立之初，带领者需要选取一些轻松的、无压力的趣味活动，充分调动成员参与的积极性和主动性。常见活动有"大风吹""松鼠和大树""多元排序"等。这里带领者需要注意的是要引导成员积极表达内心情绪，并认真倾听，避免对其他成员进行负面评价。

4. 处理成员负性情绪的技术。成员的负性情绪主要表现为敌意、排斥、无聊、不被关心、失望等。当团体领导者察觉到成员的负性情绪后，要及时给予关注和引导，选择合适的时间和成员讨论这些负性情绪背后的想法和愿望，积极主动地处理，以免负性情绪阻碍团体的发展。

（二）过渡阶段常用技术

1. 引导的技术。引导主要是指在某个问题上按照主流价值观原则或以活动目标为原则对矫正对象进行思想上的启发、指引。由于社区矫正对象文化水平相对偏低，并且绝大部分个体并未接触过心理活动，通过亲身体验后，即使内心有感受，但也不知道具体从哪个角度来表达，需要带领者适当的引导，帮助社区矫正对象获得感悟和启示，避免茫然与不解。

2. 处理防卫行为的技术。团体成员常见的防卫行为表现为：对问题有逃避的倾向，注意力重点放在其他成员身上或一些与自己无关的事情上，不关注自己，对团体不投入，使用过度概括性的语言，总问别人问题，保持自满或漠不关心的态度，行为上不合作，表现不信任等，以此来逃避个人的探索。作为团体带领者首先要善于识别这些防卫行为，有时可以采取邀请他们谈谈自己在团体里的真实感受的方法，而不是用批评面质或贴标签等方法调整成员的防卫和抗拒。

3. 处理矛盾冲突的技术。团体出现矛盾冲突并非全部具有消极作用，有时也会激发创造力或提供改变的机会，若成员之间能够达成共识，还会增加团体凝聚力。因此带领者需要保持中立的态度，不偏袒任何一方，有责任协助成员消除彼此的误解，打破团体的僵局。

4. 应对特殊成员的技术。团体成员常见的特殊类型有，沉默型、依赖型、带有攻击性行为型、喜欢引人注意型、对团体不投入型。针对这些特殊成员，带领者需要观察、分析这些成员有特殊表现的原因，才能因势利导，妥善处理。

例如，持久沉默的成员，有可能是担心说错话被其他成员嘲笑，有可能是性格内向，平时表达就少，有可能是游离在团体之外或对活动存在疑问，也有可能是正在思考，带领者需要分析成员沉默的原因再运用相应的策略来积极引导。当面对带有攻击性行为的成员时，有可能是成员个性过强，也可能是受过伤害从此对别人失去信任、充满敌意，也有可能是被迫来参加活动，在团体中发泄自己内心的不满等，这种情况需要带领者进行个别辅导，与其坦诚沟通，而不是一味指责。

（三）工作阶段常用技术

1. 引导参与的技术。引导参与的技术是指团体带领者能依照团体成员个人的需要去引导他们；能提供足够的背景资料，刺激成员思考、沟通，以确定解决问题的行动。常见的有自由讨论式、写体会或写日记、行为训练、角色扮演、当然还有艺术表达的形式，如画画、舞蹈、音乐等。这里带领者要鼓励并提供每一个成员民主参与的机会，既不使过于活跃的人剥夺他人的机会，也不使拘谨的人袖手旁观，失去参与活动的机会。

2. 问题解决的技术。带领者引导成员积极地作出符合自己人生目标和价值观的选择决定，减轻其心理压力，更好地适应社会。问题解决的步骤为：①了解问题的存在，确认有解决的必要；②分析问题的性质，直接面对问题的目标，开始搜集有关资料；③分析资料，列举解决问题的可能办法；④评估每个解决问题办法的可行性及预期效果；⑤运用观察或实验来尝试解决问题；⑥选定最合宜的可行方法去解决问题。

3. 及时介入的技术。团体进行过程中带领者发现以下现象出现，应尽快介入，加以引导，把团体拉回到此时此地，否则团体的进展会受到影响：①团体中某人为另一个成员说话；②团体成员注意力集中在团体之外的人、事、物；③团体成员中有人在说话的前后常先寻求他人的认同；④有人提出自己因为不想伤害他人的感觉，所以就选择不说；⑤成员中有人领悟其问题是由某些人引起的；⑥有成员认为自己只要等待，事情就会转变；⑦团体中有不一致的行为出现；⑧团体变成无效率的漫谈。

4. 团体讨论。团体讨论是指团体成员对一个共同问题，根据资料与经验，相互合作、深入探讨的方法。可以说它是团体心理辅导中最重要、最普遍和最常用的方法。团体讨论的目的不在于讨论的结论，而在于讨论过程能使成员充分参与、沟通，获得自由发表意见的机会，学习树立尊重别人意见的态度与掌握合作的方法。带领者可以根据成员人数和活动需求，选择合适的讨论方式，常用的有圆桌式、分组式、辩论式和脑力激荡法等。这里需要注意的是带领者要为讨论做充分的准备，题目设置要考虑到社区矫正对象的能力范围，难度控制在团体成员能够处理但又具有一定的复杂性，同时也要控制好讨论的时间，让团体成员有充分的讨论机会，如果少数成员发言时间过长，需要进行积极干预。

5. 角色扮演。角色扮演是指用表演的方式来启发团体成员对人际关系及自我情况有所认识的一种方法。当团体成员无法清楚地陈述有关自己与他人的沟通或关系上的困扰，或有必要做沟通方面的技术演练、行为预演时，带领者可以使成员以角色扮演的方式，深入探索问题，并从中有效介入或示范。通常情况是由团体成员扮演在某一特定问题情境中的角色，使其把平时压抑的情绪通过表演得以释放、解脱，同时也可以学习人际关系的技巧及处理问题的方式。

角色扮演的程序是：①带领者向团体成员介绍角色扮演的意义。②带领者说明要扮演的情境及特征，并让成员有机会提问并提出建议。角色扮演的情境可以是团体成员个人独特的问题情境，其他成员协助其表演，也可以表演目前成员共同关心的问题。③成员自愿选择角色。④成员即兴表演。⑤其他成员作为观众，分析演员的言行，并在结束时提出个人意见。⑥表演结束并共同讨论。⑦根据需要，可以让表演者重演或换人重演。⑧如有需要，可以互换角色。⑨带领者组织团体成员讨论整个活动的感受，相互启发、相互支持。

6. 行为训练。行为训练是指以学习理论为指导，通过特定程序，学习并强化适应的行为，纠正并消除不适应行为的一种心理辅导方法。社区矫正对象团体心理辅导中的行为训练是通过带领者的示范和团体成员之间的人际互动实现的。常见的训练有放松训练、自信训练、情绪表达训练等。一般由带领者示范，团体成员习得新行为后也要及时并不断强化。

（四）结束阶段常用技术

结束的技术包括每次辅导结束使用的技术和团体整个历程使用结束的技术。一般来说，每次团体辅导，带领者都需要留出至少 10 分钟时间来对单次团队辅导进行结束。常用的方法有：邀请成员总结发言，带领者总结发言，另外也可以安排家庭作业，预告或强调下一次团体辅导的时间、内容等。

对于团体整个历程的结束，带领者一般可以采用以下四种方式：其一，结束之前，成员互相赠送小礼物、互相道别和祝福；其二，带领者在结束时对团体辅导作简要的回顾与总结；其三，团体成员检讨自己在团体中的表现，是否达到自己的期望，谈谈个人切身的感受；其四，展望未来，帮助团体成员明确今后应该怎么做以持续巩固团体辅导的效果。

团体心理辅导技术的灵活应用是团体带领者职业技能的体现，然而优秀的团体心理辅导带领者除掌握基本的职业技能外，还需具备基本的职业道德规范和必备的职业素养，如爱岗敬业、甘于奉献、开拓进取的劳模精神以及精益求精的工匠精神，等等。

任务2.5　团体心理辅导效果的评估

团体心理辅导工作也要"坚持以推动高质量发展为主题"，在团体辅导的工作过程中，要重视团体心理辅导效果的评估，以评估促进心理辅导效果的提高，促进团体心理辅导方案设计的改进以及带领者专业能力的提高。

社区矫正对象团体心理辅导效果评估是指通过不同的方法，搜集有关社区矫正对象团体目标达成的程度、成员在团体内的表现及对团体活动的满意程度等资料，帮助团体带领者及团体成员了解团体心理辅导的成效。

团体评估的主体可以是团体带领者、团体成员、观察者或是督导者。通过对辅导效果的评估，一方面有助于了解辅导方案的实施情况以及目标达成的效果，另一方面有助于改进同类团体辅导的设计、训练策略以及提升带领者专业能力。

一、评估的种类

社区矫正对象团体心理辅导效果评估根据不同的标准有不同分类，根据评估的对象可以分为对团体带领者的评估和团体成员的评估；根据评估方法可以分为主观评估和客观评估；根据评估的形式可以分为口头评估和书面评估；根据评估的侧重点可以分为过程性评估和结果性评估。下面介绍一下过程性评估和结果性评估，具体内容如下：

（一）过程性评估

过程性评估是指在团体辅导进行过程中所作的评估。根据评估情况，带领者可以根据成员的反馈作出调整，改善团体评估过程。

在过程评估中，领导者可以通过对成员的观察、问卷等方式了解成员在团体内的表现（见表9－10）和感受（见表9－11），也可以让成员轮流对团体作出口头评价，然后讨论分享对团体的看法。如果团体辅导时间较紧，可以布置以下问题作为家庭作业，要求成员写下在团体中的收获，如"你对这个团体的感觉如何？什么活动让你感到最有帮助？怎样会使团体变得对你更有帮助"等内容。

表9-10 团体成员自我评估量表（适合每次团体聚会后的评估）[1]

利用下面的句子，以1到5的尺度等级估量你自己参与团体的状况。1代表"我绝不是这样"，5代表"我总这样"。	
（1）在团体里，我是一个积极投入的成员。	1 2 3 4 5
（2）我愿意完全地投入团体，并且与大家分享目前生活的问题。	
（3）我认为自己愿意在团体里尝试新的行为。	
（4）我愿意尽力表达自己的感情，就像其他人一样。	
（5）在每次讨论之前，我总会花一些时间准备。结束后，我也会花一些时间反省自己的参与情形。	
（6）我尽量以真诚的反应面对其他人。	
（7）在团体里，我总是不断地追求澄清我的目标。	
（8）我总是注意倾听别人在说什么，也会把我的感受直接地告诉他们。	
（9）我总与别人分享我的想法，将自己如何看他们，及如何受他们的影响告诉他们。	
（10）在团体里，我尽量使自己作别人的模范。	
（11）我愿意参加团体各种不同的活动。	
（12）我常会想要参加团体的讲座会。	
（13）不必等他人开口，我就能主动帮助他们。	
（14）在团体建立信任感的过程中，我是采取主动的角色。	
（15）我是在没有防卫的心态下，坦诚地接受别人的反馈。	
（16）我尽量把团体里所学习到的东西应用到外面的生活。	
（17）我会注意自己对团体领导者的反应，并说出他们是个怎样的人。	
（18）我会避免标定自己和团体其他的人。	
（19）我会避免询问别人问题和给予他们忠告。	
（20）我对自己在团体里的学习负责。	

---

〔1〕 摘自段秀玲：《自我成长工作坊——团体领导者实务手册》，天马文化公司1993年版，有删改。

表 9 – 11　我的感想

第一单元　　　　　　　　　　　　姓名：　　　　　　　日期：
1. 我觉得今天的活动＿＿＿＿＿＿＿＿＿＿＿＿＿＿＿＿＿＿＿＿＿＿＿＿＿＿＿＿＿
2. 我觉得团体的气氛＿＿＿＿＿＿＿＿＿＿＿＿＿＿＿＿＿＿＿＿＿＿＿＿＿＿＿＿＿
3. 我觉得团体的伙伴＿＿＿＿＿＿＿＿＿＿＿＿＿＿＿＿＿＿＿＿＿＿＿＿＿＿＿＿＿
4. 我觉得团体领导者＿＿＿＿＿＿＿＿＿＿＿＿＿＿＿＿＿＿＿＿＿＿＿＿＿＿＿＿＿
5. 我觉得我在团体中＿＿＿＿＿＿＿＿＿＿＿＿＿＿＿＿＿＿＿＿＿＿＿＿＿＿＿＿＿
6. 我喜欢今天的＿＿＿＿＿＿＿＿＿＿＿＿＿＿＿＿＿＿＿＿＿＿＿＿＿＿＿＿＿＿＿
7. 今天让我印象最深刻的一句话是＿＿＿＿＿＿＿＿＿＿＿＿＿＿＿＿＿＿＿＿＿＿
8. 我对今天活动的建议是＿＿＿＿＿＿＿＿＿＿＿＿＿＿＿＿＿＿＿＿＿＿＿＿＿＿
9. 对我今天的收获打分：　　　（非常同意 5——4——3——2——1 非常不同意）
①认识我的伙伴（　　　　）
②认识我们的团体（　　　　）
③了解生涯的涵义（　　　　）
④了解影响一个人做决定的因素很多（　　　　）
⑤其他（　　　　）

（二）结果性评估

结果性评估是指团体结束时所作的评估。这是团体辅导结束时的一项必要工作。结果性评估常常采用团体带领者事先设计好的评估表或测验，在团体结束时让成员填写，然后进行分析（见表 9 – 12）。也可以请团体成员写总结或感受，以便今后团体工作的改进。

表 9 – 12　团体成员自我评估量表（适合团体辅导结束时的总体评估）

1. 整个团体心理辅导，你最大的收获是什么？
2. 在整个团体心理辅导过程中，有哪些活动令你印象深刻，原因是什么？
3. 你对团体领导者有何看法？
4. 在这个团体中，有什么让你感到不舒服吗？
5. 如果你没有参加这个团体，你的生活与现在的生活有什么区别？
6. 当你想把团体中学习到的知识运用到生活中去，你会遇到什么问题？
7. 你参加这个团体对你周围的人有哪些影响？
8. 如果请你用一两句话来说明团体对你的意义，你将如何回答？

二、常用的评估方法

对于不同类型的团体，评估重点存在差异，选取的评估方法也会有区别。例如，在发展性团体评估中，领导者更关心成员间的情绪状况和人际关系的建立；在治疗性团体评估中，领导者更关注成员认知和行为的改变。因此，团体辅导评估必须根据团体的目标而制定合适的评估方法。行为计量、标准化的心理测验和自编调查问卷是团体评估中常用的方法。

行为计量是要求团体成员自己观察某些行为出现的次数并进行记录，或者要求他人（家人、朋友等）观察及记录成员的行为，以评估成员的行为是否有所改善。其优点是具有可操作性，便于自我监督，不足是准确度不好把握。

标准化的心理测验是一种对人的心理和行为进行标准化测定的技术。其优点是数据可以量化，具有客观性，但缺点是有研究者认为行为或人格特征在短时间内难以出现较大改变，统计结果的差异很难达到显著性水平。

自编调查问卷是指由团体带领者设计一系列有针对性的问题，让团体成员填写，内容包括团体辅导的氛围、成员关系、对领导者及辅导过程的满意度、目标达成等方面的意见。问卷内容可以是开放式，也可以是封闭式，便于成员自由回答。该方法在社区矫正对象团体心理辅导效果评估中应用广泛。

除上述三种主要方法外，还可以通过团体成员的自我报告、带领者工作日志、观察记录等方法来评估团体的发展和效果。另外，当团体结束一段时间后，也可以进行追踪性评估，目的是了解团体效果的持续性。研究发现，团体成员对团体刚结束的评价与团体结束后的几个月的感受有较大的区别，不同时间的反馈意见都有研究价值。

因此，对社区矫正对象团体心理辅导效果的评估一定要全方位、多角度来看待，根据团体心理辅导的主题，选择合适的评估方法，分别进行过程性评估和结果性评估。

任务3 （实训项目9）社区矫正对象团体心理辅导技能训练

调查研究发现，社区矫正对象与普通群体相比其心理健康水平相对偏低，尤其是情绪问题较为突出，表现为焦虑、抑郁、内疚或自责等。针对此现象，社区矫正工作人员要求开展团体心理辅导，活动共4次，矫正对象约20人，每次活动时间为2小时。

请根据以上资料，完成以下实训任务：

制定一套有针对性的团体心理辅导方案，帮助社区矫正对象认识到不良情绪的危害并学会自我调节情绪的合理方法，更好地适应社会生活。

附：实训任务书和实训考核表

实训任务书

实训项目	对社区矫正对象开展团体心理辅导的工作技能
实训课时	2 课时
实训目的	学生通过模拟实训，学会开展社区矫正对象团体心理辅导的工作流程；学会制定社区矫正对象团体心理辅导的方案，从而具备对社区矫正对象进行团体心理辅导的职业能力
实训任务	1. 设计社区矫正对象关于提高情绪自我调适能力的团体心理辅导方案 2. 撰写实训总结
实训要求	1. 学生应提前掌握社区矫正对象团体心理辅导方案设计的相关知识 2. 指导教师应具备心理咨询师的资格并能带领学生完成实训任务 3. 学生要积极配合指导教师的指导完成实训 4. 将学生分成若干小组，采用小组成员合作的方式完成实训任务 5. 指导教师进行点评总结，每组学生根据教师的点评总结找出不足
实训成果形式	1. 实训总结 2. 制定社区矫正对象团体心理辅导的方案
实训地点	团体心理辅导实训室
实训进程	1. 教师讲解（利用多媒体教室介绍实训步骤、注意事项） 2. 阅读准备好的实训资料 3. 根据实训需要将学生分成若干小组 4. 根据所学的内容为社区矫正对象设计团体心理辅导方案 5. 小组进行讨论确定最终方案，并全班分享 6. 师生互评，每组学生根据师生的点评总结找出不足

实训考核表

班级_____ 姓名_____ 学号_____

任务描述：通过模拟实训，掌握撰写社区矫正对象团体心理辅导方案的技能，从而具备对社区矫正对象开展团体心理辅导的能力。 项目总分：100 分 完成时间：100 分钟（2 课时）

续表

考核内容	评分细则	等级评定
一、实训过程与要求 1. 根据实训需要学生迅速分成若干小组 2. 小组成员自行分配好所要完成的任务 3. 小组进行讨论确定每次团体辅导的具体主题，活动内容，所需材料及时间分配 4. 根据任务书中的要求，制定社区矫正对象团体心理辅导方案 5. 指导教师进行点评总结，每组学生根据教师的点评总结找出不足	分值：60 分 1. 实训小组分工明确，合作良好（10 分） 2. 实训方案制订合理，符合要求（40 分） 3. 能成功完成所有实训任务（10 分）	实训成绩评定为 4 等： 1. 优（100 分~85 分） 2. 良（84 分~70 分） 3. 及格（69 分~60 分） 4. 不及格（59 分~0 分） 注意事项： 1. 实训期间做与实训无关的操作，不能评定为"优" 2. 有旷课现象，不能评为"优、良" 3. 旷课××节及以上，评为"不及格" 4. 实训内容没有完成，评为"不及格" 5. 两份报告雷同，评为"不及格" 6. 具体评分标准由教师根据实训项目具体要求规定
二、实训表现与态度	分值：20 分 1. 无迟到（1 分） 2. 无早退（1 分） 3. 无旷课（3 分） 4. 实训预习、听讲认真（2 分） 5. 实训态度认真（5 分） 6. 实训中不大声喧哗（1 分） 7. 能爱护实训场所、设备，保持环境整洁（2 分） 8. 能完全遵守实训各项规定（1 分） 9. 实训效果好，基本掌握了社区矫正对象团体心理辅导的工作技能（4 分）	

续表

考核内容	评分细则	等级评定
三、实训总结 1. 实训中出现的问题及解决办法（对遇到的问题、问题产生的原因进行分析判断，把解决过程写出来） 2. 实训效果（本次实训有哪些收获，掌握了哪些知识、技能，存在哪些疑问等）	分值：20分 1. 按时完成，字迹清楚，格式规范（5分） 2. 内容详尽、完整，实训分析总结正确（10分） 3. 建议合理化且具有创新性（5分）	
合计		

评分人：   日期：   年 月 日

【课堂活动】

刚刚入矫的社区矫正对象，面对新的身份角色，常常感到烦躁、失落，人际关系也存在微妙的变化，面对这一现象，你作为社区矫正对象心理矫治工作人员，如何开展有针对性的团体心理辅导活动，帮助矫正对象更好度过社区矫正的入矫阶段？请设计一个完整的社区矫正对象团体心理辅导方案。

【思考题】

1. 你作为一名社区矫正对象心理矫治工作人员，进行团体心理辅导前，如何完成团体的开场？

2. 你认为作为社区矫正对象团体心理辅导的带领者，需要具备哪些条件？

拓展 学习

"心灵氧吧"情绪支持小组实践与反思[1]

（上海市新航社区服务总站嘉定工作站金婉仙、赵华红、

金文雯，全国民政部获奖案例）

一、小组背景介绍

社区矫正对象进入社区矫正的前 3 个月为初期矫正期。3 个月初期矫正期满后，社区矫正对象接受风险测评以及心理量表测试。根据测评和测试结果，以及平时帮教服务情况，将社区矫正对象分级。高风险人员为一级矫正服务对象。

社工在针对社区矫正对象帮教服务中发现，初级矫正对象、一级矫正对象普遍存在情绪困扰，于是产生了开展情绪支持小组服务的设想。经过排摸，社工发现每个街镇中初期矫正、一级矫正的人员相对较少。于是地域邻近的菊园新区、新成路街道、徐行镇 3 个街镇的社工共同商议，联合招募小组成员，并针对初期以及一级矫正对象存在的情绪问题开展情绪支持小组活动。这个想法得到了所在司法所领导的肯定和支持。

初期矫正、一级矫正服务对象大都处于无业状态，也使他们参加小组活动时间有了保障。

二、问题与需求预估

初期矫正对象由于对社区矫正的情况不熟悉，对社工提供的帮教服务也不清楚，加上自身因判刑这个重大的人生挫折，大多存在着负性的情绪，处理不当，会影响到他们个人、家庭，影响到社区矫正的有效开展。一级矫正对象作为重点帮教服务对象，自身也有不少负性情绪。这些矫正对象大多法治意识淡薄、头脑简单、文化层次不高，情绪控制能力较弱。他们需要学习和领悟认识情绪、掌握调节情绪的方法。

---

〔1〕 朱久伟、范海鹰主编：《上海市社区服刑人员心理矫正的理论与实践》，法律出版社 2012 版，第 305～311 页。

三、服务方案

1. 小组理念：秉承社会工作的基本价值观，引导服务对象参与小组、积极互动和相互协助，帮助他们发生变化并解决个人面对的问题。活动中，遵循保密、坦诚、尊重、倾听、不批判等原则。

2. 小组目标：

总目标：让参与小组活动的服务对象能认识自我情绪，掌握调节情绪的方法和技巧，从而合理调节情绪，对生活中矛盾和事件引起的反应能适可而止地排解，更好融入社会。

具体目标：识别非理性的信念，学习认知应对策略，学习情绪控制技巧和放松技巧，掌握自我调节的方法。

3. 小组性质：封闭式的支持小组。

4. 小组对象：菊园新区、新成路街道、徐行镇中开展初期矫正、一级矫正的社区矫正对象（8人）。遵循自愿参加的原则。

5. 活动时间：每周一次。

6. 小组模式：治疗模式。

7. 小组理论依据：主要为阿尔伯特·艾利斯情绪ABC理论、情绪管理ACE理论。

8. 小组活动计划：

次数/项目	目标	内容
第一节 相聚在一起 （1个半小时）	协助成员彼此认识，同时介绍并明确小组的目标；建立小组规范	1. 介绍成立"心灵氧吧"情绪支持小组背景 2. 暖身活动： （1）柔软体操； （2）介绍兴趣爱好 3. "心灵氧吧"情绪支持小组： （1）澄清小组目标，明确小组规范和制度 （2）小组成员提出意见和建议 （3）签订小组契约书 4. 分享参加活动的感受 5. 布置作业：思考我的情绪状况

续表

次数/项目	目标	内容
第二节 我的情绪 （1个半小时）	引导小组成员意识到每个人都会有情绪，每个人自我调节情绪的方法各不相同	1. 回顾上节活动内容 2. 按1～10分给近期情绪打分（1分代表情绪极差，10分代表情绪极好，依次） 3. 小组成员分享解决情绪问题的习惯方式 4. 找一找最困扰您的问题是什么 5. 现场角色扮演以及分享（社工与组员针对个别成员的问题，提出自己的建议和想法以供参考） 6. 小组成员参与整个活动的感受 7. 布置作业（思考和学习调节情绪的方法）为每位小组成员赠送《再苦也要笑一笑》心理成长书籍一本
第三节 认识情绪 （1个半小时）	让小组成员了解正负情绪以及情绪对健康的影响等	1. 回顾上节活动内容 2. 暖身活动： （1）游戏，信任； （2）感悟活动，"注水" 3. 小组成员分享活动感受 4. 观看视频"心灵种树"心理健康教育教材（金武官教授主讲） 5. 小组成员分享对视频学习内容的想法 6. 互动： （1）小组成员就近1个星期的情绪进行打分，分值从1～10分 （2）现场招募低于6分的成员，进行角色扮演活动，请心理咨询师进行咨询 7. 布置作业和对下一次小组活动内容的预告 （1）布置作业：学习《再苦也要笑一笑》中有关情绪的章节 （2）预告下一次小组活动的内容——调节情绪

次数/项目	目标	内容
第四节 调节情绪 （1 个半小时）	学习通过干预不合理想法，来调节情绪方法	1. 带动小组成员回顾重温了第三节小组活动"认识情绪"的内容及小组规则 2. 暖身活动，通过 2 个互动游戏（叠罗汉、撕纸），使小组成员相互了解，增进认识 3. 小组成员分享活动感受 4. 社工通过引导小组成员对"半杯水"发表的想法引入理性情绪 ABC 理论 5. 在互动环节通过情景模拟（如："与领导打招呼，领导不予理睬"）来巩固所学理论，请小组每位成员根据自身情况发表见解进行分享 6. 布置作业和对下一节小组活动内容的预告 （1）布置作业：根据自身情况，运用 ABC 理论理解在矫正过程中参加的个别教育、集中教育，并对此发表看法 （2）预告下一节小组活动的内容——放松训练
第五节 放松训练 （1 个半小时）	体验通过身体放松达到身心的放松和情绪的稳定	1. 回顾上一节活动的内容 2. 小组成员分别介绍近期的情况，就学习到的调节情绪的方法进行分享 3. 小组成员一起完成了 20 分钟的放松训练，结合不同情景，内化放松技巧 4. 告知下节小组活动为最后一次
第六节 快乐每一天 （1 个半小时）	小组解散，处理离别情绪，相互嘱咐	1. 回顾小组的历程 2. 小组成员发表感言 3. 成员间祝福 4. 赠送纪念品、道别

9. 小组评估：邀请社区矫正对象填写有关小组的问卷调查，对团体满意度、小组活动过程和小组活动成效进行评估。

四、社工反思

1. "心灵氧吧"情绪支持小组聚焦服务对象的负性情绪问题，小组的目标比较明确。这为实现小组目标、功能找到了一个很好的切入口。

2. 小组活动中，3 位社工的团队合作发挥了很好的作用。当一位在主持活动的时候，其他两位则是小组中积极的响应和倡导者，增加了整个小组的融合度，使小组成员的同质性和异质性得到很好的结合。

3. 一级矫正对象由于接受帮教服务的时间较长，他们对社工服务非常认同。在小组中，他们能积极参与，主动分享接受服务的感受、收获。这不仅宣传了社工工作，而且提升了社工在初期矫正对象心目中的良好形象，为后续更好开帮教服务打下了基础。

4. 第一次小组活动，有个别矫正对象有一些抵触情绪。这就提醒社工在招募服务对象时，需要耐心做好解释、宣传和发动工作，让他们怀着期待的心情来参加小组活动。

5. 小组活动的场地偏小了一些，还不够理想，今后也要引起注意或者利用室外场地。本次小组活动在场地布置上下了工夫。如最后一次活动，用气球来烘托欢快的气氛。

6. 矫正对象在活动中的开放度还不够，还需要调动成员的参与性。

纵观整个小组活动，服务对象共同参与、共同进步，在小组活动中积极互动、相互协作、分享感受，学习和探讨情绪调节的方法，从最初的被动参与到主动参加。通过小组活动服务对象学会了识别非理性的信念、应对策略，学习情绪控制技巧和放松技巧，初步掌握自我调节的方法，达到了小组的预期目标。

社工通过实践，把理论和实际相结合，积累了策划和主持小组活动的宝贵经验，提高了业务水平和能力，获得了成长。

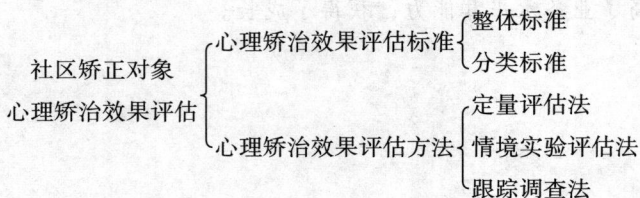

项目十

社区矫正对象心理矫治效果评估

学习目标

知识目标：了解社区矫正心理矫治效果评估的标准；掌握社区矫正对象心理矫治效果评估的具体方法。

能力目标：能够评估社区矫正对象心理矫治效果，制订和适时调整社区矫正对象心理矫治方案。

思政目标：贯彻落实习近平法治思想，以开放的理念和创新的思维，以人为本，提高社区矫正对象心理矫治水平，让人民群众在每一个司法案件中都感受到公平和正义。

知识树

社区矫正对象心理矫治效果评估 —— 心理矫治效果评估标准 —— 整体标准
—— 分类标准

心理矫治效果评估方法 —— 定量评估法
—— 情境实验评估法
—— 跟踪调查法

案例 10 – 1

社区矫正对象肖某某，1981 年 9 月 18 日出生，初中文化，已婚，农民，

H省邵东人。2018年9月26日10时许，其因驾车操作不当，与前车未保持必要的安全距离，致使驾驶车辆与经过电动车发生碰撞导致二人当场死亡。肖某某被交警部门认定承担此次事故的全部责任。案发后，肖某某的亲属已一次性赔偿受害人家属38 000元，取得了被害人亲属的谅解，县人民法院判处肖某某有期徒刑2年，缓刑3年（刑期为2019年2月7日至2022年2月6日）。

肖某某生在农村，文化低，父母也是农民。案发前一直开货车做运输，造成交通事故后，认罪态度好，积极主动赔偿被害人的医疗费等经济损失，得到法院从轻判决。但肖某某被判刑后，思想压力很大，意志消沉，主要表现为：他本人对自己造成他人伤害非常后悔。由于货车的保险到期但未续保，所有的医药费、赔偿金花光了家里的全部积蓄，还向亲戚朋友借了很多，给家庭造成巨大的经济损失，心理压力很大。入矫以来，其思想负担很重，出现了抑郁倾向。

经过两年多的心理矫治和干预，肖某某情绪得到了很大改善，主动汇报自己在思想改造上的情况，按时参加各项学习，遵守管理制度，积极投身再次创业。社区矫正工作人员对其进行了90项症状清单（SCL-90）、抑郁自评量表（SDS）、焦虑自评量表（SAS）等的复测，结果均未见异常。肖某某自我评估：社区矫正改变了我的思维方式，管理很人性化，其实改变没有想象中的那么难。社区矫正工作人员评估：社区矫正对象肖某某能够较为客观地认识和评价自己的行为，正在努力实现自己的创业目标。

社区矫正对象心理矫治效果评估，是指根据我国社区矫正专门机构开展心理矫治工作的目标和要求，按照一定的评估标准，选择恰当的评估方法，对经过一定阶段矫治的社区矫正对象是否达到预期的矫治目标和要求所作的鉴定和判断。

目前心理矫治的方法已经超过400种，仅从可操作性的角度来看，我们必须了解对于某种特殊心理问题或者心理障碍的社区矫正对象，哪一种预防或治疗的措施最有效。从职业道德的角度来看，社区矫正工作人员有责任和义务采用有效的矫治方法给社区矫正对象进行心理矫治。对心理矫治效果的评估，可以促进社区矫正心理矫治的发展，由此确定针对各种不同心理障碍的有效预防措施。心理矫治效果评估可以为该矫治方法的基础理论提供效度资料。

任务1 社区矫正对象心理矫治效果评估标准

党的二十大报告指出："我们要坚持走中国特色社会主义法治道路，建设中国特色社会主义法治体系、建设社会主义法治国家，围绕保障和促进社会公平正义，坚持依法治国、依法执政、依法行政共同推进，坚持法治国家、法治政府、法治社会一体建设，全面推进科学立法、严格执法、公正司法、全民守法，全面推进国家各方面工作法治化。"社区矫正对象心理矫治效果是否达到预期，能否成为法治社会的重要组成部分，亟需一套客观性标准来评价。

在心理矫治领域中，心理矫治效果评估的客观性是一个有争议的问题，因各种心理矫治的目标不同，心理矫治效果的评估标准也不同。例如，行为矫治的目标是消除症状或改变行为模式，所以只要症状改善就认为有矫治效果，而精神分析则认为症状改善是表面的、暂时的，不能认为矫治是有效的，只有从根本上改变社区矫正对象的态度或人格的心理矫治才是有效的。正因为如此，在社区矫正对象心理矫治效果评估研究中出现了一些矛盾的结果，在社区矫正实践中也存在类似的问题。

近年来，在心理矫治效果评估中出现一种倾向：无论采用何种心理治疗方法，在评估矫治效果时必须采用多种客观的、可靠的、有效的评估工具，评估多方面功能的改变，包括外显的症状、情绪和行为，内在的认知模式、自我强度和人格特征以及总体的社会功能和生活质量。这就是所谓的"矫治效果评估的客观化"趋势。由于对矫治效果采用客观的评估方法，所以矫治效果研究结果具有较强的可比性，结果更一致，令人更信服。

除了用客观的评估工具外，社区矫正工作人员对矫治效果的主观评价和社区矫正对象对矫治效果的自我评价也是必要的。原因有三：其一，有些心理功能是难以直接测量的；其二，有些评估工具缺乏信度和效度；其三，有些评估工具虽然有较高的信度，但对治疗性改变不敏感，这些问题有待今后解决和完善。社区矫正工作人员对矫治效果的主观评价和社区矫正对象对矫治效果的自我评价，再加上对社区矫正对象的症状、情绪、行为、认知模式、人格特征等方面的客观评估，成为矫治效果评估客观化的重要标志。

值得注意的是，不同的文化背景有着不同的价值取向，对如何评估心理矫治的效果未必有统一的看法。本书使用比较通用的观点，将社区矫正对象心理矫治效果评估的标准分为整体标准和分类标准。

一、整体标准

这是适用于全体社区矫正对象的标准，主要有以下几个方面：社区矫正对象的犯罪心理是否已经实现了良性转化，守法心理是否已经建立；社区矫正对象的心理问题、人格障碍、心理障碍是否得到有效的治疗解决与消除，是否恢复了常态心理；社区矫正对象是否具备刑满释放回归社会后，适应社会的心理素质和知识技能。

二、分类标准

这是衡量不同类型社区矫正对象心理矫治质量的具体标准。这种标准可从不同角度分别制定，如从性别角度、年龄角度、犯罪经历角度、犯罪动机或犯罪类型角度分别制定评估标准等。本书主要从社区矫正对象的犯罪类型角度来介绍分类标准。

（一）经济型社区矫正对象心理矫治成效评估标准

第一，以畸形膨胀的物质需求为主的不良需求心理是否已经改变，进而形成了正常的需求心理。经济型罪犯往往对金钱和物质具有强烈的、超乎寻常的欲望需求。正是他们这种对物质强烈的占有欲，才让他们不顾法律和道德的制约，作出违法、犯罪的行为。造成这些现象的主要原因是个人的不断贪婪、盲目攀比、追求享乐的虚荣心在作怪。

第二，好逸恶劳等不良行为习惯是否得以消除，进而养成了勤劳简朴的生活习惯。靠钻法律和政策的空子、坑蒙拐骗、侵吞国有资产等通过非法途径"赚钱"的社区矫正对象，他们把犯罪作为谋生和致富的手段，只看到个人的利益，不关心行为背后的代价，只想着如何来钱快，不管是否符合法律和道德的约束，这些心理造就了他们的违法犯罪行为，心理矫治的效果评估必须关注他们心理上的改变。

第三，是否具备了抵御金钱物质利益诱惑的意志力，进而降低因贪图金钱利益而再次犯罪的几率。经济型社区矫正对象尤其是职务侵占犯、盗窃犯、诈骗犯等之所以走上违法犯罪道路，就是当面对外部诱惑时，缺乏自我控制能力，并对作案抱有侥幸心理，形成了恶劣的行为习惯。

第四，是否掌握了基本的职业技能，进而能够自食其力，以至于回报社会。只有掌握了基本的职业技能，具备稳定的经济收入，才能确保其不再重新违法犯罪。

（二）暴力型社区矫正对象心理矫治成效评估标准

1. 改变错误的认知观念。暴力型社区矫正对象大多存在错误的认知观念，看待问题片面、极端，常常以"自我"为中心，缺乏思想上的独立性。爱逞强好胜，错误地认为"人善受人欺，马善被人骑"，为了面子不惜大打出手。他们的思维狭窄，认识偏激，固执己见，不能正确认识和评价自己的行为后果，总是将自己遇到的挫折和不幸归结于他人。改变错误的认知观念，是评价暴力型社区矫正对象心理矫治成效的重要方面。

2. 克服不良的行为习惯。在错误的认知观念下，由于受到周围环境或影视作品中暴力行为方式的影响，一些社区矫正对象逐渐形成了用暴力解决矛盾的模式，因此，当他们遇到困难时，习惯用武力解决问题。所以，克服不良的行为习惯，训练良好的行为方式，成为暴力型社区矫正对象心理矫治成效评估的内容之一。

3. 提高自我控制能力。一般而言，人们容易受情绪的影响，但理智性强的人的行为一般不会被情绪所控制，而暴力型社区矫正对象由于缺乏对自己心理活动的分析、综合和判断能力，不能适当地、准确地进行自我评价，因而缺乏对自己的心理活动和表现出的行为的控制和调节能力。因此，提高自我控制能力，也是评估暴力社区矫正对象进行心理矫治成效的内容之一。

（三）毒品型社区矫正对象心理矫治成效评估标准

1. 认罪悔罪意识得以增强。绝大多数毒品型社区矫正对象习惯于以个人为中心，行为上表现为自私自利，为了寻求感官刺激，满足个人的私欲，一意孤行，不考虑自己的违法犯罪行为对社会、家庭、他人所造成的严重后果。

因此，在矫治过程中，要加强对其心理矫治，强化其对自己行为的反思，通过自己的行动来反映、增强认罪悔罪意识，是评估毒品型社区矫正对象心理矫治效果的标准。

2. 好逸恶劳、畸形物欲得以改变。追求高额暴利和超级精神享受，是毒品犯走上犯罪道路的重要原因。毒品交易的"一本万利"使他们沉溺于纸醉金迷、穷奢极欲、挥霍无度的生活，他们养成了好吃懒做、好逸恶劳、放荡不羁的恶习。在劳动上，有的贪图安逸，怕苦怕累，借口吸过毒、体质差，要求照顾，即使参加劳动，也是消极应付，能躲则躲，生活上讲享受，摆阔气。这些不良习惯的戒除和认知的改变是心理矫治效果评估标准之一。

3. "心理免疫力"增强。通过心理矫治，能使毒品型社区矫正对象学会自我调适，能有效地抵御外界不良因素的侵蚀，能有效地抵御各种新的诱惑。

4. 不良恶习得以改变。多数毒品型社区矫正对象平时表现出固执任性，性情古怪，在一些小事上采取非理智攻击型行为。有时自己不合理的要求得不到满足，就采取自伤自残，或以自杀相威胁等偏激行为。因此，这些不良行为的克服成为心理矫治效果评估标准之一。

（四）情绪型社区矫正对象心理矫治成效评估标准

评定情绪型社区矫正对象的心理矫治成效，要侧重考察：一是情绪的易冲动性、不稳定性、极端性等不良的性格品质是否得到改变；二是各种不良的情绪、情感，如嫉妒、敌对、抑郁、焦虑等是否得到矫正；三是对消极情绪的自我调节控制能力以及挫折耐受能力是否增强；四是是否学会正确的人际交往方式和具备处理人际冲突的能力。

任务2　社区矫正对象心理矫治效果评估方法

心理评估是以心理学的技术、方法和工具为主要途径来获取信息，对个体的心理状态、行为等心理现象作全面、系统及深入的客观描述、分类、鉴别与诊断的过程。

党的二十大报告强调，"要引导全体人民做社会主义法治的忠实崇尚者、自觉遵守者、坚定捍卫者"。让社区矫正对象成为遵纪守法的公民，重新融入社会生活是社区矫正心理矫治的根本目标之一，因而，选择合适的心理评估方法，对每一位社区矫正对象都具有重要意义。

20世纪90年代以来，多元评价开始占主导地位，效果评价的特点是咨询师、当事人、家属、亲友等熟悉情况的人都可以为评价者，评价当事人各方面的具体变化；认为变化是双向的（好转或严重）、多维的和不稳定的，评价方法与实际症状有密切联系。

对社区矫正对象心理矫治效果的评估，可以采取多种方法进行。

任务2.1　定量评估法

一、心理测验

运用标准化的量表进行测试，是当前社区矫正对象心理矫治成效评估中收集资料的重要手段之一。近年来，我国社区矫正实践表明，对社区矫正对象进行心理测验，是检测他们心理状况，对比综合评估心理矫治成效的常用方法。

心理测试是根据客观的、标准化的程序来测量个体的某种行为，以便判定个别差异的一种方法。在社区矫正工作中，组织对社区矫正对象的心理测验，通常采用团体测验和个体测验两种形式，而且多采用问卷测量法，即让受试社区矫正对象根据自己的情况，回答一些问题，以推测其心理品质，并将采取心理矫治前后两次测验的结果进行对比分析，或者与常模进行比较，从而得出此阶段的心理矫治措施或方法是否有成效的结论。心理测验必须根据一定的程序进行编制，并按照客观的、标准化的方法施行，即心理测验必须做到标准化。而一个标准化的测验必须满足以下条件：

（一）有一套有效的问卷项目

即按照测验的性质和要求，选定足能代表所要测定的心理特性或行为特征的问题。这种问卷必须通过项目分析才能获得。

（二）要有常模

所谓常模，是根据对被试团体的标准化样本的施测而获得的，具有代表性的结果。它常常是以所测团体的标准化样本的平均值而出现，可以作为评判个别差异的依据和比较的标准。因测验标准化时所选取的样本不同，常模的种类也不同。最常见的有年龄常模、年级常模、全国性常模、地区性常模等。

（三）要有一定的信度、效度和区分度

测验的信度是指测验的可靠程度。它表现为测验结果的一贯性、再现性、稳定性。一个测验无论是多次再测还是由多人进行测验，其结果都大致相同，方能可信。测验的效度是指测验对所要测定的特性或功能确实地测定到什么程度。简言之，就是测验的正确性。测验的区分度又称为测验鉴别力，这是指测验对不同水平的被试反应的区分程度和鉴别能力。若测验鉴别力高，则能力强、水平高的被试得分高，能力弱、水平低的被试得分低，否则就可以认为测验的区分度不高。一般而言，较难的测验项目对高水平的被试区分度高，较易的测验项目对水平低的被试区分度高，中等难度的测验项目对中等水平的被试区分度高。由于人的大多数心理特性呈常态分布，所以测验难度的分布也以常态分布为好，即特别难与特别易的测验项目少些，接近中等难度的项目多些，这样不仅能保证多数项目具有较高的区分度，而且可以保证整个测验对被试具有较高的区分能力。

（四）实施方法要标准化

测验必须以规定的方法施行。为此要编制出测验手册，注明实施方法、指导语、施测时间等。

（五）计分标准要明确，任何人记分，结果均无变动

有关原始分数的计算，原始分数向其他分数的换算，以及如何使用常模来解释分数等，都应在测验手册中加以详细的规定。

社区矫正对象心理矫治成效评估常用的心理测验量表主要有：艾森克人格测试（EPQ）、卡特尔十六种人格因素测试（16PF）、明尼苏达多项人格测试（MMPI）、90项症状清单（SCL－90）、抑郁状态量表、焦虑自评量表、社会功能缺陷评定量表、社会适应能力量表、心理适应性量表、社会支持问卷、职业适应性测试等。

二、考核评定

考核评定就是根据矫治计划，按照确定的指标和量化标准对社区矫正对象心理矫治的质量进行评定。具体步骤是先逐项进行量化考核统计，然后在所获资料和量化结果的基础上作定性分析，评出优秀、良好、一般、差等不同等级。

考核的方式主要有：一是日常考核，社区矫正实践中的做法比较常见的是采取"日记载，周小结，月评议"形式，围绕社区矫正对象的日常表现，如遵纪守法、遵守社区矫正对象行为规范情况；遵守报到制度情况；遵守外出请假销假制度情况；遵守迁居制度情况；遵守思想汇报制度情况；参加公益活动的情况；遵守学习制度情况；遵守会客制度情况等内容进行计分考核。二是社区矫正对象自我评定。即在社区矫正工作人员的组织下，通过问卷或口头评议的方式进行的分数评定。三是社区矫正工作人员和心理矫治专业人员的综合评定。即有关社区矫正工作人员和心理矫治专业人员，根据在长期对社区矫正对象进行观察、谈话及心理矫治活动中所收集的信息的基础上进行的计分评定。

思想是行动的先导。通过对社区矫正对象行为的计分考核评定，定量评估社区矫正对象的心理矫治成效就成为一种非常重要的方法。

任务2.2　情境实验评估法

所谓情境实验评估法，即针对不同类型的社区矫正对象心理社会化缺陷，在自然状态下设置一定的实验情境，让社区矫正对象参与其中，根据其对情境刺激的反应或者通过模拟提交的报告、总结材料为其打分，以此来评估其心理矫治的程度和良好个性品质形成的状况。

一、结构化面试

结构化面试，也称标准化面试或控制式面试，是根据社区矫正对象心理矫治成效的要求，运用具有特定评价方法、题库和评价标准，严格遵循固定程序，通过测评人员与社区矫正对象面对面的言语交流，测定和评价社区矫正对象心理状态的标准化过程。结构化面试是在模拟一定的情境下，吸取标准化心理测试的科学标准和方法，以及经验型面试（非结构化面试）接近实际优点的基础上而发展起来的一种新方法。

结构化面试具有较大的优势。一是与标准化的心理测试结果比较，获得的信息更为丰富、完整和深入。由于面试是谈话者双方的交互作用过程，社区矫正对象的许多复杂、抽象的深层信念、体验、态度及价值观可借助评议全面地表述出来。仅仅通过对行为的观察，很难捕捉到人的心理活动的全貌，尤其是深层的主观体验。大量的心理学研究结果已经证实，通过面试获得的有关人的心理活动的信息，常常比心理学实验中最常用的反应时、错误率指标所提供的信息更为丰富、完整和深入。

二是能获得社区矫正对象的非言语行为（如语气、姿势、动作等）信息。测评人员根据这些信息，可以判断社区矫正对象回答内容的可靠性，由此对获得的测评结果进行可靠性、真实性的评价。

三是收集到的资料具有较高的可靠性。由于面试是面对面进行的，如果出现社区矫正对象不理解或曲解会谈问题的情况，或者测评人员已断定社区矫正对象回答不明确、不完整时，可以通过及时追问、澄清不明之处，从而了解到更为确切的信息。

二、无领导小组讨论

无领导小组讨论指由一组社区矫正对象组成一个临时工作小组，讨论给定的问题，并作出决策。由于这个小组是临时拼凑的，并不指定谁是负责人，目的就在于考察社区矫正对象的表现，尤其是看谁会从中脱颖而出，但并不是一定要成为领导者，因为那需要真正的能力与信心，还需有十足的把握。

从评价中心技术中借鉴过来的无领导小组讨论（Leaderless Group Discussion）是比较经常使用的一种测评技术，采用情景模拟的方式对社区矫正对象进行集体面试。无领导小组是通过一定数目的社区矫正对象组成一组（6~9人），进行一小时左右的与专门设定主题相关的讨论，社区矫正工作人员来观测社区矫正对象的沟通协调能力、口头表达能力、自信程度、进取心、情绪稳定性、反应灵活性等方面是否有积极改变，由此来综合评价心理矫治成效。

在无领导小组讨论中，不给社区矫正对象指定特别的角色，或者只是给每个社区矫正对象指定一个彼此平等的角色，但这两种类型都不指定谁是领导，也并不指定每个社区矫正对象应该坐在哪个位置，而是让所有社区矫正对象自行安排，自行组织，评价者只是通过安排社区矫正对象的讨论题目，观察每个社区矫正对象的表现，给他们的各个要素评分，从而对他们的心理各项指标作出判断。

三、角色扮演

角色扮演（Role-playing），也叫扮装游戏，是一种人与人之间的社交活动，可以以任何形式进行（游戏、治疗、培训、测试）。在活动中，社区矫正对象在故事世界中通过扮演角色进行互动。社区矫正对象通过对角色的扮演，可以获得快乐、体验以及宝贵的经历。社区矫正工作人员通过观察，可以对角色扮演者社区矫正对象的心理、行为做一个综合性评价。常见的角色扮演可以是：游戏娱乐、表演、实景练习、心理引导、即兴表演等。

在角色扮演活动的组织过程中，社区矫正工作人员要特别注意几个方面的问题：一是要设计好主题及场景。角色扮演活动并不是对社区矫正对象的所有问题都可以起到测试的作用，也就是说只有适合角色扮演的主题，才有可能达到理想的效果。所选主题要尽量让社区矫正对象有话可说，有事可做；给社区矫正对象的任务既不能太难，也不能太容易，要稍稍超出他们的能力，使他们有挑战，有成就感。要求社区矫正工作人员要有精湛的设计能力，否则在设计上可能会出现简单化，表面化和虚假人工化等现象。同样地，在设计场景时要合理，设计的场景与测评的内容相符，否则就会无法实现测试目的。二是甄选社区矫正对象。有时社区矫正对象由于自身的特点不乐意接受扮演的角色，而又没有明确拒绝，其结果是在扮演中不能够充分地表现出他们自己。而另一种情况是，有的社区矫正对象的参与意识不强，角色表现漫不经心。这些都会影响到测试目标的实现。三是要准备道具。角色扮演法是要在一种模拟场景中进行的，模拟场景尽可能要逼真。场景中的设备必须应与现实的情景相似，使演示过程中具有真实性，从而提高社区矫正对象对演示的兴趣，激发他们的表演欲望。所以，社区矫正工作人员应该主动根据情景所需的设备、设施在测试前做好充分的准备，尽量让演示的现场具有真实性、可靠性。

四、VR 技术

VR 是 Virtual Reality 的缩写，翻译为虚拟现实。虚拟现实技术是一种能够创建和体验虚拟世界的计算机仿真技术，它利用计算机生成一种交互式的三维动态视景，其实体行为的仿真系统能够使用户沉浸到该环境中。

随着智慧矫正工作的深入推进，VR 技术辅助社区矫正也日益成为一种趋势。如有很多社区矫正机构利用 VR 技术全方位呈现监狱环境，让社区矫正对象能身临其境地感受监狱生活；利用人机交互技术实现虚拟操作，并形成分析报表；对体验者进行心理和行为的数据采集，通过人工智能及大数据技术进行心理及社会危害性分析；通过"沉浸式"体验，让社区矫正对象深刻感受违法犯罪后被收监执行的生活体验，从而增强他们的身份意识与守法意识，起到震撼、警示、教育作用。

因此，可以通过 VR 技术模拟创设一定的情境来检测其心理矫治成效。如用 VR 技术建立社区矫正对象产生焦虑心理的虚拟情景，以此来检验社区矫正对象如何应对紧张、焦虑情绪；用 VR 技术建立虚拟的社交场景，在场景中让社区矫正对象与虚拟人物一起参与社交活动，以此检验社区矫正对象的社交恐惧矫治成效等。

任务2.3　跟踪调查法

跟踪调查法是指对某一社区矫正对象进行长期连续不断地跟踪调查。用这一方法可以获取对社区矫正对象的动态信息，克服一般方法只能掌握其某一时间内静态资料的不足，把握、分析其矫治变化的过程，并以此评估其心理矫治成效。

相较于其他方法，跟踪调查法有其自身的独特优势。

第一，跟踪调查是一种继续式调查。仅凭一次调查对社区矫正对象现状尤其是心理矫治情况的掌握，其程度都是有限的，有关资料很快会过时，因为当时的资料只能描述某一时期的情况。因此，在过去研究的基础上继续对同一社区矫正对象作多次观察，可能会得出更加有价值的资料。

第二，跟踪调查的规划性很强。它有明确的调查目的、范围，有保证进行跟踪调查的客观条件和一套可以追踪的指标体系。

第三，跟踪调查克服了一般调查方法的静态性。通过对追踪对象发展变化轨迹的调查，可以准确地找出其某些规律性的东西，达到一次性调查所不能达到的高度和各种调查方法所不可及的深度。

总之，心理矫治效果评估经历了一个从主观到客观评估、从不精确评估到精确评估的发展过程，目前仍然在发展中。不过，也有人对现有的研究方法提出了质疑，主要理由是社区矫正对象的情况是千差万别的，每个社区矫正对象想要解决的问题也是千差万别的。目前的研究方法对关注症状的认知行为疗法较为有利，对强调社区矫正对象个体差异的精神分析和人本主义疗法等不利。无论如何，心理矫治效果评估的客观化是大势所趋，如果研究方法存在着一些问题，我们应该做的也只能是不断完善它，而不是抛弃它。

任务3 （实训项目10）社区矫正对象心理矫治效果评估技能训练

案例 10 - 2

郭立（化名），男，户籍及住址地均为 H 省 Y 县中村瑶族乡，29 岁，高中文化。农民，因犯非法采伐国家重点保护植物罪被 Y 县人民法院判处有期徒刑 1 年 6 个月，缓刑 2 年，矫正期间自 2022 年 9 月 7 日至 2023 年 9 月 6 日。

郭立家境贫寒，性格具有两方面的明显特点，一是上进心比较强，读书期间比较用功，成绩尚可，但是受制于家庭经济条件而没有上大学。其在家中一直比较勤快，高中毕业后就一直在打工挣钱补贴家用；二是性格偏激，容易受到他人的唆使和影响。在此之前，郭立并没有前科，他也清楚地知道红豆杉是国家保护植物，此次参与非法采伐国家重点保护植物，主要是受到了同案犯的诱导和唆使，而此时正逢他第二个儿子出生，生活负担陡增，为缓解家庭经济而不惜铤而走险，犯了错误。

郭立入矫后，矫正小组针对郭立性格容易偏激、法律观念淡薄的特点，指定了如下矫正措施：一是加强面对面交流沟通，司法所负责人对其实行每月一谈话，每月一走访，时刻督促他远离不良朋友圈子，免受不良影响；二是加强亲情帮教，和其姐姐姐夫加强沟通联系，督促他们共同努力帮助郭立走正道；三是加强法律观念和回报社会的意识；四是严格纪律要求，对于矫正期间的各种纪律、制度要求严格执行和落实，特别是请假销假制度，一旦发现他有所懈怠，必须第一时间予以纠正和制止，增强他的纪律观念；五是加强心理矫治和干预，从每月一次的谈话和走访中随时掌握其心理状态，针对矫正过程中可能出现的各种心理问题进行全方位的矫治和引导，关注其心理健康。

根据以上案例资料，完成以下实训任务：

请根据本章所学习的社区矫正对象心理矫治效果评估的内容，选择不少于两种方法，通过小组探究方式，评估郭立在社区矫正过程中的心理矫治效果，制作评估方案。

附：实训任务书和实训考核表

实训任务书

实训项目	根据案例，通过小组探究，制定社区矫正对象心理矫治成效评估方案
实训课时	2 课时
实训目的	1. 使学生明确制订社区矫正对象心理矫治成效评估方案的意义 2. 使学生掌握社区矫正对象心理矫治成效评估方案的基本内容和制定的技巧 3. 培养学生分析问题、解决问题的能力和团队协作精神
实训任务	1. 掌握评估社区矫正对象心理矫治成效评估的方法 2. 制订社区矫正对象心理矫治成效评估方案
实训要求	1. 学生应提前掌握制订社区矫正对象心理矫治成效评估专业知识 2. 指导老师熟悉社区矫正对象心理矫治成效评估的实践做法 3. 学生积极配合指导教师的指导完成实训 4. 根据实训需要将学生分成若干小组，采用小组探究方式完成实训任务 5. 指导教师进行点评总结，每组学生根据教师的点评总结找出不足
实训成果形式	1. 实训总结 2. 制定社区矫正对象心理矫治成效评估方案
实训地点	理实一体化教室
实训进程	1. 指导老师进行实训指导 2. 每组同学集体讨论矫正方案的具体内容 3. 以小组为单位拟定社区矫正对象心理矫治成效评估方案 4. 指导老师总结并引导同学们分享实训收获 5. 以小组为单位撰写实训总结 6. 评定本次实训成绩 7. 对实训资料进行收集、保存

实训考核表

班级_____ 姓名_____ 学号_____

任务描述：通过模拟实训，掌握心理矫治成效评估方法和制定社区矫正对象心理矫治成效评估方案，从而具备对社区矫正对象开展心理矫治成效评估的能力

项目总分：100 分

完成时间：100 分钟

考核内容	评分细则	等级评定
一、实训过程与要求 1. 根据实训需要学生迅速分成若干小组 2. 小组成员自行分配好所要完成的任务 3. 小组进行讨论确定该案例中矫正对象的心理矫治成效评估方法 4. 根据任务书中的要求，制定社区矫正对象心理矫治成效评估方案 5. 指导教师进行点评总结，每组学生根据教师的点评总结找出不足	分值：50 分 1. 实训过程与小组成员合作良好（15 分） 2. 实训演练认真、表现积极（15 分） 3. 能成功完成所有实训任务（20 分）	实训成绩评定为 4 等： 1. 优（100 分~85 分） 2. 良（84 分~70 分） 3. 及格（69 分~60 分） 4. 不及格（59 分~0 分） 注意事项： 1. 实训期间做与实训无关的操作，不能评定为"优" 2. 有旷课现象，不能评为"优、良" 3. 旷课××节及以上，评为"不及格" 4. 实训内容没有完成，评为"不及格" 5. 两份报告雷同，评为"不及格" 6. 具体评分标准由教师根据实训项目具体要求规定
二、实训表现与态度	分值：20 分 1. 无迟到（1 分） 2. 无早退（1 分） 3. 无旷课（3 分） 4. 实训预习、听讲认真（2 分） 5. 实训态度认真（5 分） 6. 实训中不大声喧哗（1 分） 7. 能爱护实训场所、设备，保持环境整洁（2 分） 8. 能完全遵守实训各项规定（1 分） 9. 实训效果好，基本掌握了社区矫正对象心理矫治成效评估的方法和所要完成的工作任务、具备了心理矫治成效评估的工作技能（4 分）	

考核内容	评分细则	等级评定
三、实训总结 1. 实训中出现的问题及解决办法（对遇到的问题、问题产生的原因进行分析判断，把解决过程写出来） 2. 实训效果（本次实训有哪些收获，掌握了哪些知识、技能，存在哪些疑问等）	分值：30 分 1. 按规定时间上交（5 分） 2. 格式规范（5 分） 3. 字迹清楚（5 分） 4. 内容详尽、完整，实训分析总结正确（5 分） 5. 无抄袭现象（5 分） 6. 能提出合理化建议或有创新见解（5 分）	
合计		

评分人：　　　　　　　　　　　　　　　　　　日期：　　年　月　日

【课堂活动 10 – 1】

　　社区矫正对象张某某，男，汉族，1973 年 6 月 27 日出生，初中文化，已婚。因犯交通肇事罪于 2017 年 11 月 6 日被 X 县人民法院依法判处有期徒刑 3 年，缓刑 5 年。其父母年事已高，不能劳作，家中还有 3 个女儿，其中大女儿外出打工，2 个小女儿在校读书，妻子在家务农，家庭经济困难。初被判刑时，张某某十分消沉，因自己的大意给两个家庭造成了巨大的伤害，巨额的赔偿费用也使原本不宽裕的家庭更加困难，还欠下二十多万的债务。回到村里难以抬头做人，面对家人也悔不堪言，终日把自己关在家里不愿与外界接触。经过司法所长期的有针对性的心理矫治，张某某有了明显的改变。

　　请同学们讨论，根据张某某的情况，如何对他进行心理矫治效果的评估？

【思考题】

　　1. 社区矫正对象心理矫治效果评估的标准有哪些？

　　2. 社区矫正对象心理矫治效果评估的常用方法有哪几类？

湖南省长沙市岳麓区司法局对社区矫正对象开展
心理测量与评估复测活动

　　为了深入落实二十大精神，加快建设法治社会，努力使尊法学法守法用法在全社会蔚然成风，为了进一步验证心理矫治在社区矫正工作中的效用，有效评估辖区内社区矫正对象心理矫治效果，日前，长沙市岳麓区司法局通过政府购买服务的方式，引入湖南德馨社工对全区350余名社区矫正对象开展心理测量与评估复测工作。

　　此次心理测量主要采用心理状况调查和 COPA – PI 个性分测验两套问卷。心理测量过程中，湖南德馨社工心理咨询师详细讲解了测评的程序、方法、流程以及注意事项，并从行为、工作、生活、精神状态等多方面、多维度入手，引导社区矫正对象填写专业测试习题，对心理状况进行科学、客观地测试。通过采集社区矫正对象心理测量数据，进行分类整理和综合分析评估，与之前所建立的社区矫正对象心理测量与评估数据库中的测试数据进行对比，并以此为依据评估心理矫治阶段性效果，从而为在矫对象后期提供心理健康教育、团体心理辅导或个案心理咨询，帮助其排解心理压力，重塑健康身心提供依据。

参考文献

一、著作类：

1. 张建明、吴艳华主编：《社区矫正实务》，中国政法大学出版社 2021 年版。

2. 刘邦惠等：《社区服刑人员的心理矫治》，科学出版社 2015 年版。

3. 刘丹福、李芳主编：《社区矫正人员心理矫正》，中国政法大学出版社 2015 年版。

4. 章恩友、姜祖桢主编：《矫治心理学》，教育科学出版社 2008 年版。

5. 马立骥主编：《罪犯心理与矫正》，中国政法大学出版社 2018 年版。

6. 刘世宏、高湘萍、徐欣颖：《心理评估与诊断》，上海教育出版社 2017 年版。

7. 章恩友主编：《罪犯心理矫治技术》，中国物价出版社 2002 年版。

8. 郭念峰主编：《心理咨询师（基础知识）》，民族出版社 2005 年版。

9. 贾宇：《社区矫正导论》，知识产权出版社 2010 年版。

10. 张仲明主编：《心理诊断学》，西南师范大学出版社 2013 年版。

11. 钱铭怡主编：《变态心理学》，北京大学出版社 2006 年版。

12. 中华医学会精神科分会编：《中国精神障碍分类与诊断标准（第三版）》，山东科学技术出版社 2001 年版。

13. 邵晓顺主编：《罪犯心理咨询与矫正》，中国政法大学出版社 2021 年版。

14. 朱久伟、范海鹰主编：《上海市社区服刑人员心理矫正的理论与实践》，法律出版社 2012 年版。

15. 叶奕乾、何存道、梁宁建主编：《普通心理学》，华东师范大学出版社 2016 年版。

16. 矫正在线编写组编：《矫正对象心理健康教育读本》，法律出版社 2019 年版。

17. 司法部社区矫正管理局编：《全国社区矫正案例选编 2013－2016》，法律出版社 2017 年版。

18. 叶扬：《中国社区矫正对象心理矫治教程》，中国法制出版社 2021 年版。

19. 施旺红主编：《战胜自己：顺其自然的森田疗法》，第四军医大学出版社 2015 年版。

20. 钟友彬：《现代心理咨询——理论与应用》，科学出版社 1992 年版。

21. 孙宏伟等：《心理危机干预》，人民卫生出版社 2018 年版。

22. 钱铭怡编著：《心理咨询和心理治疗》，北京大学出版社 2016 年版。

23. 陈春安主编：《社区矫正专业方法应用指南》，法律出版社 2012 年版。

24. 伍新春、胡佩诚编著：《行为矫正》，高等教育出版社 2020 年版。

25. ［美］阿尔波特·艾利斯、［澳］黛比·约菲·艾利斯：《理性情绪行为疗法》，郭建、叶建国、郭本禹译，重庆大学出版社 2015 年版。

26. 樊富珉、何瑾编著：《团体心理辅导》，华东师范大学出版社 2010 年版。

27. 樊富珉：《团体心理咨询》，高等教育出版社 2005 年版。

28. 邵晓顺等编著：《戒毒人员团体心理辅导理论与实务》，群众出版社、中国人民公安大学出版社 2019 年版。

29. 柳维主编：《罪犯心理矫治》，暨南大学出版社 2009 年版。

30. 张昱主编：《社区矫正社会工作案例评析》，华东理工大学出版社 2013 年版。

31. 王威宇主编：《罪犯心理矫正》，中国政法大学出版社 2017 年版。

二、期刊类：

1. 章恩友、于海霞："论罪犯心理矫治的模式选择"，载《河南司法警官职业学院学报》2004 年第 2 期。

2. 金碧华、潘菲："社区服刑人员心理矫治工作的实践与思考——以上海市社区矫正试点工作为例"，载《郑州航空工业管理学院学报（社会科学版)》2009 年第 1 期。

3. 杨征军："社区矫正心理咨询与心理治疗"，载《福建政法管理干部学院学报》2008 年第 4 期。

4. 顾伟："心理矫治在社区矫正工作中的应用"，载《前沿》2013 年第 2 期。

5. 金碧华："对财产刑青少年社区矫正对象心理矫正工作的探讨——以社区矫正对象 Z 某为典型个案"，载《江西青年职业学院学报》2009 年第 1 期。

6. 金碧华："社区矫正末期青少年对象心理矫正工作个案研究——以社区矫正对象 L 某为典型个案"，载《山西青年管理干部学院学报》2008 年第 1 期。

7. 陆宇光、吴蓉萍："社区服刑人员首次心理评估的设置"，载《法制与社会》2014 年第 2 期。

8. 刘素珍等："社区服刑人员心理健康状况调查"，载《心理科学》2006 年第 6 期。

9. 魏然："社区服刑人员心理健康状况的调查研究"，载《中国社会医学杂志》2010 年第 5 期。

10. 张胜洪、胡胜："自杀高危人群的识别及预防研究"，载《医学与哲学（A)》2013 年第 7 期。

11. 高坡、齐新艳、闫纯苏："我国大学生心理危机预防研究综述"，载《长江丛刊》2018 年第 17 期。